ТОДОР БОМБОВ

СОЦИАЛИЗМЪТ Е МЪРТЪВ! ДА ЖИВЕЕ СОЦИАЛИЗМЪТ!

Шифърът на Маркс – Социализъм с човешко лице

(Един Нов Световен Ред)

Strategic Book Publishing and Rights Co.

Strategic Book Publishing and Rights Co., LLC
USA | Singapore
www.sbpra.net

За информация относно специални отстъпки за големи покупки, моля свържете се с Strategic Book Publishing and Rights Co., LLC, Специални продажби, на bookorder@sbpra.net.

ISBN: 978-1-946540-93-5

Посвещавам този труд на скъпите си родители – Борис и Надежда, чисти и святи българи, великомъченици.

Посвещавам този труд и на моя чичо – Здравко Бомбов, не само повярвал на великата идея, но и принесъл себе си в жертва на нея едва на *20* години.

Съдържание

Предговор към третото българско издание

Уважаеми читателю,

През 2016 година тази книга излезе на английски език на американския и световен пазар. Както бях обещал още тогава, в евентуално ново издание мислех да направя някои конструктивни промени. Е, направих ги — освен някои допълнения и дребни преработки, сега вече книгата има още две нови глави: *Натрупване на обществения капитал и разширено възпроизводство* и *Данъчна политика*. Разбира се, в българското издание съм оставил цели пасажи, които не вълнуват американците и света, затова са им спестени. Макар че имам още какво да добавя, много е вероятно това да е окончателният вариант на тази книга.

В тази 2018 година се навършват 200 години от рождението на Маркс — Карл Велики в социалните науки! Нека тази книга бъде и в негова чест.

Така, 25 години след първото издание, имам честта и удоволствието да предложа тази книга още веднъж на мислещата публика, доколкото още я има.

Тодор Бомбов

Предговор към Американските читатели (САЩ)

Скъпи читателю,

Тази книга беше арестувана. Заедно с нейния автор. Това се случи на 27 март 1986 година. По това време тоталитарната система в Източна Европа беше наречена социализъм и дори с научно безсмислените и фалшиви имена *комунизъм* и *комунистически режим*! В този режим официалната идеология беше уж марксизма, но в действителност не можеше да търпи никаква марксистка критика. Тъй като тази „социалистическа" система се страхуваше от оръжието на критиката, тя прилагаше критиката на оръжието срещу своите граждани, както би казал Маркс. Вече бях написал първите двадесетина страници, когато „комунистическата" Държавна сигурност ме арестува. След което трябваше да възстановя по памет тия страници. И успях! След това продължих писането на книгата. През 1993 година, след като „комунистическият" режим рухна, успях да публикувам първото издание на тази книга, а през 2002 година – и второто издание. Сега, в 2016 година, точно тридесет години след този арест, аз предлагам на американската публика в САЩ (както и на световната, впрочем), ново издание.

Защо? Защото Съединените щати, Европа и целият свят в началото на XXI век се нуждаят от една нова фундаментална алтернатива! Всички ние видяхме двете ослепителни избухвания на бунтовниците-романтици Джулиан Асандж и Едуард Сноудън, които като фойерверки осветиха тъмната нощ на робското битие на седем милиарда души, вкарани в Матрицата и задушаващи се в примката на съвременния световен тоталитаризъм. Всички ние видяхме какво се случи преди няколко години в Ню Йорк, Лондон и други градове. Occupy Wall Street, Occupy London, Blockupy, Zeitgeist и Thrive – това са движения срещу произвола на банките и монополите, т.е. срещу съвременния световен ред. Движенията Zeitgeist и Thrive имат блестяща критика на сега съществуващата световна банкова система, но те нямат идея как да я променят и с какво да я заменят. Те представят един чудесен бъдещ свят, но пътя да се стигне до него е пълна утопия! Тези две движения не предлагат никакво практически възможно решение и съвременния световен ред остава като че ли завинаги! В тази връзка Бунтът на Възмутените бе новият глобален протест, който желаеше един Нов Световен Ред в отговор на наложения от кръговете около Джордж Х. У. Буш пореден империалистически Нов Световен Ред след краха на „комунистическата" система! Но днес, четвърт век по-късно, хората по целия свят отчаяно търсят Изход отново! И точно тук, в сърцето на проблема, аз предлагам на публиката моя труд за ПЪЛНО решаване на проблема, проблема КАПИТАЛИЗЪМ! За мен е ясно, че само Марксовия социализъм може да установи този Нов Световен Ред! Единствено възможният път да ни изведе към този ред (и към бъдещето) е науката и тази наука е марксизма!

И така, какво представлява този труд?

Това е книга на марксизма. Тя предлага един Нов Световен Ред на социално равенство и социална справедливост. Но заедно с това тя е също политическа и икономическа дисекция на бившето социалитарно общество в цяла Източна Европа със скалпела на Маркс! Това е анализ отвътре – анализ, направен върху действителността в моята страна България, най-верният сателит на бившия Съветски съюз и негово почти пълно копие на политическа и икономическа система.

Предишното име на тази книга беше *Социализмът – лъжата на века или векът на лъжата*. То беше актуално до края на миналия двадесети век, но новите условия налагат нови стъпки. Ето защо за американската публика направих нова редакция и ново заглавие на книгата.

Този мой труд е разделен на две автономни книги.

Първата книга, *Държавата*, представя една радикално нова политическа система на обществото, която е най-демократичната система изобщо възможна! Това е напълно ново общество, едно наистина гражданско общество, което иначе в капиталистическата система е само една утопия!

Втората книга, *Икономическа теория на социализма*, е продължение и, доколкото знам, единствено продължение на най-великия труд на Маркс – *Капиталът*! Икономическата наука за социализма прави Марксовия социализъм вече напълно възможен. Ето защо точно този факт, надявам се, би провокирал любопитството на читателите.

Това трето издание също беше преработено и много разширено относно предишните две и беше подготвяно за своята английска версия цели три години и половина. Надявам се си е струвало усилията.

Както се оказва, все повече американци в САЩ се интересуват от социализма! „Социализъм" беше най-търсената дума през 2015 година в речника Merriam-Webster! Тя ще бъде най-търсената дума и във всяка следваща година! Ето защо днес вече навсякъде се чувства вопиюща нужда от Маркс! Нека да върнем Маркс в кабинетите и сред масите! Нека да върнем Маркс сред учените и сред работниците! Да върнем Маркс – най-великият учен на второто хилядолетие!

Тодор Бомбов

Предговор към първото издание

Уважаеми читателю,

Книгата *Социализмът – лъжата на века или векът на лъжата* е писана в продължение на 4-5 години от 1985 година и беше завършена през февруари-март 1990 година. Ето защо тя беше написана в сегашно време като критика на съществуващия до неотдавна режим и под друго име – *Що е социализъм и има ли той почва у нас?*. За съжаление обаче 3 години тя не можа да види бял свят, поради което авторът беше принуден да внесе някои промени – преминаване към минало време и съкращаване на остарели пасажи. Не говори добре за една демокрация, когато по различни причини (и начини) тя не допуска друга, различна гледна точка, както върху тоталитаризма, така и върху демокрацията.

Целта на книгата е да представи историческата истина за марксизма като с това обясни и същността на досегашната "социалистическа" система.

Под общото заглавие на този труд са събрани в същност две книги.

Книга първа – *Държавата* – разглежда принципите на научния социализъм, т.е. всички онези принципи на марксизма за държавата, които изграждат социализма като политическа система. Принципи, които бяха грубо потъпкани и "забравени" от смъртта на Ленин до наши дни.

В книгата се разкрива научната несъстоятелност на т.нар. "народна държава" – пробният камък за действителното признаване на марксизма. Маркс, Енгелс и Ленин винаги са били най-непримиримите противници на "народната държава", чийто дребнобуржоазен мироглед се дължи на Ласал и Прудон, а не на комунистическите първоучители. И въпреки това "комунистическа" България беше ... народна държава! Тази нереална, утопична "народна държава" е идеологическата основа на фашизма. Което е само едно от доказателствата за съществуването в България на фашизъм, а не на социализъм. За тази цел бе използвана умишлената злоупотреба и фалшифициране на марксисткото разбиране за социалистическата държава като диктатура на пролетариата. В България имаше диктатура, но само не и на пролетариата! Напротив, точно той беше най-жестоко експлоатираната част от народа. Приведената графика, обхващаща периода от 1952 до 1988 г., в тази първа книга доказва това. С цел извличане на монополни свръхпечалби властта у нас бе в ръцете на една държавна финансова олигархия, която доведе до такъв икономически тормоз този нищо неподозиращ пролетариат, че го превърна в една от най-евтината работна сила в света! Като резултат от тази дивашка експлоатация милионерите в България за 40 години "социализъм" се увеличиха над 15 пъти! В същност това беше държавен капитализъм. Държавата беше останала като един-единствен капиталист. Срастването на държавата с монополите при пълно отсъствие на частна собственост доведе до държавно-монополистичен капитализъм в крайна степен. Така че икономическата база беше държавен капитализъм, а политическата надстройка – фашизъм! Но не и социализъм!

Книга втора – *Теория на работната заплата* – разглежда икономическите закони, които изграждат социализма като по-ефективна икономическа система от капитализма. Тези закони са извлечени от главния труд на Маркс – *Капиталът*. Възможен е такъв производствен процес, при който работната заплата като обществено отношение да представлява самонарастваща стойност. Това, от своя страна, не позволява съществуването на явлението инфлация. Този производствен процес представлява един повтарящ се кръгов цикъл на Карно, който, от своя страна, позволява да се установи смятаната за абсурд при стоковото производство обществена собственост върху средствата за производство, да се отхвърли експлоатацията и безработицата в обществото, както и да се посочи що е социално равенство и социална справедливост с тяхното конкретно, а не абстрактно значение. Разглежда се стоката работна сила – кога и как тя престава да бъде стока при социализма. Разглежда се уравниловката – присъща не на социализма, а на егалитарния капитализъм. Освен това – въпросът за рентата и земята при обществена собственост. Книгата завършва с отмиране на стоката – по нейните две условия – и прехода от стокови към нестокови, комунистически производствени отношения.

Тодор Бомбов

Предговор към второто издание

Уважаеми читателю,

Книгата *Социализмът – лъжата на века или векът на лъжата*, е писана с големи прекъсвания. Първите идеи и проблясъци датират от 1982 година, но първото обобщено сглобяване в цялостна стройно изградена система беше през зимите на 1988/89 и 1989/90 години. Ето защо тя беше написана под друго име – *Що е социализъм и има ли той почва у нас?*. Заемането на заглавието от Дядо Благоев не беше случайно, нито приумица, а най-точно изразяваше съдържанието на книгата, ако тя беше излязла от печат до 1990 г. Уви, това не стана до 1993 година, когато се появи първото й издание. Издателските неволи не спираха творческия процес на писане и в крайна сметка книгата стана факт, въпреки скромния й тираж и скромната реализация. Това първо издание обаче стана скелетът, около който по-късно се изгради изцяло преработената и допълнена книга в своите две автономни части – особено в икономическата теория, където бяха добавени 3 нови глави и редица поправки и допълнения в другите. Този процес на преработка на първото и подготовка на ново издание на настоящия труд започна основно с началото на 1997 година и продължи до 2000 година включително. Всички несъответствия и грешки от първото издание смятам, че са премахнати дори и в детайли.

Допускам, че книгата *Социализмът* ще бъде по-достъпна в своята първа част за по-широк кръг читатели, докато за втората й част ще се изисква предварителна теоретична подготовка – обща (макроикономика) и специална (по *Капиталът* на Маркс). Особено е необходима специалната подготовка.

Тодор Бомбов

„Класиците трябва не само да се почитат, но и да се попрочитат.”[1]

Казано е – учените по света са много, но умните са малко.

В наше време се появи истинско нашествие от учени глави, които забравиха, че „откакто социализмът стана наука, той изисква да се отнасят с него като с наука, т.е. да бъде изучаван.”[2]

Бедата обаче идва не толкова от това, че той се „прилагаше” без да се изучава, а повече от това, че се изучаваше, за да не се прилага.

---

[1] Емил Кротки, *Фрагменти от ненаписаното*, 18
[2] Фридрих Енгелс, *Селската война в Германия*, 4:26

КНИГА ПЪРВА

ДЪРЖАВАТА

ПРИНЦИПИ НА НАУЧНИЯ СОЦИАЛИЗЪМ

ГЛАВА ПЪРВА

ПРОИЗХОД И СЪЩНОСТ НА ДЪРЖАВАТА

Тъй като основният въпрос във философията е въпроса за отношението между битие и съзнание, така и основният въпрос в научния социализъм е въпроса за държавата. Откакто съществува, за държавата се водят битки както с оръжие, така и с критика, както с барут, така и с перо.

Преди 100 000 години на Земята се появява ново качествено състояние на живата природа – появява се нова, съвсем непозната дотогава форма на организация и движение на материята – социалната. Появява се **обществото**, което като градивна единица включва в себе си отделния човек, индивида. Тъй както при определени условия веществото кристализира , т.е. за молекулите е "по-изгодно", "по-полезно" да се свържат в кристална решетка, отколкото да съществуват "сами за себе си", така, при определени условия, първобитните хора са разбрали, че е по-изгодно да се свържат в един вид "кристална решетка" – обществото. Именно обществото е превърнало маймуната в човек, като е наложило труда в него, развивайки умствената му дейност, "способността за съждение". Така че приспособяването на индивида за живот в общество е велика крачка напред на живата природа. Само обществото дава възможност за комуникация на вида при по-високо ниво (речта), която именно е способствувала, заедно с освобождаването на ръцете, за превръщането на дейността по прехранването в трудова дейност. Трудът е целесъобразна дейност на човека, именно защото е приложен в общество. Труд извън обществото е немислим. Наистина, Робинзон Крузо е оцелял сам с труда си, но само защото е бил приучен преди това на труд в обществото. Ето защо, обикновено човек, поставен отрано в нечовешки условия, т.е. извън обществото, изолиран от него, придобива първоначалния си животински вид и инстинкти (Каспар Хаузер, Маугли и др.под.).

19

Мозъкът на човека, който е източникът на съзнателната му дейност, може да се развива само при непрекъснат поток, обмяна и обработка на информация. А това е възможно само при комбинирания труд, т.е. труда в общество. Мозъкът на маймуната в непрекъснато общуване със себеподобните си се е развивал в борбата за оцеляване, като така се е стигнало до съвкупния човек.

От появата си до днес обществото се развива непрекъснато благодарение на различните способности на всеки отделен негов член. Всеки човек е строго индивидуален, единствен и неповторим в своите възможности – физически и интелектуални, както и в своите потребности – материални и духовни. Възможностите са цялата онази умствена и физическа енергия, отделяна от определена социална единица – човек, група, общество, която се прилага като целенасочена дейност, т.е. като труд. Възможностите са съвкупност от всички физически и интелектуални сили на тази единица, изразходвани в процеса на нейното възпроизводство. Докато потребностите пък са исторически продукт, както казва Маркс, те са такава материална и духовна необходимост, която е вече осъзната от същата тази социална единица. Ето защо свободата също е потребност и то висша потребност!

Потребностите са присъщи само на човека, а не, както ни учеше една съвременна теория, „свойство на всяко живо същество"[3]. Те не са свойство, а качество, както и не се отнасят до всяко живо същество, а само до човека и неговото общество. Такова свойство е нуждата – именно тя се отнася за всяко живо същество.

Множество причини, но най-вече нуждата, изразяваща се в борбата за съществуване и оцеляване, е била тази, която е заставила отделните индивиди да образуват общество. Възможностите на индивида се оказват недостатъчни за задоволяване на собствените му непрекъснато растящи потребности. Затова, за задоволяване на потребностите на всеки индивид, се е наложило използването на възможностите на обществото. Обществото може да се развива и без възможностите на някой индивид, но никой индивид не може да се развива без възможностите на обществото. Това означава, че индивидът е зависим от обществото и той трябва да бъде подчинен на това

---

[3] Андрей Здравомислов, *Потребности, интереси, ценности*, 18

общество. От тази подчиненост на индивида възниква и въпросът за свободата на този индивид при едновременната му зависимост от обществото. Въпрос, известен ни в по-ново време като свобода и права на човека – кога и как отделната личност може да бъде свободна и нейната свобода да бъде съвместима със свободата на всички?

Отговорът на този въпрос не може да бъде намерен, ако обществото не се разглежда в неговото развитие – кога и защо от монолитно цяло то се е разделило на враждуващи лагери и докога ще бъде разделено на такива.

Цялата жизнена дейност, както на индивида, така и на обществото, представлява непрекъснато задоволяване на различни потребности с цел нарастване на определени възможности. Във времето някои потребности остават постоянни, а други непрекъснато се променят в зависимост от равнището на възможностите на обществото във всеки даден момент. Така че, за да може да се оцени реалната величина на тези потребности, трябва да им бъдат противопоставени тяхната противоположност – възможностите. Съществува взаимна връзка между възможностите и потребностите – индивидуални и обществени, те са тясно преплетени. Възможностите определят равнището на потребностите, но от своя страна и потребностите влияят върху развитието на възможностите. В един антагонистичен свят възможностите са не винаги потребни, както и потребностите са не винаги възможни!

В своето единство, като цяло, възможностите и потребностите оформят **интересите**. Сега интересите се разглеждат половинчато – свързани само с потребностите, т.е. отъждествяват се единствено с тях. В същност интересът е потребност с лишена възможност. Интересът – това е възможността да се задоволи собствена потребност чрез задоволяване на чужда потребност, на която липсва такава възможност. Интересите винаги са били и ще бъдат „икономическите отношения на дадено общество"[4], които управляват това общество – отношения между възможностите и потребностите в него.

---

[4] Карл Маркс, *Капиталът*, 1:781

В своето противоречие и борба възможностите и потребностите на известен етап от развитието на обществото довеждат до **социалното неравенство**.

Кое е наложило и как е станало това?

Икономическа, т.е. чисто материална причина – „поради промяната на условията на производството и размяната, в интерес на увеличаване на производството и развитието на размяната".[5]

Благодарение на задълбочаващото се разделение на труда, пораждащо нарастване на възможностите на производителните сили, все повече продукти за задоволяване на потребностите на първобитното общество се произвеждат за **размяна**, а все по-малко за собствена употреба на индивида. В първобитното общество „родовото устройство отживяло своето време. То било разрушено от разделението на труда и неговия резултат – разделянето на обществото на класи. То било заменено от *държавата*."[6] Още Платон пише за разделението на труда и произхода на размяната и на тяхна основа произхода и на държавата. „Държавата", казва Сократ, „възниква, понеже всеки един от нас не може сам да задоволява себе си, а се нуждае от много неща. Или ти допускаш друго начало на създаването на държавата? – Никакво друго начало"[7], отговаря Адимант.

Едва при участието на индивида в общественото разделение на труда, което се появява „въз основа на разликите по пол и възраст"[8], започват да си проличават различните възможности у различните индивиди като природно различие или като природно неравенство. Разделението на труда е основата на тяхното проявяване. „Така че в основата на деленето на класи лежи законът за разделението на труда."[9]

Променените условия на производство и възникналата по този начин вече размяна в първобитното общество са разложили постепенно това общество като то се е разслоило – една

---

[5] Фридрих Енгелс, *Анти-Дюринг*, 8:183

[6] Фридрих Енгелс, *Произход на семейството, частната собственост и държавата*, 5:176

[7] Платон, *Държавата*, 67

[8] Карл Маркс, *Капиталът*, 1:393

[9] Фридрих Енгелс, *Развитието на социализма от утопия в наука*, 1:147

незначителна част от него се е издигнала над другата огромна маса не с нещо друго, а с по-добре задоволените си потребности. Тази количествена разлика в имуществото е довела и до качествена разлика в собствеността – тя се превърнала в **частна**! Когато се наруши равновесието между обществените възможности и индивидуалните потребности и се изроди в конфликт, тогава се нарушава и целостта на обществото – то се разделя на групи с различни обществени интереси. Тогава вече обществените интереси противоречат на индивидуалните, както и обратно.

Когато възможностите на обществото са в хармония с потребностите на индивида, както и обратно, тогава говорим за социално равенство, независимо от съществуващото природно неравенство във възможностите на индивида. Природното неравенство във възможностите е довело до **социалното неравенство** в потребностите! Или, ако природното неравенство представлява неравенство при реализиране на възможностите, то социалното неравенство е неравенство в задоволяване на потребностите, т.е. ако за човека природното неравенство е вродено, то социалното неравенство е придобито.

Социалното неравенство – това е имотното неравенство в обществото, когато някаква незначителна част от него, благодарение на господствуващото си положение спрямо средствата за производство, в задоволяване на потребностите си се издига с материалното си състояние над другата основна част, получено в резултат не толкова на собствените, а преди всичко на обществените възможности. Социалното неравенство възниква стихийно, несъзнателно, „върху доброволното подчинение и традицията"[10], като сляпо преклонение пред авторитета. Съществуването на частната собственост е икономическата основа за съществуване на социалното неравенство. С други думи, социалното неравенство е индикатор за съществуването на частната собственост, която пък се появява „съвсем не като резултат от грабеж и насилие"[11]. Тук за насилие още не можем да говорим. Насилието идва по-късно, когато използването на чужд труд стане вече съзнателно, умишлено, целенасочено, когато

---

[10] Енгелс, *Анти-Дюринг*, 8:183
11 Пак там

чуждия труд започне да се присвоява, т.е. когато социалното неравенство прерастне в **социална несправедливост**.

Разбира се, през вековете справедливостта е била много разтегливо понятие, но винаги досега и "навсякъде справедливото е едно и също – полезното за по-силния"[12]! Действително, ако я разглеждаме облечена само в черна правна тога, справедливостта е много абстрактна и мъглива. Но тя добива съвсем конкретен и ясен вид, когато бъде приземена до икономическата си природа, т.е. когато тя се отнася до **труда**. Това първо.

И второ, когато справедливостта се отнася не толкова до труда на отделния индивид, колкото до труда на големи обществени групи, т.е. говорим не за индивидуална, а за социална справедливост. Аз не мога да назова по никакъв друг начин, освен социална несправедливост, присвояването на чужд труд на големи групи хора от едно организирано малцинство чрез съзнателна и системна дейност на ограбване, наречена експлоатация.

Социалната несправедливост представлява нарушено обществено разпределение на продуктите на труда, получаващо се когато възможностите на цялото общество съзнателно се използват за задоволяване на потребностите на една незначителна част от него. Несправедливост в разпределителните процеси има само в резултат на съществуващо вече социално неравенство. Социалната несправедливост се появява тогава, когато общите индивидуални се обособят като коренно различни обществени интереси.

Размяната превърнала продуктите в стоки, които пък наложили необходимостта от всеобщата стока -- парите. И ако стоката създала социалното неравенство и частната собственост, то парите създали **властта**! Законът идва с размяната, както апетитът -- с яденето. За да бъде установена като нормална обществена уредба, частната собственост узаконила социалната несправедливост чрез **насилието**, т.е. изградена била властта в лицето на специален апарат за принуда с вътрешни функции -- за репресии, и с външни функции -- за въоръжена намеса. По този начин обществените групи, резултат от имотното разслоение, приели името **класи**, а черупката, затваряща ги за съвместен живот, била наречена **държава**.

---

[12] Платон, *Държавата*, 25

Така че, ако социалното неравенство е израз на частната собственост, то социалната несправедливост и насилието са съответно синтетичен израз на държавата. Социалната несправедливост в разпределителните процеси е резултат от наложилата се в обществото чрез частната собственост размяна. Ето защо държавата е отражение на размяната. Държава има само там и тогава, където и когато съществува размяна. Размяна не може да има без правното й регулиране със законите на държавата. Държавата пък не може да функционира без стоката и без парите, т.е. без размяната, просто защото всяко насилие се измерва и заплаща в злато. „Самото насилие – казва Маркс – е икономическа потенция."[13]

Насилието в държавата се проявява във властта на една класа над цялото общество, която власт е резултат от господството й в производството. Държавата винаги е представяна не от всички образуващи я, а само от една класа – тази, която е на власт. Тази класа пък, за да бъде на власт, провежда несправедливост и насилие спрямо подчинените й класи. Несправедливостта и насилието са двете характерни черти, определящи държавата, тъй като всичко в обществения живот при нея в крайна сметка се свежда до тях.

Държавата е власт на една класа, която въз основа на господството си в производството, осъществява несправедливо обществено разпределение на продуктите на труда чрез използването на насилие.

Държавната власт представлява "концентрираното и организирано обществено насилие"[14]. До наши дни държавата винаги е била дресьор, който оформя общественото мнение чрез плющене на камшик. Всяка държава съществува само чрез несправедливост и насилие, както и обратно – несправедливостта и насилието съществуват само при държавата. Държавата съществува именно защото в обществото съществуват несправедливост и насилие, т.е. тя е тяхното защитно покритие. Както пише Ленин, държавата съществува поради непримиримостта на противоречията на образуващите я класи.

---

[13] Маркс, *Капиталът*, 1:819
[14] Пак там

Държавата съществува именно защото те са непримирими и водят до несправедливост и насилие.

Възможностите на всеки индивид са по природа пряко свързани с потребностите за тяхното задоволяване. При намесата на държавата обаче нещата се променят – възможностите се отделят, откъсват от потребностите за една голяма част от обществото, подчинена на чужди класови интереси. Тогава много от потребностите стават невъзможни, както и много от възможностите – неупотребени. Антагонистичната държава потиска чуждите класови интереси така, че потиснатите да не могат да се ползват от пълните, а само от минималните възможности на обществото. Такава държава ограничава възможностите и изкривява потребностите в своя изгода и по свой модел.

Независимо дали в груба или мека форма (с "тоягата или моркова"), всяка класа осъществява властта си с насилие, с диктат. Тази класа обаче нарича своя собствен диктат демокрация и го представя в цялото общество като такава. Ето защо държавата на една класа се явява демокрация за тази класа, т.е. **класовата** демокрация е **съдържанието** на държавата. Досега са известни няколко такива типа държави според начина на производство: робовладелска демокрация – при робовладелската държава; демокрация на поземлената аристокрация – при феодалната държава; демокрация на буржоазията – при капиталистическата държава. Ето защо и демокрацията на работническата класа е съдържанието на социалистическата държава.

Именно класовото разделение на обществото създава два различни, два паралелни един на друг свята-антиподи в едно и също общество. А това пък създава два полярни модела на поведение в политическия живот на обществото – демокрацията на богатата класа е в същност диктатура за бедната! С други думи, държавата не е народна и демокрацията не е за всички!

Но ето, че тези прости до наивност, елементарни детски истини не са приемливи за оная каста, която се нарича опортюнизъм. От своето появяване до висшата си фаза днес представителите на това масонство винаги мечтаят за своята т.нар. "народна държава" – държава на целия народ и демокрация, обща за целия народ. Според марксизма демокрацията не е и не може да бъде обща за целия народ, тя е само класова.

СОЦИАЛИЗМЪТ Е МЪРТЪВ!ДА ЖИВЕЕ СОЦИАЛИЗМЪТ!

Въпросът за държавата като класова демокрация е основен в цялото учение на научния социализъм. Съвременното изопачаване на марксизма не бе по-различно от предишните. Ето как съвременните писатели утописти превърнаха научния комунизъм в научна фантастика – със съживяване на мъртви образи, със завръщане на сенките на Кауцки и Бернщайн в съвременния свят.

Наш дълг е да припомним на широката публика, според науката марксизъм, какво все пак представлява социалистическата държава, каква е същността ѝ.

ГЛАВА ВТОРА

СОЦИАЛИСТИЧЕСКАТА ДЪРЖАВА

Истината и лъжата лежат винаги една до друга – тъй както и в Хайгейт Маркс и Спенсър лежат един до друг. Което не значи, че заедно с истината е погребана и лъжата!

За разлика от опортюнистическите ребуси, извъртания и плетеници, Ленин само в няколко реда съвсем кратко, просто и ясно определя каква трябва да бъде социалистическата държава въз основа на историческия опит на Парижката комуна и критическия анализ на Маркс:

„Особено забележителна в това отношение е подчертаваната от Маркс мярка на Комуната: отменяване на всякакви отпускания на пари за представителство, на всякакви парични привилегии на чиновниците, свеждане на заплатата на *всички* длъжностни лица в държавата до нивото на *'работната заплата на работник'*. Тук именно най-нагледно се вижда *преломът* – от буржоазната демокрация към пролетарската демокрация ...”[15]

И още:

„Пълната изборност, сменяемостта *по всяко време* на всички без изключение длъжностни лица, свеждането на тяхната заплата до обикновена 'работна заплата на работника' -- тези прости, от само себе си разбиращи се демократични мероприятия, обединявайки напълно интересите на работниците и мнозинството на селяните, същевременно служат като мостче, водещо от капитализма към социализма.”[16]

Маркс спира вниманието си именно върху тези мерки на Комуната като набляга особено силно върху тяхното значение:

„Комуната беше образувана от градски съветници, избирани от различните райони на Париж въз основа на всеобщото избирателно

---

[15] Владимир Илич Ленин, *Държавата и революцията*, 33:41-42
[16] Пак там, 43

право. Те бяха отговорни и можеха да бъдат отзовавани по всяко време...

...Като се започне от членовете на Комуната от горе до долу, всяка обществена служба трябваше да бъде изпълнявана срещу ***заплатата на работник***. Придобитите привилегии и представителните пари на висшите държавни сановници изчезнаха заедно със самите тези сановници."[17]

Наистина, от 30-те най-важни мерки, предприела Парижката комуна, могат да се извлекат 5 от тях, до които се свежда цялата промяна на едно общество, разбивайки старата и едновременно с това изграждайки новата държава. Тези мерки представляват в същност пет принципа, които са **общи** за всяка държава, имаща претенциите да се нарича социалистическа. Те затова са и принципи – за да бъдат общи, независимо от националното различие на всяка една от тях. Това са принципи, които изпълват и дават съдържание на социалистическата държава като демокрация на работническата класа. За прегледност ще ги подредим така:

1. Работната заплата на **всички** висши длъжностни лица **без изключение** трябва да бъде равна на заплатата на един обикновен работник, т.е. на средния работник.

2. Отменяване на паричните и изобщо на всякакви привилегии на чиновниците, особено на висшите.

3. Отменяване на всякакви пари за представителство и представителщината.

4. Пълна изборност за всеки пълнолетен с граждански права кандидат на всички длъжностни места.

5. Сменяемост **по всяко време** на всички длъжностни лица **без изключение**.

Ето това е социализъм! Това е Марксовият социализъм! И нищо друго!

Тази е твоята *свята и чиста република*, Апостоле!

А дали социализмът имаше почва у нас в бившата т.нар. „социалистическа" система ще стане ясно, ако разгледаме всеки един принцип поотделно. Защото естествено възниква въпросът – това през XX век социализъм ли беше? Това ли е социализмът в същност?

---

[17] Карл Маркс, *Гражданската война във Франция*, 3:308

По първия принцип бе най-голямото кощунство с марксизма, водещо до чудовищно извращаване на социализма. Най-дискутираният, най-шумният и затова в същото време най-често "забравяният" въпрос сред академиците на марксизма и най-премълчаваният пред масите, въпрос, пазен в най-дълбока тайна от тях – и преди, и след "преустройството". **Принцип**, заклеймен като догма! Жизнено важен въпрос за всяко социалистическо общество, отхвърлян винаги като "остарял" и "наивен", който в "съвременните" условия не можел да се въведе . Целта, скрита зад такива увъртания обаче, е чрез различни методи и средства този принцип да се отдалечи във времето и ако не се забрави, то той да загуби "давност" и вече със "законно" основание да се обяви за "остарял" за новите "съвременни" условия. Така тази мярка на Парижката комуна се възприема от различните "идеологически бърборковци"[18] като простащина, унижение или атавизъм. Ако не бъде атакуван още и като уравниловка, този принцип се възприема от тях едва ли не като първоаприлска шега, родена от чувството за хумор на комунарите.

Наистина ли е уравниловка обаче този принцип? Наистина ли е догма? Дали той е отживелица и анахронизъм?

Да припомним, че на времето за опортюнистите и Ленин е бил "догматик", отстоявайки напълно и докрай този основен принцип. Ако той означаваше уравниловка, това щеше да означава, че и самите основатели на научния социализъм, издигнали тази мярка в принцип, т.е. и Маркс, и Енгелс, и Ленин трябва да причислим към идеолозите на дребнобуржоазния социализъм! Както е тръгнало в наше време и това може да излезе като научна истина!

Ето защо нека видим по-отблизо същността на този принцип. За тази цел трябва да потърсим връзката между труда на работника и труда на висшия чиновник.

Трудът на работника, т.е. производителният труд, е труд, който създава стойност, докато трудът на висшия чиновник, т.е. управленският труд, е труд, който не създава стойност. Два различни вида конкретен труд, но произвеждащи стойност, могат да бъдат сравнени. Затруднението тук обаче идва от това как да бъдат сравнени двата вида труд, когато единия от тях не произвежда стойност.

---

[18] Маркс, *Капиталът*, 1:671

"Ала има такива обществени условия, при които ... тези два различни вида труд са само видоизменения на труда на един и същи индивид и още не са отделни, затвърдени функции на различни индивиди ... "[19]

Маркс ни подсеща, че това съпоставяне може да стане само чрез абстрактния труд, т.е. чрез изразходването на човешка енергия изобщо. Сравняването може да стане само според **количеството** труд, изразходван за единица работно време. Но това не може да стане чрез разменната стойност, както се сравнява производителния труд между двама работника. За да могат да бъдат сравнени двата вида съвсем различни по качеството си труд, трябва абстрактният труд да се изрази не в разменната стойност, а в **отговорността**. Двата вида труд могат да бъдат поставени при равни условия, само когато техен измерител е отговорността и то **еднаквата** отговорност. Едва тогава двата качествено различни вида труд могат да бъдат сравнявани, въпреки всички специфични различия на всеки отделен вид конкретен труд. С други думи, независимо от различните качества, трудът на работника и трудът на висшия чиновник са сложени при равни условия едва при еднаквата им отговорност от крайните резултати на своя труд, от изпълнението на професионалните им задължения.

В нашата образцова правова държава и преди, и сега безразборно се обърква, комично се смесва отговорността с напрегнатостта на труда. Напрежението, интензивността на труда се представя като ... отговорност! От тук, от различното напрежение на труда, таксувано като различна отговорност, се пусна в обръщение разбирането за "висока" и, по тази логика, "ниска" отговорност, "голяма" и съответно – "малка" отговорност. Това е безсмислица! Отдавна беше наложено схващането, че служебния пост създава т.нар. "отговорни другари". От време на време те самите доказваха нелепостта на тази титла, когато бъдеха уличени в корупция – доказваха, че никога не са били отговорни и никога не са били другари!

Когато глупостите идват от високо място, те се приемат за доказани теореми. Дори нещо повече. Това схващане съществуваше не само като теоретична формула, но и като нейна практическа основа -- на отбрани лица в нашата държава се

---

[19] Маркс, *Капиталът*, 1:60-61

заплащаше допълнително за "отговорен труд", "за отговорност и качество", т.е. плащаше се така, както се плаща обикновено привилегия – без причина. Но отговорността не може да бъде привилегия. Напротив – привилегията искаха да ни пробутат за отговорност!

Само когато отговорността е еднаква в обществото, само тогава можем да кажем, че в цялото общество има отговорност на практика за всички. Това означава, че в такова общество се осъществява **взаимен контрол**, т.е. действуват правата и обратна връзка в опростена управленска структура без излишни функции. Взаимният контрол е най-сигурният контрол, отхвърлящ необходимостта от специален контролен апарат. Тази еднаква отговорност означава, че както работника е длъжен да отговаря пред министъра, така и министъра трябва да отговаря пред работника, т.е. че длъжностните лица са отговорни пред самите работници. Самото участие на работниците в управлението на държавата не е абстрактно понятие, както бе в утопията на близкото минало, а конкретно се изразява именно в това, че всички длъжностни лица в държавата са избирани и сменяеми **по всяко време**, т.е. са отговорни пред работниците, а и всички граждани, като правоимаща и равнопоставена част от обществото. Едва сега, когато са под контрола на работническата класа, длъжностните и особено висшите длъжностни лица, вече биха вършели действителна работа, а не само да имитират дейност. Контролът отдолу – от работниците (и от гражданите изобщо), не означава намеса в работата на чиновниците, а отчет за тази работа, това не е анархия, а ред и то най-добрия ред. Контролът отдолу е нужен за изчистване и недопускане на обществените недъзи, за лекуване и профилактика на язвите горе, както и обратно. Този взаимен контрол не е "намеса във вътрешните работи", защото той означава отговорност по крайния резултат, на изхода на "черната кутия". Отговорността при капитализма само в краен случай се проявява като съдебна отговорност, т.е. налагана с държавна принуда, докато отговорността, за която говорим, е съзнателна, т.е. изграден навик, **обществено отношение**, определен начин на живот.

Така, вече поставени при равни условия – еднаквата отговорност – двата качествено различни вида труд могат да бъдат съизмерими. Тъй като трудът на министъра (депутата, магистрата или други подобни) е сложен, високоинтелектуален труд, с по-голямо напрежение, изисква изразходване на повече енергия от труда на средния работник и гражданин, работната му сила би трябвало да се заплаща и по-скъпо. Но, когато работната заплата на министъра, според принципа на Парижката комуна, бъде равна на работната заплата на средния работник, това означава, че по-високо квалифицираната работна сила на министъра ще се заплаща по-малко, т.е. работната заплата няма да отговаря на индивидуалното количество труд, изразходвано от работната сила на министъра, а ще бъде по-ниска. Това е несправедливост! Да! Но вече с обратен знак. Това е несправедливост за малка част от обществото – висшите длъжностни лица, и затова справедливост за останалата огромна част от него. Точно в това обаче се изразява социалната несправедливост при социализма. Но всяка държава затова е държава, защото в нея съществува социална несправедливост. Иначе не би била държава. В държавата при социализма социална несправедливост също има, но тя е насочена в обратна посока. И тази социална несправедливост ще съществува толкова по-дълго, колкото е по-дълъг пътя на отмирането на държавата, т.е. колкото на по-ниско равнище на развитие на производителните сили победи социалистическата революция.

Експлоатацията винаги означава социална несправедливост, макар че социалната несправедливост не винаги означава експлоатация. Не може нито с вълшебна пръчка, нито с царски жезъл или указ да се отхвърли изведнъж социалната несправедливост, живяла хилядолетия като вътрешно присъща на държавата. Тъй като е заварено положение за работническата класа след социалистическата революция, социалната несправедливост в държавата трябва да се поеме от някого – това е нейната най-съзнателна част: нейния авангард, работническата партия.

И още нещо. Когато работната заплата на министъра отговаря на средната работна заплата, това съвсем не означава, че му се заплаща и под стойността на работната сила. Напротив – това означава, че работната му сила се заплаща точно по нейната стойност. Защото стойността на работната сила се определя не от индивидуалните различия на всеки отделен работник, а от стойността на работната сила на **средния** работник. Така че работната заплата на министъра ще съответствува точно на стойността на работната сила, ще се определя пряко от стойността на работната сила. По този начин работната заплата на министъра ще бъде индикатор на стойността на работната сила, неин еквивалент и измерител. По работната заплата на министъра ще може да се съди за жизнения стандарт на обществото. Само така повикът за отговорност няма да е само <u>чувство</u> на отговорност, а вече и <u>отношение</u> на отговорност. Отговорността означава подчиненост на личните възможности пред обществените потребности.

Каква беше практиката в една такава „социалистическа" държава като България, например?

У нас беше по-лесно да се научи заплатата на президента на САЩ, отколкото на кой да е наш правителствен чиновник, пък бил той и висш. Как се нарича тази криеница, тази "желязна завеса", ще научим по-нататък. Тази пълна неизвестност, тази законспирираност на висшите заплати беше прекратена едва под силния натиск на обществеността и новото време правителството на Петър Младенов; то беше принудено да спре тази политическа жмичка и да публикува най-сетне заплатите на своите чиновници. Оказа се, според официални данни, че в края на 1980-те години най-високата месечна заплата бе 2500 лв. В същото време средната работна заплата у нас бе 200-220 лв., т.е. от **10** до **12 пъти** месечната заплата на висше длъжностно лице беше по-голяма от заплатата на средния работник! С други думи, месечната заплата на висшия чиновник представляваше пак месечна заплата, но на дузина работници! Или едва годишната заплата на средния работник! Такава беше истината и в Съветския съюз. Само за протокола: месечната заплата на Ленин, на *"гениалния революционер и учен-философ"* (клише от тогава) в най-тежките времена на революцията е била 500 рубли и е съответствала на средната работна заплата в Русия към тази дата. За увеличаване на заплатата му от 500 на 800 рубли от Владимир Бонч-Бруевич, началник на канцеларията на Совнаркома и негов най-близък приятел, и Николай Горбунов, секретар на Совнаркома, Ленин предлага за тях тежкото (поне тогава!) партийно наказание "строго мъмрене", като заплатата му остава непроменена. За Ленин това е тежко провинение, своеволие, равно на престъпление![20] Така че Ленин е водил непримирима борба за отстояване на този принцип и то най-вече на дело.

---

[20] Владимир Илич Ленин, *Писма*, 50:78

Но за нашите бащи на отечеството средната работна заплата явно беше унижение, за тях „намаляването на заплатата на висшите държавни чиновници изглежда 'просто' като искане на наивния, примитивен демократизъм"[21], тъй както някога го приемаше Бернщайн. Именно Бернщайн нарече тази проста и велика мярка на Комуната примитивна и догма. Ленин и болшевиките половин век по-късно доказаха, че нито е примитивна, нито е догма. Само че до рухването на Съветския съюз цели 75 години след Октомврийската революция по стар бернщайнски модел отново се втълпяваше все същата версия.

Вярно е, че при Ленинската съветска власт е имало лица, които са получавали по 1500-2000 рубли месечна заплата, т.е. 3-4 пъти повече от средната. Но:

1. това са били научни специалисти, т.е. **учени**, а не **чиновници**, заети на държавна служба;

2. те са били **чужди**, а не свои, собствени кадри, за привличането, за **купуването** на които Съветската власт е отделяла повече средства -- практика, известна днес като купуване на мозъци;

3. те са били **буржоазни** специалисти, а не **комунисти**, което ги "оправдава" като купувани;

4. това е била **кратковременна** мярка, а не постоянна **практика**, изключение, а не правило, с цел да се излезе по-бързо от разрухата след войната и революцията;

5. в крайна сметка обаче сам Ленин признава открито и ясно как се нарича такава мярка, <u>въпреки всички горни съображения</u>:

„Ясно е, че тя е **компромис, отстъпление** от принципите на Парижката комуна и на всяка пролетарска власт, чиито принципи изискват заплатите да се свеждат до равнището на заплатата на средния работник, изискват борба с кариеризма на дело, а не на думи.

Нещо повече. Ясно е, че такава мярка е не само спиране -- в известна област и до известна степен — на настъплението на капитала ... , но и *крачка назад* (курсивът е на Ленин) на нашата социалистическа, съветската държавна власт, която от самото

---

[21] Ленин, *Държавата и революцията*, 33:42

начало провъзгласи и поведе политика за намаляване на високите заплати до заплатата на средния работник.”[22]

Този въпрос – за заплатите на висшите чиновници – обаче умишлено и ревностно се пазеше в тайна от нашите “приятели на народа” пред широките работнически маси, както жреците на племето – своите тайнства и магии от непосветените в занаята. Разясняваше се всичко за социализма, само без това “просто”, но основно негово правило. Развиваха се цели теории, системи и модели, изграждаха се футуристични представи, строяха се “концепции” с професорска ученост, само не и да се засяга този жизнено важен и лесно разбираем за работническата класа въпрос.

„Да крием от масите, че привличането на буржоазни специалисти чрез извънредно високи заплати е отстъпление от принципите на Комуната, би означавало да слизаме до равнището на буржоазните политически интриганти и да лъжем масите.”[23]

Ето какво означава да се крие от масите високото заплащане на държавните висши чиновници – **буржоазно интригантство** и **измама** за работническата класа! От същата тази партия, която се биеше в гърдите и наричаше себе си **комунистическа** и **ленинска**!!! А и всички “преустройства” не промениха нищо в това отношение!

Внимателно се подбираха отделни фрази на Ленин, Маркс и Енгелс за защита на съществуващото безобразие и гавра със социализма. За тази цел си имаше цели екипи добре платени академици, специализирани в марксистко-ленинска еквилибристика. Това обезобразяване на марксизма беше може би върхът на човешката демагогия изобщо. В небивалия потоп от литература за комунизма никъде нито дума не се отбелязваше същността, целта и значението на този прост, т.е. разбираем от всички, принцип, който представлява едно от необходимите условия за **практическото** осъществяване на социализма. Причината – да се държат в безропотно подчинение огромни маси нещастници, за да се превърнат те в мазохисти!

„И именно по този особено нагледен – по въпроса за държавата може би най-важен – пункт уроците на Маркс са най-забравени! В

---

[22] Ленин, *Предстоящите задачи на съветската власт*, 36:166-167 (удебеленият шрифт е мой – Т.Б.)
[23] Пак там, 167

популярните коментарии – а те са безброй – за това не се говори. 'Прието е' за това да се мълчи като отживяла времето си 'наивност'...”[24]

Тези думи Ленин като че ли ги бе написал минута преди “социализма” да рухне и мастилото дълго не бе изсъхнало! Трябва да кажем, че по този пункт уроците и на Ленин бяха най-забравени! Стремежът на нашите “комунисти”, иначе верни на ленинския мироглед, бе този принцип да се нахока като отживелица и чрез различни методи (включително полицейски) той да се отдалечи във времето и по този начин да заприлича поне малко на анахронизъм. У нас също отдавна бе “прието” да се мълчи по този въпрос. Така по-късно започна да се мълчи по много въпроси.

Основният принцип на социализма е **закон** за социализма. **Dura lex, sed lex!**[25]

Тук, разбира се, не говорим за християнски аскетизъм, нито за пуританство на висшите чиновници. Но за едни нормални, обикновени, обществено утвърдени потребности, каквито има средния работник, т.е. средния гражданин -- това вече е законно изискване. Пък и нали висшите длъжностни лица са били преди това нисши! По този начин министърът най-добре ще разбира потребностите на средния работник, като сам ги изпитва по джоба си. Все пак министър на латински значи слуга! ...

Тази социална несправедливост е неизбежна, щом обществото е затворено в държава. Безспорно чрез нея обаче може да се издигне общественото, а не само индивидуалното съзнание, до нивото на най-съзнателната част на работническата класа -- нейната партия. Само чрез нея се осъществява на дело, в живота, съюзът между партия и класа в мирно време, когато другите революционни средства хващат ръжда. Тя е революционна мярка на революционна партия в условията на държавата, а не на революцията. Точно затова е необходима тази социална несправедливост – защото след социалистическата революция, вече от позициите на властта в държавата, борбата за социализъм трябва да продължи. Бившите комунисти-революционери, макар че продължават да са работнически ръководители, все пак са вече

---

[24] Ленин, *Държавата и революцията*, 33:42
[25] Суров закон, но закон! (лат.)

държавни чиновници. Невъзможно е да искаме от чиновниците да станат революционери, но е възможно обратното. Ето защо борбата с бюрокрацията и кариеризма започва от тази социална несправедливост – затова на висше длъжностно лице при социализма се заплаща не като на висококвалифициран **специалист**, нито като на **учен**, а като на държавен **чиновник**, какъвто в същност си е той. С тази социална несправедливост, с този основен принцип наистина се поставя „сигурна бариера за службогонството и кариеризма"[26]. В тази социална несправедливост се изразява най-тясната връзка между партия и класа в изграждането на новото общество. Материалното им единство е предпоставка и за идеологическото единство между тях. Икономическото равенство между министъра и работника може да не е достатъчно, но то е необходимо условие и за тяхното юридическо равенство, равенството им пред закона! В противен случай равенство и закон са празни думи!

Колко вярно Анатол Франс е доловил, че една от най-големите бариери за осъществяването на социализма, тумор за обществото, това са „големите държавни служби"[27].

Ето защо не е догма спазването на този "остарял" принцип на Парижката комуна и ранната Съветска власт. Тази мярка означава да се защитават интересите на работническата класа, а не собствените чиновнически интереси, една действително комунистическа партия, а не партийна котерия. Дори и "преустройството", което събра толкова надежди, обявявайки се за обновление на социализма, не възстанови този **основен** принцип на социализма. Освен задължителните в такъв случай общодемократични промени при събарянето на тоталитарна диктатура, нито един принцип на социализма не бе въведен. Общодемократичните промени се представяха за социалистически! Една заблуда сменяше друга!

Ето защо издигнатото искане на Комуната за евтино правителство не е случайно. Евтино правителство – това означава малко и скромно платени висши чиновници, отделянето на по-малко средства за държавата и повече за обществото. Само с въвеждането на този принцип се обявява действително война на

---

[26] Маркс, *Гражданската война във Франция*, 3:281
[27] Анатол Франс, *На белия камък*, 125

бюрокрацията, вместо да се водят само дипломатически преговори с нея. Само така се разбива т.нар. ”командно-административен апарат”, без да му се остави никаква възможност за реставрация. Службогонството е плевел, който не иска молитва, иска мотика. Службащината в "реалния социализъм" така се беше развихрила, че отново, както по Вазово време, цяла България сякаш се бе спуснала за служби. И никакво "преустройство" не бе в състояние да се пребори с избуялата по този начин бюрокрация . До 1990 година, пак по думите на Вазов, в България най-опозорителното оскърбление бе да кажеш някому да иде да работи. Да си работник бе срам, да си чиновник – гордост! Службогонството наложи бягство от труда по съвета "учи, за да не работиш". И пак настанаха "мързеливи години". За мрачните над 40 години чиновнически социализъм издигането, служебното израстване, превърнало се в обществен навик, в норма на поведение, стана болестно състояние на обществото, превърна се в масова психоза, наложила практиката заради дрехите да посрещат, а заради ума да изпращат! Да се "расте" нагоре, нагоре -- до "най-високото стъпало, на върха, по-нагоре – небе !"[28] Нямаше, за съжаление, кой да поставя главозамаените ни мандарини от време на време да сядат на торен престол, както папата, за да се сещат, че и те са смъртни. "Преустройството" заклейми навъдилия се "командно-административен апарат", бюрокрацията изобщо, скара му се с пръст и той се притаи смирено. В очакване да мине вятъра. Така или иначе, но огромната армия чиновници си остана още дълго на бойното поле като прие кръгова отбрана. Бюрокрацията проявява винаги удивителна жизненост, невероятна приспособимост, благодарение на чудната система на "връзките", които наложиха посредствеността, доведоха до липсата на професионализъм, до господство на бездарността във всички сфери на обществения живот. А още Платон, отпреди 2500 години, отхвърли "влиятелните роднински връзки в държавата"[29]!

Вторият принцип е само едно продължение на първия. Нашите "славни народни пирати"[30] се срамуваха да си увеличат пряко заплатата до безкрайност и затова го правеха косвено с различните си привилегии като приемаха допълнителна доза паричен

---

[28] Стефан Л. Костов, *Големанов*, 114
[29] Платон, *Държавата*, 241
[30] Иван Вазов, *Службогонци*, 4:491

наркотик. И както при употребата на всеки наркотик, следващата доза не може да бъде по-малка. Докато траеше въздействието, т.е. до кризата, наложила "преустройството", понеже опиатът беше силен, в очите на господата ни всичко изглеждаше розово, сиреч "социалистическо", изпадайки в присъщата еуфория при подобен случай – болното въображение рисува красиви картини, но илюзии, далеч от действителността. С такива мощни инжекции такива мощни сибарити си поддържаха добрия вкус, добрия тон, доброто храносмилане и благоразположението си към простия народ. "Някога частното имущество е съставлявало обществената хазна, сега обществената хазна става бащиния на частни лица"[31], припомняше всуе Монтескьо.

Привилегиите започнаха още с "издигането" на бившите революционни дейци като добре платени "активни борци против фашизма и капитализма". Толкова глупава титла, а кои борци са неактивни?!

Бившите борци за свобода станаха "кандидати за държавната трапеза, просители за служба"[32], като забравиха две неща – първо, че борбата никога не спира, а преминава под друга форма и затова такава научна степен е просто неуместна. Бившите герои представляват тъжна гледка, когато окачат принципите си на пирона!

И второ, че животът не се измерва в пари, макар че парите служат за измерване в живота. Тези тлъсти "народни пенсии" представляваха в същност пенсии за революционна инвалидност. Тогава придобитите привилегии станаха наследствени – за деца, внуци и рода голяма бяха създадени предимства за влизане в учебни, държавни и нощни заведения. Тези привилегии бяха едно добро доказателство, че т.нар. „социалистическа революция" в България в същност не е социалистическа и не е революция, а просто обикновен държавен преврат. В една национално-освободителна или буржоазно-демократична революция паричните привилегии могат донякъде да бъдат оправдани, но в социалистическата – никога, те са просто недопустими! Тя идва за да премахне именно всякакви и всички привилегии!

---

[31] Монтескьо, *За духа на законите*, 75
[32] Вазов, *Службогонци*, 4:489

Както всеки буржоазен парламент, така и нашето Народно (народно?) събрание беше и днес пак е една Бърболонска кула, говорилня, където и преди, и сега се изхвърля "куп словесна кал"[33]. Както винаги в това смешно театро, на присъстващите в него подбрани клакьори се плащаше да седят, да седят и да кимат, да кимат и да се съгласяват с всичко като тълпа на Неронов спектакъл на принципа "гласувай-ръкопляскай". Най-безсрамно „тези паразити се надпреварваха да ядат и да говорят: хвалеха само два вида хора – мъртвите и себе си"[34]. Паричните привилегии и до днес на т.нар. "народни представители" са така народни, че ги правят само представители. Ето защо изнасяха се и се изнасят "кухи парадни речи"[35], водеха се и се водят сериозни спорове на сериозни теми от рода на този, който ни предава Волтер – „разправията между урсулинките и анунциатките, които спорели кои от тях могат по-дълго да носят между краката си рохко яйце, без да го счупят"[36].

Една от най-явните и масови форми на паричните привилегии бяха премиите на висшите чиновници. Тъкмо те представляваха майсторския и то "законен" обир от труда на работниците. Поради "изключителните си заслуги към делото на социализма" едрите чиновници, по съвета на г-н Дюринг, ежегодно си правеха "добавка за потребление" към своята скромна заплата. Едрият чиновник си докарваше по този начин една такава работна заплата, която, наистина, бе заплата, но не бе работна!

Но и премиите даже се оказваха само джобни пари за харчлък, макар че бяха черни пари за бели дни. Защото дори и този хайдушки грабеж се оказваше нищо в сравнение с монополните печалби на една финансова олигархия, които се преразпределяха вътрешно чрез различни операции и се трупаха милион върху милион в чужди банки. Оформяха се сметки, чиито суми изглеждаха просто смайващи и невероятни. Смайващи – за българина като работник, и невероятни – за социализма като учение! "Питате как се създават тези грамадни богатства? Само с късмет"[37]!...

---

[33] Жан-Батист Молиер, *Тартюф*, 170

[34] Франсоа Волтер, *Философски новели*, (*Тъй върви светът*), 16

[35] Пак там, (*Човекът с четиридесетте екю*), 303

[36] Пак там, 311

[37] Пак там, (*Жано и Колен*), 244

Явна форма на социално неравенство и привилегии беше съществуването на валутните магазини "Кореком", чиито витрини за изпосталелия българин бяха "отрупани с безброй жадувани неща"[38]. Това беше следствие от държавния монопол върху външната търговия като част от сбърканата система на всеобщ монопол. Държавният валутен монопол обслужва винаги финансовата олигархия, която го въвежда. Що за демокрация и равенство е това, когато в една страна няма свободен достъп до **всички** стоки за **всички** нейни граждани?

Стоки и услуги за "отговорните другари" полу- или безплатно, на по-ниски цени и от специални магазини, стоки и услуги с по-високо качество и разнообразен асортимент, вносни стоки и услуги -- всички те на практика недостъпни за простосмъртния , "оценения с главата си"[39] работник .

Сферата на приложение на привилегиите бе твърде обширна. Те не свършваха с края на работното време, нито с работния жизнен период, а продължаваха и след това, като оставаха доживотни – продължаваха дори и в погребалното бюро. Те не свършваха и с гражданската част от обществото, а се разстилаха широко и особено силно и върху военната. Униформените, както и цивилните чиновници, простираха прерогативите си над работниците като закон божи.

Привилегиите – наследствени и придобити – не позволяват да се разкрият истинските възможности на личността, замазват ги, като не дават пълна и достоверна картина за тях -- нито на носителя на привилегии, нито на ощетения от тях.

Привилегии всякакви – стойностни и натурални, налични и безналични, законни и незаконни, знайни и незнайни, явни и потайни – геният на чиновника бе изобретил под всевъзможни фантастични и невероятни форми да се изсмуква чрез тях златен прашец.

Във всяка гнила държава парите винаги отиват точно там, където не трябва! Тогава разсипничеството на държавната, иначе казано "народната пара", се проявява във вид на шумна реклама и ненужно представителство.

---

[38] Христо Смирненски, *Събрани съчинения* (*Братчетата на Гаврош*), 2:256

[39] Маркс, *Капиталът*, 1:828

И най-богатата държава не си позволява това, което ставаше у нас за доказване на възможностите на "социализма": триумфираща показност и маниакална помпозност, парадност и поза – навсякъде и във всичко. Представяне за действително това, което е неразумно и несъществуващо, а за недействително онова, което е разумно и съществуващо. Имахме общество на "страсти, лишени от истина и истини, лишени от страст"[40]; общество на дитирамби, фойерверки и манифестации. Освен това, бяха създадени сдружения и фондации а la клуба "Пикуик", чието единствена цел бе да устройват "екскурзии и славни пътувания"[41] не само из Англия; обществени организации от рода на дружество "Кавал" и клубове на сините чорапи.[42] Предмет на дейност на тези "ордени на свети ленивци"[43] бяха скъпите приеми и самоцелни "командировки", банкети и симпозиуми като признак на "гостоприемство", а в същност бяха един цирк, клоунада, на които светът не спря да се смее. Навсякъде лицемерие и фалш, представяни като "другарство и взаимопомощ". Разбира се, "лицемерието е моден порок, а всички модни пороци минават за добродетели"[44], той е "привилегирован порок", който "спокойно се наслаждава на властваща безнаказаност"[45]. Хóра и хорá за показ; официални глупости и глупави официалности; невиждан цъфтеж на частни вили като държавни резиденции и присвояване на държавни резиденции за частни вили! Това беше витрина на социален рай като параван на мизерия безкрай; панаир на суетата и разнежващо безделие за едни, тежък ярем и египетски труд – за други. Какво бе това? Пищност? Не – разточителство! Щедрост? Не – разсипия!

> "В политиката ни кал,
>
> кал в народния морал.
>
> Вгледаш ли се, виждаш, че
>
> кал в изкуството тече!
>
> Кал в финансиите ни,

---

[40] Карл Маркс, *18-ти брюмер на Луи Бонапарт*, 3:184

[41] Вазов, *Службогонци*, 4:488

[42] Литературни клубове в Англия през 80-те години на XVIII век на Лондонския аристократичен елит

[43] Волтер, *Философски новели* (*Човекът с четиридесетте екю*), 294

[44] Молиер, *Дон Жуан*, 279

[45] Пак там

> кал на четири страни!
>
> Кал до гуша. Само кал,
>
> зер от кал бог ни е създал."[46]

Ако посочените по-горе пет принципа се отнасят за социализма, то комунизма като социална система без стокови отношения, когато отмрат трите икономически, ще се осъществява чрез двата правни принципа – изборност и сменяемост навсякъде и във всичко. Наличието на тези два правни принципа на общественото саморегулиране при комунизма съвсем не значи обаче наличието на право! Така че необходимо е тези два принципа да бъдат реалност в обществения живот още при социализма и да са станали вече установен навик, т.е. действащи обществени отношения.

Капиталистическата държава в най-добрия случай разрешава смяната на един правителствен екип с друг на няколко – 4 или 5 години, като положението на средния гражданин съществено не се променя, експлоатацията си остава. Това прилича на конно състезание, на дерби, в което се сменят само конете (правителствата), но жокеят (държавата) остава и състезанието продължава. Социалистическата държава затова е и по-прогресивна, и по-демократична от капиталистическата като правна система, защото позволява **по всяко време** чиновниците да бъдат отзовавани. Разбира се, принципът *изборност* включва мандат чрез конкурс с точно определено време за изпълнение на изборната позиция, но новия и същественият израз на по-висша демокрация тук е следващия социалистически принцип – *сменяемост* <u>по всяко време</u>, отзоваването на длъжностните лица от избирателите им по всяко време, ако това е необходимо, т.е., тези два принципа като цяло означават ***императивен*** мандат <u>навсякъде в обществения живот</u>. Изборността и сменяемостта са не само за представителните държавни органи на централната власт – Парламент, Съд, министерства – а най-вече като **всекидневен контрол** на местната власт като градски и общински съвети, кметства, всички местни клонове на държавните агенции, някои здравни и образователни служби, както и във всички икономически обекти и предприятия. Именно чрез този повсеместен ежедневен контрол от най-ниското до най-високото

---

[46] Смирненски, *Събрани съчинения* (*Кална злободневка*), 1:472

ниво в държавата се осъществява на практика социалистическата демокрация като политическа система. Съвременната представителна демокрация на капиталистическата система се отнася само за законодателната власт и за никоя друга, докато посочената тук социалистическа демокрация е пряка демокрация във всички сфери на обществения живот. Работеща **пряка демокрация** навсякъде и във всичко срещу декоративната **представителна демокрация**, която е измамна по своята същност!

При отминалия "социализъм" у нас имаше "изборност" – за всеки случай, сменяемост – в никакъв случай! Затова при един жалък и нескопосан опит през 1985г. да се въведе подобна изборност в рамките на тоталитарната "демокрация" у нас в предприятията, наречен "самоуправление", се оказа, че огромна част от директорите на предприятията останаха изхвърлени зад борда поради нежеланието на работниците да ги изберат за свои надзиратели. А какво би било при една реална демокрация на работническата класа! По различни начини се създаваше илюзията, че директора и работниците служат на **обществото**, а не на **държавата**, на свои, а не на чужди интереси, т.е. имат общи интереси, една кауза. Директорът, чиято роля бе да осъществява прекия надзор над работниците, беше в същност един фелдфебел от чиновническата армия на Капитала.

Конкурсът, стара форма на капиталистическия подбор на кадрите, гръмко внедрен като новост у нас с кризата от 1985г., се превърна в нова форма на "връзките", на задкулисните машинации и стана само нова фирма на стар дюкян – пак класацията зависеше от по-високото рамо. Конкурсът бе шумно обявен като израз на демокрация, израз на изборност. Конкурсната форма на изборност не е нова, не е основна и не е израз само на социалистическата демокрация. Капиталът от векове си подбира кадрите чрез нея. Тя се оказа нова обаче за нас, защото нямаше абсолютно никаква реална изборност. Но в нашите условия конкурсът, като форма на изборност, си остана пак само една формална изборност.

Под натиска на обективната действителност властта в България бе принудена да признае писмено и устно, т.е. със и без Докладни записки, съществуването на вилнееща корупция като масова практика, а не като изолиран, "единичен" случай, както се оправдаваше по-рано. С кризата започна шумно да се говори за "новото време", за необходимостта от промени и т.н. Наистина, инстинктът на тази парвенюшка класа усети пулса на новото време, но той си остана само инстинкт за самосъхранение, предизвикал преврата от 10 ноември 1989г.

Една дълго премълчавана истина бе изнесена най-сетне – истината за корупция, достойна за перото на Чандлър, Чейс или Хамет, за прогниване на целия обществен живот. Корупцията е **невъзможна** в едно **свободно** общество, в което има действителна изборност и сменяемост на чиновниците отдолу по всяко време. Напротив – съществуването ѝ е най-доброто доказателство срещу демократизма, пълно отрицание на демокрацията, отсъствие на отговорност, липса на свобода в това общество. Липсата на отговорност се прояви особено силно от кризата 1983-85г., когато тя стана хит на сезона, модна дума във вестниците, както фирмите и гласността по-късно. Отговорност при капиталистически начин на производство, отговорност на богатия пред бедния – това е шарж, карикатура на добрата воля!

Бидейки безкрайно далеч от Лениновото наказание за корупцията и уви, развявайки я гордо като знаме (на мира!) пред света, тази "комунистическа", при това и "ленинска", партия като че ли се хвалеше с този факт, твърдо придържайки се към принципа на Уотъргейт – правителствената корупция винаги да се отнася само към минало време!

Corruptissima respublica plurimae lege![47]

Тази максима беше като че ли лого на този бюрократичен социализъм, който наторяваше цялото общество с купища хартия, издигна неизбродима джунгла от укази, заповеди, правилници, наредби, постановления, изобщо – свръхпроизводство на "нормативни документи" вместо на средства за живот.

Създадоха се такива закони, които, както отбелязва Маркс, е по-доходно да се нарушават, отколкото да се спазват. "Издадени бяха много укази от няколко души, които, понеже имат свободно време, управляват държавата, седнали край камината си."[48] Издадени бяха у нас "закони, които или са толкова много, та не може да бъдат прочетени, или пък са толкова неясни, че никой не

---

[47] *Най-покварената държава има най-много закони!* (лат.)
[48] Волтер, *Философски новели*, (*Човекът с четиридесетте екю*), 255

може да ги разбере"[49]. Закони ли? Вече видяхме многократно през века у нас как "държава с роднинство се управлява"[50]!

За господата-червеногушки и пеликани това може да е бил някакъв социализъм, но той не бе марксизъм! Това може да е била една от многобройните системи на социализма, но той не беше марксовия социализъм. Това беше чиновнически социализъм, от който искаха да ни предпазят Маркс и Енгелс. Това беше егалитарен и затова – утопичен социализъм. Това беше уравнителният социализъм на Луи Огюст Бланки, който уравнява като напълно еднакви както звездите във Вселената, така и хората в обществото. В същност това бе обикновен капитализъм. Това беше другарски капитализъм, в който обикновения другар беше пролетарий, а партията от специални VIP другари – олигархия.

Властта на една класа се явява демокрация за тази класа. Всяка държава осъществява своя демокрация, в свой интерес, т.е. така използва държавните си възможности, че да задоволи демократичните си потребности. Социалистическата демокрация е по-висша от капиталистическата и затова, защото тя задоволява потребностите на най-голямата част от обществото – работническата класа и хората на свободния труд.

Всички граждански длъжностни лица в социалистическата държава трябва да бъдат избирани и по необходимост – сменяни по всяко време. С петте принципа на социализма на пряка демокрация и пълно равноправие, в обществото се създава една „нова, наистина демократична"[51] държава, Държава на Духа. Всички служби – управленски, просветни, здравни, юридически – трябва да бъдат подчинени на всекидневен контрол. Контрол не само отгоре, от "началството", но контрол най-вече отдолу, от трудовия колектив. Само така чиновниците ще загубят своята фараонска недосегаемост. Това особено се отнася за съдийското съсловие – денонощните грабливи птици, вампирите на обществото. Тези, които раздават право, трябва да получават това право! Според Уйлям Петѝ правото процъфтява там, където адвокатите умират от глад. Точно обратното – и преди, и сега поради анекдотичното правораздаване у нас дребните крадци

---

[49] Томас Мор, *Утопия*, 110
[50] Вазов, *Службогонци*, 4:489
[51] Маркс, *Гражданската война във Франция*, 3:281

лежат по затворите, а големите крадци блестят в злато и коприна, както казва Мартин Лутер. Наистина, науката за отчуждаване на вещи се нарича право, която по ирония днес е наука и дори изкуство за отчуждаване и на хора.

Строгата отчетност на **всеки** чиновник -- това е висшата изява на **правата** на човека, висшата демокрация изобщо, възможни само при социалистическа власт, онази "във висша степен гъвкава политическа форма"[52], която даде Комуната. Това е и най-яркото проявление на демокрацията на работническата класа наистина като демокрация на **цяла класа** и на **свободата** на тази класа, за разлика от играта на демокрация – диктатурата на Капитала. Напротив, когато в една демокрация, казва Русо, малцина притежават много повече от средния гражданин, тогава държавата или загива, или престава да бъде демокрация!

Демокрацията е красива дума. Демокрацията е пленителна магия. Потиснатите класи винаги са искали, а потискащите винаги са обещавали демокрация. Но и двете страни са воювали именно за демокрация. Великата Френска революция провъзгласи и великия призив – Свобода, Равенство, Братство! Историята показа, че от класова гледна точка те могат да имат различно звучене, различно съдържание, да са изпълнени с различен смисъл. В класовото общество, в обществото, заключено в държава, свободата се намира винаги на върха на нечие копие! Равенството е ахилесовата пета, където се забива това копие. Хуманността е залогът, за да бъде насочено с все сила то.

"Няма друга дума, която да е получила толкова различни значения и да е впечатлила умовете по толкова различни начини, както думата свобода"[53]. За да има свобода и справедливост в едно общество, преди тях и заедно с тях трябва да има равенство в това общество. И едва тогава ще можем да говорим за хуманизъм. Свободни са само социално равни личности. А само свободни и равноправни личности могат да "се обичат като братя"[54]. Хуманизмът точно затова е хуманизъм, а не филантропизъм, именно защото е **взаимен**, между **равноправни** и **свободни**

---

[52] Маркс, *Гражданската война във Франция*, 3:312
[53] Монтескьо, *За духа на законите*, 224
[54] Никола Вапцаров, *Съчинения*, 73 (*Пролет*)

членове на обществото. Свободата е осъзната необходимост и като такава е висша потребност.

За да се осъществи обаче социално равенство в *политическата надстройка*, в държавата, се оказва, че то е възможно само чрез социална несправедливост. Това не е парадокс. Докато има държава, ще има винаги и несправедливост, и насилие. Социалното неравенство в крайна сметка винаги води до социална несправедливост, макар че социалната несправедливост не винаги води до социално неравенство. Напротив – в държавата при социализма именно социалната несправедливост води до социално равенство. При капитализма всяка несправедливост е насилие, както и всяко насилие е несправедливост. Обратно, при социализма не всяка несправедливост е насилие, както и не всяко насилие е несправедливост. Работническата класа е поставена различно при тези две системи. Държавата при капитализма упражнява върху нея насилствена несправедливост, докато при социализма работническата класа чрез своята демокрация упражнява справедлива ненасилственост в държавата.

Вместо ясното представяне на същността на социалистическата демокрация, клинописът на опортюнизма ни представяше някаква илюзорна всеобща социалистическа демокрация, заливаха и заблуждаваха работниците със сладникави и мъгляви фрази за равенство, права, социална справедливост и любвеобвилност. Дори и в Съветския блок вече се бе заговорило за социална справедливост! Но на никого не беше ясно какво представлява тя. Дори имаше смешни реплики от рода "да се **увеличи** социалната справедливост"! Вероятно на килограм или на метър! Тази квинтесенция беше глупост и невежество относно основни философски категории като количество и качество и то от учени глави с тежки титли, вървящи пред тях. Справедливостта не може да се степенува дори като качество, камо ли да се измерва с теглилки в количество. Длъжни бяхме да слушаме парадоксални главоблъсканици, кретенизми като "недостиг на социална справедливост" (вероятно от повика на Горбачов за "повече социализъм"!), както и "оптимизиране на социалното неравенство", които са не само далеч от всяка наука, но и замърсяват слуха ни.

Първото условие за свободата, казва Енгелс, е отговорността. Отговорността е първото и пълното условие за свободата на личността, за правата на човека. Отговорността е съдържанието на обществените отношения при социализма и комунизма. На тази именно основа – еднаквата отговорност за всички – става реалност свободата на индивида при едновременната му подчиненост на обществото. Единствено чрез отговорността свободата на всеки е съвместима със свободата на всички!

Всяка държава осъществява социална несправедливост и насилие в свой интерес. Социалистическата държава ги осъществява така, че да могат да се стопят постепенно с времето всяка несправедливост и всяко насилие. Едва тогава – при комунизма, ще може да има всеобщо равенство и справедливост. Свобода и равенство – но вече без социална несправедливост! Свобода и равенство – без демокрация! Докато сега имаме демокрация, но без свобода и равенство!...

Човек по природа е зъл. Това не е вярно. Човек по природа е добър. И това не е вярно. Човек по природа е неутрален. Човек е такъв, какъвто го моделира обществото. Социалната среда, заобикалящият свят създава нравствените ценности у индивида, който само се приспособява към тази среда. В човешкото общество всичко зависи от това дали природното неравенство ще прерастне в социално неравенство. Когато социалното убива вместо да развива природното у човека, тогава започват да се множат всевъзможни теории за генетична увреденост на човека, за човека като социално животно, че той е с вродена агресивност и т.н., все за защита и оправдаване на съществуващата социална несправедливост. По наследство наистина се предават определени възможности, природни дарби, заложби, но те не са нищо повече от един зародиш, зачатък, една вероятност. Те стават сигурност едва тогава, ако се проявят в подходяща социална среда (която само богатите могат да си позволят!). Едва в подходяща социална почва те могат да покълнат. Социалните условия могат да развият или задушат природните способности. Ето защо представянето на социалното неравенство като природно неравенство, като заложено в гена, и обратно, е гавра с достойнството на човека и със здравия разум, груба пошлост, достойна само за "висши" класи.

Всяка наука си има закони. Всяка наука си има железни принципи, които, ако бъдат нарушени, тя престава да бъде наука. Нашите патриарси на социализма с достолепен вид и попска непогрешимост обърнаха марксизма от наука в религия. Дори и официално. Отдавна се заговори за нуждата от нова вяра, т.е. от нов "опиум за народа", и че марксизма бил една "социална религия"! Това е подигравка, кощунство не с религията, а с марксизма!

ТАКА НАРЕЧЕНАТА "НАРОДНА ДЪРЖАВА"

Кант, великият философ, беше отбелязал, че всяко велико учение търпи три фази. Първо го посрещат с убийствено мълчание, след това – с бясна критика, и накрая го нагаждат към "новите условия" добронамерени ученици и го извращават така, че и създателят му да не може да го познае, ръководейки се от неизменния принцип, че всеки принцип може да се изменя! "Чист изворът на истината дава начало на река, но помътнява"[55].

Марксизмът, като връх на всички социални учения за всички времена, не направи изключение. Основното извращаване на марксизма е винаги по неговия фундаментален въпрос, по същността на научния социализъм – действителното признаване на властта на работническата класа. Тъй както от средата на 50-те години на XX век в страните на запад от Берлинската стена се разпространи мита за *народния капитализъм*, на изток и север от нея от същото време бе въведен мита за *народния социализъм*. Но сугестията е винаги една и съща. При всяка "народна" власт – от *народния капитализъм* до *народния социализъм* – най-голямата илюзия, която се внушава на потиснатите класи е, че народът е суверен, т.е. че целият народ властва над самия себе си! В това отношение дори Джон Кенет Голбрайт прави марксистки заключения, които дори в ерата Интернет имат същата сила:

"На младите се внушава, че в една демокрация цялата власт принадлежи на народа"[56]!

Старите вече си знаят, че това не е така!

Мечтата на всеки опортюнист от Ласал и Прудон до наши дни е сладникаво да представи социалистическата държава не като власт на работническата класа, а като някакъв вид "народна

---

[55] Джордж Байрон, *Дон Жуан*, 500
[56] Джон Кенет Голбрайт, *Анатомия на властта*, 18

държава". Един Бернщайн, например, си мисли, че "демокрацията означава по принцип премахване на класовото господство, ако и да не означава фактическо премахване на класите"[57]. Как чудесно звучи! Колко приятно гали ухото! Остава и да беше вярно! Това, ако не е наивност, си е чиста демагогия, завършено лицемерие!

Класиците на социализма отдавна са изяснили този въпрос. Това е стар спор – още от възникването на марксизма. И въпреки това в "победилия социализъм" верните "марксисти" отново по същия, по стария Ласалов начин, "доразвиваха" учението на Маркс, така, че пак да стигнат до тази невъзможна, несъществуваща и утопична държава, до тази платонична идеална държава. Все пак историята също има място за отпадъци и тя помита всяка смет, когато му дойде времето, "защото времето открива истината"[58].

Енгелс в книгата си "Анти-Дюринг" с пределна яснота обяснява дали, кога и защо може да съществува "народна държава". Той посочва, че тя е оправдана **само в агитационен смисъл** и то временно, т.е. само когато работническата класа е в опозиция, но не и когато е на власт! Тя е оправдана донякъде само в пропагандно отношение и то само в определени периоди на класова борба на работническата класа, но в научно отношение е напълно несъстоятелна. Действително, в борбата на работническата класа понякога се налага тя да се съюзи с други класи срещу някакъв общ враг, например фашизма или национален потисник, под лозунга за народна държава. Но след отстраняването на този общ неприятел, "народната държава" веднага се разпада на съставящите я класи. „В народната държава народът се дели на определени класи"[59], твърдеше Монтескьо по марксистки век преди Маркс! Така че "народната държава" е фикция, тя има мимолетен, краткотраен и поради това – въображаем характер. В своя строг смисъл на класов инструмент практически тя е безсъдържателен софизъм, пълна пошлост, рожба на умствена слабост. Няма такава държава! Ако е държава, тя не е народна! Ако е народна, тя вече не е държава! **Държавата е насилствен институт за социална несправедливост** от две основни класи,

---

[57] Едуард Бернщайн, *Предпоставките на социализма и задачите на социалната демокрация*, 160
[58] Сенека, *За гнева*, 2:141
[59] Монтескьо, *За духа на законите*, 63

които са основни, защото са враждуващи. Ето защо, когато говорим за държава, основните й класи, които я оформят, не могат да бъдат приятелски, както бе прието у нас, просто защото не могат да съчетаят в едно коренно противоположните си класови интереси като интереси на целия народ. Всеки народ, затворен в държава, се дели на класи. „Колкото и да е малка държавата, в нея има две *враждуващи* помежду си държави. Едната е държавата на бедните, а другата – на богатите."[60] Не Маркс, още Платон каза истината!

Марксизмът затова е революционно учение, защото е насочен към коренна промяна на Държавата. Той е удар както срещу частната собственост, така и срещу Държавата, може би не толкова срещу частната собственост, колкото срещу Държавата!

Вярно е, че с Декрета за земята, както и с редица други документи на Ленин, неговата партия установява "общонародна собственост", той говори за "общонародна кооперация" и т.н. Наистина, странно и озадачаващо звучат точно от Ленин думите му непосредствено след революцията за собствеността и властта като ... народни! От същия Ленин, който преди революцията неуморно се бори срещу "народната държава" и е неин непримирим враг. Същият Ленин, който само два месеца по-рано в гениалното си произведение "Държавата и революцията" срива из основи "народната държава", още от първия ден на революцията обявява ... общонародна собственост върху земята!

Странно и озадачаващо е, ако не се вземе предвид цялото му творчество, както и конкретните исторически условия, ако се изпусне из очи цялото социалистическо учение. Странно и озадачаващо също толкова, колкото и, както самият Ленин припомня (пак в "Държавата и революцията"), странно е звучала дори и у Маркс същата тази "народна държава" в някои откъснати фрази. Разбира се, при умишлена злоупотреба на цялото учение марксизъм е много удобно да се използват тези отделни фрази, да се предъвкват и въртят те като изтъркан рефрен. Това първо.

И второ. По време на Октомврийската революция през 1917 година пролетариатът в Русия представлява една неголяма част от цялата класова структура на обществото, докато огромната маса от нея е селячество. Затова е установена работническо-селска власт, а

---

[60] Платон, *Държавата*, 142-143 (удебеленият шрифт е мой – Т.Б.)

не власт само на работническата класа. Работниците и селяните на практика са съставлявали почти целия народ. Ето защо тяхната работническо-селска власт е била наречена общонародна власт.

Обаче нещо се случи тридесет години по-късно във всички нови „социалистически" страни в съветската сфера на влияние. На 15.09.1946 г. България бе обявена за народна държава. Освен нея и други народи се сдобиха с такава социална придобивка, държава на "народната демокрация" – Полша, Унгария, Северна Корея и др., та даже и част от Германия!

„Народната държава" бе използвана дълго време с пропагандна цел, но не в полза, а в ущърб на работническата класа. Тя бе лъгана, че социализма е "общонародно дело" и тя вярваше дълги години на тази лъжа. Защото българските работници искаха и още искат социализъм. Работниците мислеха, както им се внушаваше, че строят социализъм, че изграждат "развитото социалистическо общество". Ето защо, въпреки тежкото си положение, работническата класа не прояви никаква съпротива. В подкрепа на тази илюзия бе изфабрикуван един "високоотговорен" документ – Програма на БКП, приета "единодушно" на "историческия" Х конгрес в 1971 година. Една програма, която само за 10 години бе вече остаряла, само 10 години по-късно вече бе нереална и невъзможна, неосъществена и неосъществима по нито една нейна точка! Програма, в която най-добре се отразява разминаването между желано и действително, пропастта между думи и дела. Приемането на тази Програма бе съпроводено от такава еуфория, от такъв голям пропаганден шум, че представляваше един малък Никейски събор, на който не християнството, а комунизма се издигаше в ранг на държавна религия. В тази Програма работниците можеха да се радват на установено равенство:

"Различията между обществените класи и групи намалява дотолкова, че по своята социална структура социалистическото общество застава пред прага на социалната еднородност."[61]

И така – още от 1971 година ние бяхме пред прага на социалната еднородност! А-ха и да встъпим в комунизма! Идилия! Такава социална еднородност в **държавата**, такова единство в **класовото общество**, проповядваше фашизмът. Но за това по-нататък.

---

[61] *Програма на БКП*, 44

Тази държава на „народната демокрация" и в етимологично, и във философско отношение е тавтология, както, да речем, "потенциални възможности" или "реална действителност" (макар в компютърната ера вече да говорим и за виртуална действителност). Официалното обяснение беше, че известни обстоятелства – вътрешни и външни – са наложили комунистическите водачи да направят такъв компромис, отстъпление от марксизма и пак само с агитационна цел. Тази така наречена "народно-демократична държава" беше обявена в „социалистическия" лагер с тенденцията по-късно, при укрепнали вече позиции на работническата класа, да премине, да прерастне в диктатура на работническата класа – и в теорията, и в практиката, тъй като агитацията и ентусиазма от нея не може да продължават вечно. Но тя още не е социалистическа държава. За нещастие държавата на „народната демокрация" бе набедена по-късно като форма на диктатурата на пролетариата, за да може още по-късно, (в България през 1971г.), тя теоретически "законно" да прерастне в още по-народна държава – в "общонародна държава"! Така че диктатурата на пролетариата не можа да просъществува нито в теорията, нито в практиката в България дори и един ден! Диктатурата беше друга – върху пролетариата! И върху свободната мисъл!

В същото време на Запад работеше и още работи друг продукт на концепцията „народна държава" – т.нар."социална държава" или „държава на всеобщото благополучие". *Социалната държава* (social state) и нейното по-късно скандинавско видоизменение *държава на всеобщото благополучие* (welfare state) са измислени като капиталистическа алтернатива в отговор на марксистката концепция за социалистическата държава. Социалната държава на Бисмарк срещу социалистическата държава на Маркс е капиталистически проект за притъпяване на острите и непримирими класови противоречия, който продължава вече 165 години. *Социалната* и особено *благоденстващата държава* е Кейнсианска концепция и практика на организираната капиталистическа класа да си купува класов мир и класово спокойствие. *Социалната* и *благоденстващата държава* е капиталистическа държава, основана върху огромни лични данъци, които осигуряват и силно развиват паразитизма и безделието в обществото, водещи неизбежно до неговото сигурно загниване. Нещо повече, предстои задълбочаване на паразитизма и лентяйството чрез развъждане на безделници, когато всяка *държава на всеобщото благополучие* ще приеме скоро т.нар. „безусловен базов доход". Съвременната капиталистическа държава е толкова богата, че може да си позволи това. *Държавата на всеобщото благополучие* е компромис между профсъюзите и големите корпорации и в същност тя обезсилва борбата на първите срещу вторите; така стачките и бунтовете на работниците се задушават в зародиш! Съвременната *благоденстваща държава* е смахната демокрация, нереално благоденствие и реален капитализъм!

През целия ХХ век буржоазният демократ винаги си представя властта на работническата класа само като комисар с черно яке и наган. Този образ на болшевик революционер прилагащ диктатурата на пролетариата не е действителния образ на научното разбиране за политическата власт на работническата класа, както тя беше описана по-напред в глава втора. Защото тази власт не е само политическа, тя е преди всичко икономическа система. Обаче, дори и от тази гледна точка, считана като политическа система, властта на работническата класа бидейки класов инструмент е най-демократичната система изобщо възможна в класовото общество и тя трябва да се простира напълно през целия период на социализма. Защото винаги, докато има държава, ще има и платени държавни чиновници, изпълняващи нейната власт и затова винаги ще има необходимост тези чиновници да се подчиняват на работническата класа като съществената част от гражданското общество. С други думи, държавните чиновници (особено висшите) трябва да бъдат **непрекъснато** подчинени на работническата класа и на гражданите изобщо, колкото и "народни" да са те. Докато има държава, никога не може да изчезне обекта за класово насилие вътре в нея, защото обектът е самата държава!

В тази връзка трябва да отбележа тук следното, а именно – как се променят характера и същността на държавата при социализма, когато обществото повече не е разделено на богати и бедни, т.е., каква е тази държава, която вече не се състои от тези две главни класи? Точно тук, обаче, започват спекулациите – че такава държава означава безкласова държава, „общонародна" държава. Такива начетени кретени, които не правят разлика между 1 и 0, като Карл Попър например, баламосват широката публика, че едокласовото общество е ... безкласово такова! Фалшификаторът Попър, който фалшифицира науката, издигна фалшификацията (с абсурдните си тези) дори като научен принцип! В заслепената си антимарксистка „критика" тоя прави „откритието", че социализма е „общество, съставено само от една класа и следователно безкласово общество"[62]! Това, че социализмът е полудържава не прави от него безкласово общество и не-държава. Напълно сбърканата представа на Попър за тази материя търси подигравка с марксизма, умишлено изопачавайки го с измислена от самия него теза, че работниците „след отстраняването на буржоазията, ще създадат безкласово общество, тъй като остава само една класа"[63]! Да се чуди човек на плоския му мозък, който не може да разграничи нещо от нищо, 1 от 0! Това е признак на примитивно или манипулативно мислене и фалшификация на тоя „авторитет", както и вменяването на Маркс откровената неистина за негово „предсказване за идването на безкласово, т.е., социалистическо общество"[64]! Безкласовото общество не е социалистическото, но тази тема за Карл Попър е terra incognita! Попър не може да разбере, че едокласовото общество на социализма съдържа вътре в себе си дремещия потенциал на втората главна класа и това е точно държавата! Това едокласово общество означава, че едва „когато държавата стане най-после действителен представител на цялото общество, тогава тя самата ще се направи излишна"[65], т.е., едокласовото общество постепенно отмира в безкласово общество, социализмът преминава в комунизъм, но едокласовия социализъм съвсем не е безкласов комунизъм!

Новото при социалистическата държава е, че тя е власт на работническата класа над своята държава. Защото тя все пак е държава! Но тя вече е полудържава, както казва Енгелс, защото, първо, не е власт над друга явна класа, а над своите чиновници и, второ, защото тя слага началото на края на Държавата изобщо, т.е. тя е отмираща.

Въпреки своето неблагозвучно име, държавата на работническата класа все пак е най-демократичната държава от всички възможни и е по-народна, т.е. по-близо до целия народ, и от

---

[62] Карл Попър, *Отвореното общество и неговите врагове*, 2:150

[63] Попър, *Отвореното общество и неговите врагове*, 2:150

[64] Пак там, 149

[65] Енгелс, *Развитието на социализма от утопия в наука*, 1:146

най-"народната държава"! Отмиращата държава при социализма вече ще наподобява външно все повече една държава на целия народ, но именно защото е власт на работническата класа. И такава тя ще остане до края си. А когато класите се стопят и целият народ стане едно цяло, а всички народи се слеят в един народ, тогава работническата класа, престанала да бъде вече класа, няма да има необходимост от държава. Но отмиращата държава не е *народна*, както и *народната* не може да бъде отмираща.

Насилието на държавата на работническата класа е насочено вече не срещу буржоазията като явен класов неприятел, а като потенциален такъв, не пряко като съществуваща, видима, а като възможна, вероятна класа; борба вече не да бъде свалена от власт, а да не се възроди отново. Ето защо властта на работническата класа е необходима докато държавата отмре напълно, т.е. **през целия период на социализма**!

Насилието на отмиращата държава в своя висок стадий няма да се изразява във въоръжени сблъсъци и полицейски кордони, а в непрекъснатото, всекидневно отрицание на себе си като държава; то ще загуби формата, а след това и съдържанието си на насилие, създало вече определена норма на поведение, начин на живот, който ще стане навик, традиция, обикновена обществена привичка. Точно тази е историческата необходимост от държава на работническата класа през целия период на социализма, през целия период на превръщане на капитализма в комунизъм, за да бъде той наистина „период на **революционно** превръщане на първото във второто"[66].

---

[66] Карл Маркс, *Критика на Готската програма*, 1:184 (удебеленият шрифт е мой – Т. Б.)

ДЪРЖАВНО-МОНОПОЛИСТИЧЕСКИ КАПИТАЛИЗЪМ

Под маската на социализма

Още в 1877 година Енгелс искаше да ни предпази от фалшив социализъм. Още тогава, в "Анти-Дюринг", той писа, че не всяко одържавяване е социалистическо, тъй като в противен случай и Бисмарк, и Наполеон би трябвало да бъдат причислени към основоположниците на социализма. А още по-рано – през 1848 година, в Комунистическия Манифест Маркс и Енгелс пишат за различни видове социализъм -- феодален, буржоазен, дребнобуржоазен, "истински"...

Премахването на частната собственост още не значи, че собствеността по този начин се е превърнала автоматически в обществена. Защото след частната собственост в обществото остава държавата! Национализацията, пълното обобществяване на средствата за производство, при запазени старите производствени отношения означава монополизъм на производството. Но това съвсем не е социализъм, както ни го представяха. Пълното обобществяване (в България и СССР -- 100%) на средствата за производство ги превръща от частна в държавна, но не и обществена собственост. {Кооперативната собственост беше само жалък придатък, подчинен на държавната собственост, която изчезна de facto с налагането на новите икономически организации в селското стопанство от 1970 година насетне – Аграрно-Промишлените Комплекси (АПК)}. От тук произтичат всички теоретически безсмислици, пълната безизходица и бъркотия в теорията на социализма – в приравняването, в знака на равенство между социализъм и държавна собственост. Защото държавната собственост не значи, че е обществена, макар че обществената собственост може да се роди от държавна. Държавната собственост е толкова обществена, колкото е била при Луи XIV и османските султани. Както пише Енгелс, „нито преустройването в акционерни дружества, нито превръщането в държавна собственост не унищожават капиталистическия характер на производителните сили."[67] Напротив, „държавната собственост върху производителните сили не е разрешение на конфликта, но тя крие в себе си формалното средсто, възможността за това решение."[68]

При пълното изземване на средствата за производство от частната собственост в ръцете на държавата напълно се отрича конкуренцията и като господстващ в производството става монополът на държавата. Ленин греши, че социализма е държавен монопол в полза на работническата класа. Икономическата природа на монопола е такава, че той просто не може да бъде в интерес на работническата класа. Той съществува само за да извлича монополна печалба. А такава печалба може да извлича, само когато работната сила е стока и работната заплата на работника представлява монополна цена на стоката работна сила. Така че монополът е насочен винаги срещу работническата класа и никога в нейна полза. Монополът е отрицание на социализма. Маркс видя това и ни обясни, че той, монопола, на известен етап спира развитието на производителните сили. "Монополът на капитала става **окови** на онзи начин на производство, който е стигнал до разцвет заедно с него и под неговия покрив."[69]

Социализмът не е конкуренция, той не е и монопол. Социализмът не е частна, той не е и държавна собственост. Социализмът е нещо съвсем различно. Що е социализъм в такъв случай?

За да отговорим на този въпрос, трябва да подходим към него без догматизъм, без схоластика и предразсъдъци, но и без свободни съчинения, без общи приказки. Защото социализмът е точна наука, той борави само с точни понятия и категории. Едно от тях е обществената собственост върху средствата за производство. Марксовият социализъм не признава друга собственост! Така нареченият "плурализъм на собствеността", издигнат в 1989-90 година у нас като проявление на т.нар. "демократически социализъм", дойде за да примири марксизма със съвременното теоретическо безсилие, за да успокои нечия научна съвест, за да

---

[67] Енгелс, *Анти-Дюринг*, 8:312
[68] Пак там, 313
[69] Маркс, *Капиталът*, 1:831 (удебеления шрифт е мой – Т.Б.)

узакони частната собственост с името на Маркс! А Маркс беше нейн непримирим противник. Неговият вулканичен гений даде най-доброто научно обяснение на капитала и частната собственост. Този плурализъм на собствеността означава само едно – плурализъм на частната собственост, т.е. установяване на многообразие на нейните форми без да се променя нейното съдържание.

От друга страна, примитивното разбиране, че държавната собственост представлява обществена, отъждествяването, приравняването им, не издържа на критиката на времето. Държавната собственост не е социализъм. Държавно-монополистическата собственост, каквато беше и от двете страни на Берлинската стена и продължава да бъде такава и след падането ѝ, не е обществена собственост. Така че 42 години у нас и 74 години в СССР господстваше държавно-монополистически капитализъм в своята завършена, висша форма с пълна, абсолютна и затова – последна, степен на обобществяване, на връхна степен на монополизиране на средствата за производство от единствен собственик – държавата, а не социализъм, както умело демагогски ни заблуждаваха кохорти демагози. *Социализъм никога и никъде не е имало!* В XX век минахме през една система на утопичен социализъм като доказателство, че не е възможен не социализма, а утопията на писателите до Маркс и след Маркс. Споходи ни утопичен социализъм, който на съвременния етап е просто капитализъм – държавен, монополистически.

Държавно-монополистическият капитализъм е неизбежен, закономерен етап в развитието на производителните сили след като веднъж вече се е появила капиталистическата частна собственост, той е еволюция на капиталистическата собственост, дължаща се на централизацията и концентрацията на капитала. Явно продукт на тази еволюция, довела закономерно и до най-високата, последна степен на монополизиране на собствеността, се оказа и тази възможно най-паразитна, най-реакционна и непрогресивна форма на капитализъм, която беше издигната фалшиво като "световна социалистическа система" , чийто член беше и България.

Пълното обобществяване на средствата за производство от държавата при запазване на старите капиталистически производствени отношения превръща икономическата система в държавномонополистически капитализъм във висш стадий. Това е крайната, последна степен на монополизиране на средствата за производство, оставащи в ръцете само на един-единствен собственик – държавата. Енгелс предвидливо искаше да предотврати именно такъв мним социализъм. Още тогава той съзря опасността под дрехата на социализма да се гуши, да се крие държавата-капиталист. „Съвременната държава – каквато и да е нейната форма – е по същество капиталистическа машина, държава на капиталистите, идеалният съвкупен капиталист. Колкото повече производителни сили взема като своя собственост, толкова повече тя действително се превръща в съвкупен капиталист, толкова по-голям брой граждани тя експлоатира. Работниците си остават наемни работници, пролетарии. Капиталистическите отношения не се премахват, а, напротив, довеждат се до крайност, до връхната им точка"[70] И действително, когато отделните капиталисти бъдат отстранени от играта, цялата икономика минава изцяло под властта на държавата-съвкупен капиталист, държавата остава като „едно-единствено дружество от капиталисти"[71]. Точно това се случи след Втората световна война в България, а и в цялата т.нар. "социалистическа система" – нахлуване на етатизма.

Пита се сега – на какво се дължи тази небивала по размах икономическа криза в края на XX век, която събори не някакво отделно правителство, а цяла обществена система; криза, която срути из основи гигантска политическа сграда и с това промени световния ред? И в същност теорията ли е виновна за краха на комунизма като световна идеология или съществуващата практика? Марксизмът ли е виновен или неговите тълкуватели? Точно тук е отговорът на въпроса: марксизма утопия ли е или наука? С други думи, допуска ли теорията възможността за такава икономическа криза като тази – криза не на свръхпроизводството, а на дефицита? Може ли тя да обясни тази криза?

Оказва се, че да.

Причината се корени в същността на самия начин на производство на абсолютния държавен монопол на капитала, който съществуваше в тази си форма у нас като копие и у СССР като оригинал. Тази криза съдържа в себе си всички възможни

---

[70] Енгелс, *Развитието на социализма от утопия в наука*, 1:144
[71] Маркс, *Капиталът*, 1:692

диспропорции и е резултат именно на тях. А те могат да се обединят в три големи групи:

1. Диспропорции между натрупване и потребление;

2. Диспропорции в самото натрупване;

3. Диспропорции в самото потребление.

Тези три групи диспропорции съществуват винаги и непрекъснато като генетично заложени във всеки капиталистически начин на производство, защото са следствие от съществуването на основното противоречие на капиталистическото възпроизводство, създавано от нарушаването на Закона за пропорционалността. А неговите изисквания за пълна реализация на продукта в условията на разширено възпроизводство, изключващ по този начин появата на кризи, са:

1. Изходно (необходимо) условие:

$$I\,(v + m/x) < II\,(c + m);$$

2. Основно (достатъчно) условие:

$$I\,(v + m/x) = IIc,$$

където $I\,m/x$ е онази част от Im, която се изразходва като доход (т.е., частта, отделяна за потребление), докато другата част от Im е частта, отделяна за натрупване; I е първо подразделение на общественото производство, а II е второ подразделение; c – постоянен капитал, v – променлив капитал, m – принадена стойност.[72]

При капиталистически производствени отношения този закон винаги е нарушен и точно затова, и точно оттук водят началото си всички кризи на капитализма -- защото не може да се поддържа равенството в основното условие. Това означава, че няма пълна реализация на продукта, а той се спира в някоя точка на обръщението като стока или пари. Равенството в основното условие се видоизменя в неравенство. И ако неравенството е от вида $I(v+m/x) < IIc$, това означава **криза на свръхпроизводство** (на средства за потребление), а ако е от вида $I(v+m/x) > IIc$, това означава **криза на дефицит**. Неравенството и в двата случая изразява нарушена обмяна между I и II подразделения на общественото производство, нарушена "обмяна на веществата" на обществения организъм. Маркс с пределна яснота в том II на

---

[72] Маркс, *Капиталът*, 2:585

"Капиталът" обяснява как става това. Той разглежда кризата от първия вид – кризата на свръхпроизводство, характерна за капитализма на свободната конкуренция по негово време, т.е. преди ерата на монополизма и етатизма. В „социалистическата" система в апогея на симбиозата монополистичен-държавен капитализъм кризата беше обратна, но обяснението й е подобно.

Ако X от II подразделение продаде на Y от I предмети за потребление и веднага не последва покупка, т.е. осъществи **едностранна продажба**, в $X(II)$ ще има извадени от обръщението пари, а в $Y(I)$ – залежали стоки (средства за производство). На своя страна X ще има наличен "виртуален паричен капитал", а на ответната страна при Y ще залежава в стоков капитал равна по стойност част от новосъздадената му стойност. Тогава изразът $I(v+m/x)$ става по-голям от IIc и постоянния капитал във II подразделение не може да се възстанови, тъй като са извадени от обръщение парите за него, използвани за друга цел, а не за закупуване на необходимите средства за производство, които пък в такъв случай остават извън кръгооборота на капитала, ненамиращи пласмент -- застинали, погребани. Невъзстановяването на постоянния капитал във II като производителен капитал води до това, че производството на средства за потребление се свива, намалява поради дефицит на средства за производство във II при същевременното им относително свръхпроизводство в I. Така на една страна (в I) се получава относително свръхпроизводство на средства за производство, залежали стокови запаси (и дори свръхзапаси), а на друга страна (във II) – дефицит на средства за потребление, недостиг на средства за живот. Този дефицит се задълбочава толкова повече, колкото е по-голямо неравенството $I(v+m/x) > IIc$, т.е. колкото повече расте разминаването между тях и по-трудно се възстановява IIc, а с това се затруднява, съответно – намалява, и производството на средства за потребление. Така дефицитът се задълбочава и при пълен монопол върху собствеността става **хроничен**. Накратко, осъществявайки едностранни продажби от II подразделение на средства за потребление без съответни последващи покупки от I подразделение на средства за производство, от обръщението се изтеглят пари, а пак в него залежават стоки. Така се получава ненужно увеличаващо се натрупване на излишни средства за производство (в запас) и прогресивно намаляващо потребление на средства за живот, оформящи диспропорцията между тях. Но въпреки всички напъни, казионната "марксистка" наука така и не можа да намери точното обяснение на това противоречие, а, напротив, непрекъснато се чудеше на "парадокса" -- как така от една страна има остър дефицит на стоки за "народно потребление", а същевременно от друга – огромен дял залежали запаси от свръхпроизводство на средства за производство!

Така че и тук, при кризата на дефицит, са налице същите три взаимно обуславящи се явления в един и същи момент на възпроизводството, каквито е посочил Маркс за кризата на свръхпроизводство, само че в обратна посока – в думите му замествам I с II и обратно, така че получаваме цялата картина на тези едновременни явления като наблюдаваме „образуване на виртуален допълнителен паричен капитал в категория II (поради това недостатъчно потребление от гледна точка на I); залежаване в категория I на стокови запаси, които не могат да бъдат обратно превърнати в производителен капитал (следователно относително свръхпроизводство при I); излишък от паричен капитал при II и дефицит във възпроизводството при I"[73].

Така че, обобщавайки, можем да кажем, че кризата на свръхпроизводство на средства за живот е в същото време криза на дефицит на средства за производство и обратно, в нашия случай, кризата на дефицит на средства за живот е в същност криза на свръхпроизводство на средства за производство.

При това положение трудното възстановяване на постоянния капитал във II подразделение дори от гледището на простото възпроизводство задълбочава още повече неравенството си с **I(v+m/x)**. По този начин обаче се задълбочават диспропорциите и в самото натрупване като и в двете подразделения то е твърде неефективно: в I ненужно натрупване на излишни средства за производство в запас поради липса на паричен капитал, докато във II натрупването изостава поради използването на паричния капитал за други цели (най-често държавни). Този факт от своя страна забавя развитието на разширеното възпроизводство и го задържа до нивото на просто възпроизводство, нарушавайки нормалното функциониране на капитала.

---

[73] Маркс, *Капиталът*, 2:565

Ако към всичко това се прибави и задушаващата примка на държавата с непоносимо тежката си, убийствена и съсипваща производителните сили данъчна система, стигаща, например, дори и до 80% данък върху печалбата (!), което е в пълния смисъл на думата престъпление; система, чрез която се изсмуква, изстисква докрай целия потенциал на производителните сили, "социално слабите" капитали и работна сила не издържат натиска, стават все по-слаби и започват да се нуждаят от инжекции на благотворителност: капиталите – от дотации, работната сила – от помощи.

Така на финала имаме в наследство една самоцелна и стихийна "индустриализация", неподчинена на никакъв предварителен и последващ икономически анализ, с огромни и крайно неефективни, технологически изостанали още в проекта си капитални вложения във всички производства и отрасли, останали като мъртви и най-скъпи паметници на нерационалната мисъл. В края на 1989г. над 120 милиарда лева, застинали в износен и похабен основен капитал, бяха погребани безвъзвратно от силно нарушеното обществено възпроизводство.

Третата група това са диспропорциите в самото потребление, последица от разпределението и преразпределението на националния доход. В случая нас ни интересува най-главната – експлоатацията в капиталистическото общество, която е вечната, неизбежна и основна диспропорция, съпътстваща това общество. Ниската работна заплата (а у нас тя бе безобразно ниска, стигаща до молекулно равнище!) означава винаги висока степен на експлоатация на работната сила, каквато съществува в България от това време насам. В подкрепа на казаното привеждам следната графика, даваща точна картина на действителното положение на работническата класа в "социалистическа" България, която показва нейното относително обедняване, резултат от върлуващата над 40 години с неотслабваща сила социална чума – капиталистическата експлоатация. (Данните за работната заплата и националния доход са взети от статистическия справочник за 1989 година.)

Диаграма 1

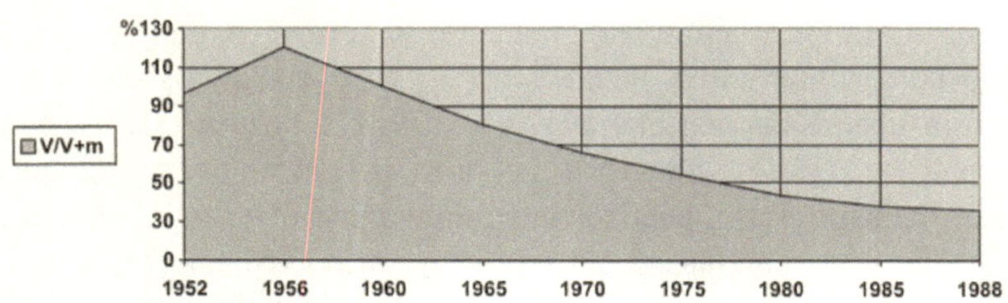

От графиката се вижда, че обедняването на работническата класа е такова, че тя бе доведена до ръба на нищетата, до просешка тояга. Една жестока, нечовешка експлоатация, изцедила всички сили на тази класа. Това бе един икономически държавен тероризъм върху безправен пролетариат. От графиката най-ясно се вижда какво бе истинското положение на работниците у нас, въпреки всички фарисейски изявления тогава. Супникът (националният доход), наистина, постоянно се увеличава, само че лъжицата на работника (относителната му заплата) непрекъснато намалява. Тази експлоатация се провеждаше с ненаситната алчност на скъперник-лихвар, с Гобсековска луда жажда за пари. Интересите на работническата класа бяха ощетени до крайност. Засягането на интересите ѝ означаваше засягането едновременно и на възможностите, и на потребностите ѝ. Една брутална и дива експлоатация на работническата класа на принципа "от всекиго – над възможностите, на всекиго – под потребностите"!

„Количеството труд", казва Маркс, „с което е ограничена стойността на работната сила на работника, не е граница за количеството труд, което неговата работна сила може да произведе"[74]! С други думи, възможностите за експлоатация на ограничения в потребностите си работник могат да са неограничени! И това си беше така!

За 36 години работниците относително бяха обеднели точно 3 пъти! В сравнение с 1952 година през 1988 те бяха станали 3 пъти по-бедни – в 1988 година делът на работната заплата в националния доход е само 34% от този през 1952 год. И действително, работната заплата вече отдавна беше загубила функцията мярка на сложен и прост труд. Работната заплата не бе

---

[74] Карл Маркс, *Работна заплата, цена и печалба*, 7:88

свързана толкова с извършената работа, колкото се даваше за прослужено време и за послушание, вярност и лоялност към фирмата. Работната заплата у нас бе по-скоро социална помощ за бедни, отколкото да представлява превърнат израз на стойността на работната сила. Символичната заплата от 120 или 150 лева беше в същност подаяние от благотворителното дружество – държавата. Екзистенц-минимумът, изчислен неофициално за България за 1988 година, бе 168 лева на човек за един месец, докато средната работна заплата бе 220 лева! С други думи, една огромна част от българския народ се приближаваше към и под този минимум -- около 40%! Вероятно се разчиташе на това, че „пет-шест сиромашии заедно създават доста поносимо домакинство"[75].

Обаче „към тази жалка бедност и нищета се прибавя неуместен разкош"[76]. Този "социализъм" позволи на безброй парвенюта да натрупат небивали богатства и да възхваляват собствената си система като социализъм. Наистина, такова изстискване на принаден труд не можеше да не даде „бляскавите" резултати на бурен икономически растеж през 60-те години, когато с него тогава се доказваха „предимствата на социализма". Обаче този безогледен икономически терор доведе за кратко време до пълно изтощаване на производителните сили, до свръхнапрежение и грохване на материалната база и работната сила, проявяващо се в кризата, започнала от 1983 година насам. Така се изправихме пред нова национална катастрофа. „Изобщо колкото една държава е по-бедна, толкова повече тя се разорява от своя относителен разкош."[77]

Държавномонополистическият капитализъм провеждаше тази експлоатация на работническата класа методично, целенасочено и регулирано като **икономическа политика**, а не като **"грешки"** на социализма, както винаги се изтъкваше. Какви ли не обяснения трябваше да чуем, едни от други по-фантастични и по-глупави – за увеличаващите се разводи, за ниската раждаемост и брачност, за обезлюденото и мъртво село, за непресъхващия алкохолизъм, за ширещата се престъпност и корупция, "чужди" на нашето иначе "социалистическо" общество . А всички те са социални явления на една позната същност – капиталистическия начин на производство,

---

[75] Волтер, *Философски новели (Човекът с четиридесетте екю)*, 262
[76] Мор, *Утопия*, 40
[77] Монтескьо, *За духа на законите*, 165

довел до идиотизма на дискотечния живот, който пък създаде модела на съвременния тип – мъжа-баровец и жената-вамп. Инфлация, наркомания, проституция – пъстра палитра пороци, чужди на морално чистото ни по теория общество. "Социалистическо" общество, в което "съзнателни" бяха само добре платените висши и средни чиновници, а "несъзнателни" – презрените работници. Жилищна криза има винаги само за бедните, но не и за богатите – наблъскани като добитък в крайни квартали подобно негърски гета в тесни панелни кутии, наречени жилища, а в същност комунални казарми. Бедата бе и в това, че са комунални, и в това, че са казарми. И в това, че струваха целия живот на работника. „Личните нещастия съставляват общото благо"[78], казва в случая Волтер. Капиталистическият нагон на тази парвенюшка власт наложи потискане на възможностите на работника и изкривяване на потребностите му, сведени до прости физиологични нужди! Ограбването – духовно и материално – на неговите потребности беше такова, че да заобича той робията, от която и да искаш „да не можеш да се сетиш, че си човек"[79].* "Народът прост, живота – тежък, скучен. – Живот без маска и без грим – озъбено, свирепо куче"[80].

Така беше до края на 1989 година. Същото беше и в края на 1999, и в "сакралната" 2000 година. Обаче повече от четвърт век по-късно след т.нар. „социализъм", в края на 2017г. положението на бедните в България по време на неолибералната „демокрация" е по-трагично от всякога! Вопиюща скръб, отчаяние и болка, много мъка, само мъка и безнадеждност! В края на 2017г. агонията продължава със сатанинска сила вече над 70 години! Като истински червени кхмери нашите „комунисти" от това време и техните клонинги днес унищожават своя собствен народ!

Още с възникването на държавномонополистическия капитализъм се появяват две форми на експлоатация на наемния труд, които съжителстват оттогава винаги заедно –експлоатация на човек от човека и експлоатация на човек от държавата, като в различно време и на различно място едната е доминираща. Например във Франция, където държавният сектор за 1985 година беше около 35% в икономиката, дори и със социалистическо

---

⁷⁸ Волтер, *Философски новели (Кандид)*, 143
⁷⁹ Димитър Благоев, *Що е социализъм и има ли той почва у нас?*,
⁸⁰ Вапцаров, *Съчинения*, 22 (*Завод*)

правителство, експлоатацията не беше по-различна в своето съдържание от тази в България и СССР, където той бе 100% и със също така социалистически правителства.

Безизходицата в теорията, умственото безсилие в научното търсене или по-скоро опитът да се представи държавната собственост като обществена, а чрез нея и държавният капитализъм да се замаскира като социализъм, създаде "оригиналната българска постановка", както пишеше във вестниците, за "държавата-собственик и колективът-стопанин" . Обаче "новите" теоретически постановки бяха преписани от старото римско право. Това беше пекулий! Това беше открито признаване на държавата-капиталист, при която собственик и владелец са съвсем различни юридически лица. Чрез стопанисването, чрез **владението**, а не чрез **собствеността**, се насърчаваше симулацията за "самоуправление", илюзията за известна самостоятелност – държавата-собственик в ролята на концедент предоставя право на експлоатация върху обект от обществен интерес на колектива-стопанин в ролята на концесионер. Пита се къде е социализма тука?!

Абсолютният монопол на държавата, отричащ конкуренцията, принуждава Закона за анархията и конкуренцията на капиталистическото производство да действа едностранчиво, половинчато, т.е. само като Закон за анархията на производството без значение от прогласеното му централно планиране. В това бе и трагедията на този начин на производство: липсваше му двигателя, мотора на обществения прогрес – конкуренцията, и той затъваше все повече и все по-бързо. Защото това, което анархията прави в производството, т.е. разпиляването на обществен труд, конкуренцията до известна степен го компенсира. Тази бе причината да се заговори за "социалистическа конкуренция", като няколко пъти, поне на думи, се правеше опит да се разбие държавния монопол, но всеки път неуспешно. Монополът е върховна наслада, по-върховна от оргазъм, както изповядва „оракула" Уорън Бъфет пред широката публика. Ето защо по време на „посткомунистическото" разграбване на България от същите тия „комунисти", разграбване, наречено приватизация, монопола на едрия капитал не беше разбит. Годините на този грабеж и непрекъснат, множествен монополен оргазъм в края на 2017г. вече наброяват 28 след първоначалните 45 и края им още не се вижда!

Днес монополите предизвикват отново протестите и гнева на безсилни хора срещу всесилни господари!

Експлоатацията на наемен труд обаче няма нищо общо с "недостатъка" на социализма, наречен тъй от Маркс и повторен от Ленин. Той дори не е и недостатък. Става дума, че разпределението на материалните блага при социализма няма да се осъществява по висшия принцип – според потребностите, както е при комунизма, а според възможностите, т.е. само чрез работната заплата, и поради природното неравенство във възможностите няма да има еднакво, т.е. уравнително, задоволяване на потребностите. Този "недостатък" ще се изживее при по-висшата фаза – комунизма. Но това не е недостатък изобщо и той е необходим при социализма, за да няма, както в обратния случай в бившия „социализъм" 42 години уравнителство, вместо равенство в потреблението, което в крайна сметка е социална несправедливост спрямо хората с по-изявени възможности. Така че работната заплата при социализма си остава онази най-добра оценка на реалните възможности, чрез която се покриват необходимите потребности.

Обаче този "недостатък" беше удобен демагогски начин да се прикрива експлоатацията, да се замаскирва социалната несправедливост, представяйки я като природно неравенство и при необходимост нашите проповедници на марксизма го изтърсваха от праха при употреба. Маркс и Ленин са имали предвид именно природното неравенство във възможностите, а не социалната несправедливост спрямо потребностите, говорейки за "по-богати" и "по-бедни" при социализма. Това е богатство, но основано само върху прилагането на собствен, а не върху присвояването на чужд труд. Точно обратното, всеобщият Закон за капиталистическото натрупване беше в стихията си при нашия "реален социализъм" – на единия полюс богатство, въпреки всяко разсипничество, на другия – бедност, въпреки всяка пестеливост. Тази потосмукачна система на държавния монопол у нас беше възможна, защото държеше работниците в подчинение чрез безсрамно ниски заплати – половинвековна „комунистическа" практика, която продължава да съществува същата и досега, над четвърт век след краха на „комунизма"! Евтина работна ръка, евтин женски и детски труд под формата на еманципация за първия и бригадирско движение за втория – цинична практика на една цинична система! Задържането на заплатите на ниско равнище е стар и изпитан средновековен метод – съществува още при крал Джейкъб I в Англия. Чрез ниската работна заплата работникът умишлено се подтиква към "странични доходи", т.е. към спекула. А "нещастие за една република е ... когато народът бива подкупван с пари; тогава той става равнодушен, пристрастява се към парите и вече не се интересува от държавните работи, живее си без какъвто и да е интерес към правителството и неговите намерения, очаква спокойно и тихо заплатата си."[81]

Тази картина съществуваше в България като копие, а в СССР като оригинал!

Защо работната заплата беше така безсрамно ниска? Защото тя беше резултат на сурова експлоатация с единочка цел – получаването на безсрамно висока норма на печалба!

В тази връзка ние имаме точна характеристика на собственото ни икономическо положение в онова „социалистическо" време, направено в няколко реда още от ... Маркс! Това е кратка, но веща, хирургически точна оценка на съветския „марксов" социализъм, направена от самия Маркс преди 120 години!

„**Високата норма на печалбата**, доколкото тя се основава на **висока норма на принадена стойност**, е възможна, **ако работният ден е твърде продължителен, макар трудът да е бил непроизводителен**; тя е възможна, въпреки непроизводителността на труда, защото **потребностите на работниците са много малки** и поради това **средната работна заплата е много ниска**. Ниската работна заплата ще съответствува на **липса на енергия у работниците**. Въпреки високата норма на печалбата **капиталът при това се натрупва бавно. Населението не се увеличава**, а работното време, което продуктът струва, е голямо, макар че заплащаната на работника работна заплата е малка."[82]

Ето защо имаше липса на енергия у работниците, за която толкова се чудеха нашите фарисеи. Защото ѝ отговаряше ниска работна заплата! Банална истина, която и неграмотният знае. Ето защо и досега населението не се увеличава, а се топи като ланшен сняг, т.е. нацията старее и изчезва. Ето защо беше дълъг работният ден и тежък трудът. Ето защо и продуктът струваше скъпо – тъй

---

[81] Монтескьо, *За духа на законите*, 65
[82] Маркс, *Капиталът*, 3:286 (удебеленият шрифт е мой – Т.Б.)

като работното време беше голямо и непроизводително. А така беше в цялата „социалистическа" система.

В същото време тази нечовешка система издигна идеологическия лозунг "грижа за човека" като изключително лицемерие на върхушката! „Грижата за човека" се прояви за пореден път отново когато нашето тъй мило Народно събрание реши през 1985 година работниците със заплата 120 лева *месечно* (!) да бъдат освободени от данъци върху работната заплата. Каква грижа, какъв алтруизъм! Изключително великодушие и човеколюбие! По този начин тези работници вече напълно отговаряха на категорията **пролетарии** – бедняци, които не плащат данъци, защото нямат нищо свое, освен децата си, които задължително трябва да дават във войската! Такава беше реалността в този „реален" социализъм! Каква тук диктатура на пролетариата – пролетариите не знаеха това! Да – диктатура срещу пролетариата! Диктатура на шепа хора, както писа Роза Люксембург, диктатура на една партия, диктатура на една клика!

* * *

В глобален мащаб

Народната държава е идеологическата платформа на държавния капитализъм, обикновено представящ се в своята превърната форма на *народен социализъм*. (Тук имам предвид народния социализъм в т.нар. „комунистически" страни от Съветския блок като действащ политически режим, а не социалистическото течение от скандинавските страни като идеологическо направление. Макар че няма някакви теоретични различия). *Народната държава* е толкова удобна, в същност най-удобната, за провеждане на капиталистическата експлоатация. Този държавен капитализъм в съвременната епоха на корпоративна икономика под маската на някакъв „социализъм", в същност се нарича фашизъм!

Тази дума стряска. Но тя е истинското име на политиката на "железни завеси", на тоталното обезличаване на личността. Тази дума и сега предизвиква буря от възмущение сред почтените господа на съвременния "народен" социализъм. Как е възможно – та нашето общество, казват те, нямаше нищо общо с фашизма, то не бе фашистки райх.

Не бе ли?

А т.нар. "сталинизъм" какво е ?

В епохата на "гласност и демокрация" ни заляха с факти за Сталинския деспотизъм и неговата неограничена еднолична власт. А това е само върхът на айсберга.

Как иначе да наречем физическото изтребване на *милиони* хора, неудобни на режима? Нима концлагерите в Сибир са по-долно качество от тези в Бухенвалд и Дахау? Защо бидейки уж врагове, Сталин и Хитлер станаха военни приятели и съюзници и през 1939 година си разделиха Полша?! Техни военни части участваха заедно на общи паради! И както вече знаем, тъй като Сталин нямаше готовност в 1939 година, той не нападна Хитлер, макар че обратното се случи две години по-късно. Сталин – той бе "Великият вожд", Водачът, какъвто бе в Германия Хитлер – Фюрерът!

До неотдавна обаче искаха да ни убедят, че всички тези изстъпления и репресии са характерни само за онова време и че се дължат на волята на една личност, Хитлер или Сталин, а не на цялата политическа система с нейното икономическо и идеологическо съдържание. Хитлер и Сталин са продукти на системата, а не обратно – системата да е продукт на тях. Те, двамата, не биха били възможни, ако нямаше условия за това – Държавата, срастната с едрия монополистичен капитал, да застане зад тях, да ги издигне и поддържа докато са удобни.

Страхът да се признае **цялата** истина, страхът да се назове миналото с точното му име – това е страх, наследен от тези години. Защото призна се дори научно, че отшумелия вече дълъг политически сезон беше тоталитаризъм. Но това е половината истина. Никой още не е признал или доказал, че това беше фашизъм, а не социализъм! Как би се появил и развил сталинизмът, ако нямаше подходящи условия за него?! А за подобните "уклони" при Брежнев само се намекваше, за да не се признае, че в действителност никога не е имало социализъм. Затова неговото време дипломатично бе наречено "времето на застоя". Така, след всяка глътка въздух на нова „социалистическа демокрация" от някое "преустройство", следваше потапяне и дълъг период на застой. Живот в (стара) подводница -- опасен, тежък и кратък! В ограничено пространство, време и въздух! След Ленин перископа хвана Сталин, след Хрушчов – Брежнев. И ако Сталин беше Кремълският Калигула, а Хрушчов – малоумен шут като Клавдий, нима Брежнев не бе Тиберий?!

След Сталин всеки следващ цезар обвиняваше предшественика си в култ, за да стане самият той такъв. Един култ само сменяше друг. А култът е възможен само в религията. Комунизмът беше превърнат в окултна наука със заклинателен характер, в религия, в друг вид вероизповедание. Освен будизма, християнството и исляма, той беше нов вид световна религия. Религия, от която, както обикновено, добре се печели! Предназначението на попа е да разпространява (и да спазва) морала на вярата. При свеждането на комунизма до окултизъм, при превръщането на социализма във вяра, ролята на партийния секретар не бе по-различна от тази на попа – той трябваше да се занимава не с научни, а с моралните принципи на вярата, които можеше и да не спазва! Религиозният култ – това е нещастието на човешкия род. Поради **невежеството** си народите винаги са възприемали своя водач не като пръв сред равни, а като бог сред стадо!

Поради невежеството си така бяха възприети от милиони тълпи и Хитлер, и Сталин. Прави впечатление, че повечето авторитарни режими са се оглавявали от умствено ограничени хора, но с патологично властолюбие, хора с беден и дори празен умствен багаж, но с безскрупулни амбиции. И ако фашизмът на Хитлер е открита циничност, то фашизмът на Сталин е цинична прикритост!

А какво в същност накратко е фашизмът? (Накратко, защото той не е главна тема на това изследване.)

Икономическата му основа е сливането на държавата с едрия монополистически капитал, т.е. държавният монопол на капитала. Той е държавномонополистически капитализъм, който в наше време се оказа в своята завършена, последна фаза – фазата на абсолютен монопол. Той е империализъм с всички свои характерни черти, а в наше време – дори и свръхимпериализъм, мегаимпериализъм. Той е крайна, висша степен на сливане на банковия с промишления и търговския капитал в монолитна финансова и държавна олигархия, с достигната връхна точка, последна степен на централизация на капитала в един-единствен център.

Политическата основа на фашизма е сливането на законодателната, изпълнителната и съдебната власт в един център – най-голямото зло за една държава, според Монтескьо. "Ако законодателната и изпълнителната власт са съсредоточени в едно лице или учреждение, свобода не може да има ... Не може да има също така свобода, ако съдебната власт не е отделена от законодателната и изпълнителната"[83]

По този начин политическата надстройка представлява "пломба" с дебело бетонирани плочи, брониран бункер от плътното срастване на Парламент, правителство, Върховен съд и партия, които е невъзможно да бъдат разчленени по функции и субекти като така е жестоко задушена и отстранена всяка форма на критика и свобода – на личността, на мисълта, на словото.

Така че само върху тази благодатна почва на властта израстват уродливите форми на еднопартийната политическа система, която в своята латентна форма, т.е. в отсъствието на организирана съпротива на работническата класа, представлява един тоталитарен полицейски режим. И едва при явна форма на организирана класова борба фашизмът смъква маската си и се проявява вече като открита терористична диктатура на най-реакционния финансов капитал, според определението на Г. Димитров. В тази връзка трябва да отбележим, че демокрацията на работническата класа не отрича многопартийната политическа система в държавата. Напротив, дори в известно отношение тя има нужда от нея, за да остане вярна на своите принципи. Защото "разложението на всяко управление почти винаги започва с разложение на неговите принципи"[84]. Партията на работниците има необходимост от други партии като странични огледала – за да запази своите принципи.

Идеологическата подплата на фашизма е дребнобуржоазният мироглед в теорията за „народната държава”, чрез която социализмът от класов става народен (национален). „Народната държава” е винаги полицейска държава, в нея насилието се изразява често в произвол.

С други думи, фашизмът навсякъде има стремеж към класово "единство", към абсолютизъм, монополизъм, към униформено

---

[83] Монтескьо, *За духа на законите*, 227
[84] Пак там, 177

уеднаквяване на всички различия – и в икономиката, и в политиката, и в идеологията. Фашизмът не е всяко нещо поотделно, а всичко това заедно. Фашизмът е рожба на държавномонополистическия капитализъм и империализъм. Той е един упадъчен държавен супер-капитализъм, като понятие в италианския фашизъм според Мусолини, но като същност, не като противоположност на фашизма. Фашизирането на обществото е резултат от фетишизирането на Държавата. Фашизмът е продукт на обожествяването на идеята за Държавата в условията на развития монополистически капитализъм, той е идеализиране на Държавата в съвременния корпоративен капитализъм.

Това е същността на фашизма. А като явление той може да се прояви и като краен национализъм, и като антидемократизъм, и като антикомунизъм, и като расизъм, и като антисемитизъм поотделно или заедно, изобщо – като държавен тероризъм, а дори и като национален нихилизъм, стига това да удовлетворява олигархическата върхушка, т.е. фашизмът може да приема различни форми и образи – "предфашизъм" (авторитарен режим), "начален фашизъм", "нормален фашизъм" (италианският), "краен фашизъм" (нацизъм, ционизъм) и дори "комунизъм" (съветски и азиатски).

Тоталитарният режим намира израз в политическата "профилактика", в предварителното полицейско издирване и "съветване" на иначемислещите, на отделни личности като лов на вещици – все в името на демокрацията и спокойствието на гражданите. Полицейският надзор се занимава още "и с превантивна работа за предотвратяване на престъпленията и закононарушенията"[85] най-вече срещу политически противници.

Така всяка идея за свобода и демокрация може лесно да се заклейми като тероризъм или екстремизъм! "Тук всичко се върти около две или три идеи и нови идеи не са необходими."[86] Така методично и сигурно се приспива съзнанието на обществото и само кратуната на Суифт би помогнала за събуждане от дълбокия сън, от летаргията, обхванала това общество. "Докато принципът

---

[85] Програма на БКП, с.97
[86] Монтескьо, *За духа на законите*, 118

на деспотическото управление е страхът, неговата цел е спокойствието; но това не е мир, а мълчание на гражданите"[87] ...

Действително, основен принцип на деспотизма е страхът – страхът, сковал душите. Тоталитаризмът е "едно управление, където не се разрешава да изпитваш други чувства, освен страх"[88], така че гласността е лукаво манастирско шушукане; той е режим, където "деспотизмът е, така да се каже, натурализиран"[89] и където за отделния човек "неговата сигурност зависи само от неговото нищожество"[90]. Един режим, наложил у нас към тежкото данъчно бреме и данък върху остроумието, песните и смеха, превърнал почти цялото общество в "безразлична маса от съсипани бедняци"[91]. Превърнаха ни в държава, "дето всяка мишка се намира под полицейски надзор"[92].* Така се създаде едно общество на страха, като онова общество на Луната, в което половината граждани доносничат на властта за другата половина.[93] Едно общество, в което няма таланти, има само поклоници! Общество, основано на страха и кефа! Общество, натъпкано в затвори, лудници и барове! Общество, в което мисълта е разпъната на кръст! Едно социалитарно, но не и социалистическо общество, в което „всеки чиновник е везир"[94]!

Цинизмът на тази система беше в това, че тази тирания беше представяна за свобода, дори нещо повече – за социализъм! А „народът, който търсел демокрация, за свое голямо учудване не я намирал никъде"[95] при толкова много "преустройства". За 45 "свободни" години на "народна" власт, „отчаяни от свободата, хората желаели някакво по-малко робство"[96].* Обаче новата свобода отново се оказа да не е по-малкото робство от предната, смяната на тоталитарната система с „демократична" беше само театър пред широката публика. Сценарият на този театър беше написан от Рейгън и Горбачов в Малта през 1985 година. Ето защо

---

[87] Монтескьо, *За духа на законите*, 120

[88] Пак там, 137

[89] Пак там, 123

[90] Пак там, 137

[91] Маркс, *Работна заплата, цена и печалба*, 7:110

[92] Маркс, *18-ти брюмер на Луи Бонапарт*, 3:

[93] Януш Зайдел, *Цилиндърът на Ван Троф*

[94] Монтескьо, *За духа на законите*, 126

[95] Пак там, 75

[96] Салустий, *Югуртинската война*, 147

имаше смяна на декори, актьори и действия, но Е. продуцентите си останаха същите. За тази цел тези безскрупулни партийни бандити се бяха възпроизвели в хиляди копия, бяха се клонирали успешно в лицето на всички свои наследници, застанали начело на държавата от първия ден на тяхната демокрация. А безскрупулните клонинги надминаха оригиналите си – за България настъпиха най-черните дни, дни на разпад, унижение и агония. Клонингите, създадени от матрицата на социализЪма, вече мутанти, бяха насочени да обслужат нещо като демокрация, нещо като свобода, нещо като нищо на света!

Като мрачен и злокобен парадокс от своето възникване до днес, социализмът претърпя ужасни и ужасяващи метаморфози. С името на най-хуманното учение – социализма, бяха извършени най-зловещите и гнусни престъпления спрямо човечеството. Национал-социализмът на Хитлер създаде Аушвиц и Майданек, а народният социализъм на Сталин -- ГУЛаг и Колима! А двата заедно погребаха 50 милиона души!!! Това е чудовищно! Но с това бедите не свършиха, с това трагедията не спря. Напротив! Тоталитаризмът, съдържанието на фашизма, се засили още повече. Така нареченият "култ към личността", поклонението пред "Великия вожд", бе единствено присъщ само на "социалистическата" система. Един култ сменяше друг и така – до края на века! Антидемократични режими на азиатски деспотизъм и нечовешка тирания – за всичко това виновен бе социализмът!

Докато в Камбоджа главорезите на Пол Пот унищожаваха собсвения си народ, в Китай великият мандарин Мао Дзе-дун започна скокове на "културна революция", от която китайците до 1990-те години не можеха да се съвземат. Той осъществи социално равенство – облече всички в еднакви дочени униформи, точно както държавния супер-капитализъм изисква! Негов съратник в Северна Корея беше Ким Ир Сен и то добър съратник. И до днес този режим си остава там недосегаем като вожда си Ким Трети и неговата династична линия. Удивително е, че тази казармена система още съществува там, единствена в целия свят, когато дори Куба на Фидел Кастро започна постепенно да събаря оградата си.

В СССР репресиите на Сталин бяха затвърдени и продължени при Брежнев. При него се появи теорията за "малкия човек" с неговата "малка правда". Човек не можеше да не се просълзи от умиление като видеше с каква бащинска загриженост "големият човек" обсъжда проблемите на "малкия човек". Чаплин и Брехт създадоха много преди него образа и мястото на малкия човек в един безправен свят. Но малкият човек като критика, а не като демагогия, както при Брежнев. До каква степен е било закрепостяването и феодалното безправие на "малкия човек" доказа преустройството на Горбачов – полагането на нормална буржоазна демокрация предизвика истински фурор и аплодисменти. Това беше отменяне на крепостното право в Русия за втори път – в края на XX век!

„Погледнете, моля ви, с каква ловкост московското правителство гледа да се измъкне от деспотизма, който тегне над него даже повече, отколкото над самите народи. Премахнати са цели военни части; смекчени са наказанията за криминални престъпления; учредени са съдилища; законите започват да се опознават, народът бива просвещаван. Но има, изглежда, някакви особени причини, които отново ще го хвърлят в нещастието, от което то иска да се измъкне."[97]

Картината от 1760 година бе поразително същата и през 1990! Нищо ново под слънцето в Русия!

Ето защо се случиха събитията в Унгария през 1956 година, в Чехословакия -- през 1968, в Полша – 1980. Ето защо народите се надигнаха и отхвърлиха в цялата "социалистическа" система диктата на "номенклатурата" в 1989-90 година. Полицейски терор и насилие, диктаторски режими, страх и преследване – това ли е истината за социализма? Довчерашната истина – да, но не и за социализма!

Бурният XX век беше век на фашистки диктатури. Освен световната "социалистическа" система в Европа и Азия, гъмжеше от такива и в Латинска Америка, макар и не под лозунга за социализъм. Затова борбата във всички тези страни се свеждаше до борба за либерализиране, за възстановяване на нормална буржоазна демокрация или за социалдемокрация. Но борбата оттук нататък, т.е. борбата за социализъм, още не е поведена. Защото до днес все още не бе отговорено на въпроса: все пак що е социализъм?

---

[97] Монтескьо, *За духа на законите*, 120

Това, което стана в края на XX век в "социалистическите" страни, беше смъкване на тоталитарни режими, т.е. номинално фашизмът в Европа бе окончателно съборен не в 1945, а в 1989 година! Макар че реално той тлее по целия свят. Това, което стана в Централна и Източна Европа от 1989 година насам, е просто възстановяване на обикновените нормални капиталистически права и свободи. Това, което стана в Съветския съюз, България, Унгария, Полша, ГДР и Чехословакия не е връщане от социализъм към капитализъм, както си мислят не малко хора, а преход от една форма на капитализъм към друга – икономически по-прогресивна, от една форма на буржоазно управление към друга – привидно по-демократична. Но както до, така и след "преустройството", т.е., през целия период на „социализма", работната сила продължаваше да си бъде стока, а работническата класа – лъгана и експлоатирана. Социализмът може да бъде реалност само при власт на работническата класа и в никакъв друг случай! Защото във всеки друг случай вечните за капитала проблеми – безработица, инфлация, външни дългове – никога нямат решение, а продължават да предизвикват само смяна на едно правителство с друго, което се оказва също така безпомощно да се справи с тях, както и предишното.

Мечтата на народите – свят без оръжия, свят без войни – въпреки всякакви инициативи, стратегически или не, е само утопия при съвременното съдържание на Държавата. В наше време Държавата е най-голямата, най-мощната престъпна организация за непрекъснат грабеж на обществен труд. Държавата днес е мафия, в която основен принцип е „законът" омерта́ – „който не мълчи, умира"! Сега Държавата е крайна фаза на организираната престъпност. Тя не е „нищо друго освен едно съзаклятие на богатите"[98], където поради съдебната астрология, „при всички случаи силният виновник излиза чист за сметка на слабия невинен"[99]. До днес класовото общество представлява власт на едно семейство, поделило си държавата като частна собственост!

Съвременната епоха – епохата на мега-империализъм – е характерна с това, че империализма е само на по-висока степен, че е войнстващ глобализъм. Защо?

---

[98] Мор, *Утопия*, 136
[99] Жан-Жак Русо, *Изповеди*, 37

СОЦИАЛИЗМЪТ Е МЪРТЪВ!ДА ЖИВЕЕ СОЦИАЛИЗМЪТ!

Първо, защото концентрацията на капитала достигна небивали размери, а монополизирането (централизацията) му позволи една незначителна на брой национална финансова олигархия да притежава цялата държава, а от Капитолия във Вашингтон – и целия свят! Докато в западната капиталистическа общност имаше все пак някаква конкуренция между корпорациите и банките, то в евразийската „комунистическа" общност цялата държава беше един корпорация и една банка! Нещо, което никога не е било в капиталистическия свят – дори по време на империализма, описан в 1916 година от Ленин. Това позволи да се осъществи огромен износ на капитали – в бедните развиващи се страни, завладени икономически като колонии. Нарастващият износ на капитали наложи тяхното движение да се освободи от всякакви национални бариери. За свободното движение на капитали между отделните страни бяха създадени разни икономически съюзи – в Европа Общия пазар на запад, СИВ на изток, а по-късно и Европейския съюз като трети световен център, когато втория беше погълнат от първия, макар и не в пълна степен.

Този безпрецедентен износ на капитали превърна националния корпоративен капитал на световните икономически сили в мултинационален. Това беше еволюция на държавно-монополистическия капитализъм. Ако съветският и азиатският „комунистически" държавно-монополистически капитализъм стигна последната степен на сливане на държавата с националния капитал, по-развитият американски и западноевропейски държавно-монополистически капитализъм премина в един нов, по-висок етап, при който националния корпоративен капитал, освободен от всякакви национални граници, се превърна в мултинационален капитал. А именно мултинационалният корпоративен капитал търсеше да завладее нови пазари и земи. С тази преследвана цел беше създаден Европейския съюз. В края на XX и началото на XXI век започна нов процес на еволюция на мултинационалния корпоративен капитал и превръщането на корпорациите в държави! Тези нови капиталистически обществени образувания – корпоративните вертикални държави – влязоха в остър конфликт с традиционните (хоризонталните), т.е., националните държави, които за тази цел трябваше да бъдат заличени в Европа с изкуствената аморфна структура Европейски съюз. Точно затова следващата стъпка е подчиняването на националните държави в Европа и тяхното пълно ликвидиране от базирания в САЩ и Канада мултинационален корпоративен капитал, от новите вертикални държави, чрез установяване на нови законови регулации – договорите TTIP, CETA (и TTP за Тихоокенаския регион). Тези тайни договори включват извънсъдебен и наднационален механизъм на арбитражни съдилища (ISDS), чрез които корпорациите, тези нови държави, могат да съдят и да се справят безцеремонно с традиционните, исторически създадени национални държави.

Второ, срастването на монополите с държавата доведе до невиждани размери на паразитизма и загниването на този начин на производство – държавно-монополистическия капитализъм в своята последна степен. В Съветския блок, точно както духовенството във всяка средновековна християнска държава, беше изградена паралелна паразитна структура в държавата от половината население за контрол върху другата половина – това беше огромната членска маса на господстващата партия, която заедно с раздутата държавна администрация развихри невиждан по-рано паразитизъм в обществото, което доведе в крайна сметка до нуждата от едно неосъществило се "преустройство" на Горбачов. А паразитизмът в "нова Европа" с допълнителната нова, високо платена администрация на Европейския съюз и с политиката на класов мир на т.нар. *социална (благоденстваща) държава* сам ще докаже гнилостта и на тази система, която неизбежно ще се срути под собствената си тежест, както стана това именно със Съветски блок. Забавно е все пак, че тоталитарния Съветски съюз съществуваше почти седемдесет и пет години, докато уж демократичния Европейски съюз няма да може издържи повече от тридесет! Обаче решаващият принос за развихрянето на паразитизма има фиктивния капитал. Спекулативните игри в търговията с фиктивен капитал на Уолстрийт и подобните ѝ фондови борси създават паразитизъм, невиждан при по-раншния империализъм преди сто години.

Трето, подялбата на света между великите сили, разделянето на сфери на влияние и борбата за пазари през този век след Октомврийската революция се провеждаше вече не от няколко, както през 1914-18 год., а само от две велики сили, две свръхдържави – САЩ и СССР. За тази цел се отделяха астрономически суми за въоръжаване, непознати при по-раншния империализъм и всичко това след края на най-зловещата война в човешката история – Втората световна, като рожба на именно този мега-империализъм. В края на XX век САЩ остана единствената свръхсила. Двата съвременни тирса на императорска власт – Световната банка и Международния валутен фонд – са в ръцете на американския империализъм. Така, в този еднополярен свят, капитализмът стигна до апогея на империализма и неговото разпределение на пазарите. САЩ останаха единственият световен жандарм и пазител на "новия световен ред"! До към 2014-15 година Евразийският милитаризъм (руски и китайски) предизвика превъзходството на САЩ и този нов еднополярен ред. Войната в Сирия беше такъв тест.

В условията на този „нов световен ред" решаваща част от съвременната световна икономика е една престъпна икономика, в която свръхпечалбите се натрупват не от производство на материални блага, а от нарко-трафик, трафик на оръжие и трафик на хора, включително проституция. Съвременната световна икономика е икономика на глобалната организирана престъпност, чиято висша форма е съвременната капиталистическа държава. Съвременната световна икономика е икономика не на реалното стоково производство, а икономика на спекулата; това се изразява пряко в търсенето и предлагането на капитала на спекулата, т.е., в търговията с фиктивен капитал, в антагонистичните игри с акционерен капитал на фондовите борси. Точно борсата Уолстрийт, т.е., световният пазар на спекулативния капитал, е съвременната огромна помпа за надуване на балоните на световните икономически кризи, последната от които започна в 2007 година. Общата стойност на облигациите на световния пазар, както знаят много икономисти, е над сто трилиона щатски долара! Без да се вземат предвид дериватите! А ако бъдат включени, общата стойност е **няколко *пъти повече*!** Това е един огромен балон, надут като червен гигант звезда. А когато прибавим към тази сума световния пазар на акциите, разминаването между реален и фиктивен капитал става мега-космическо! Този космически балон много скоро ще бъде спукан! Това означава, че най-разрушителната капиталистическа криза в човешката история се намира зад ъгъла, глобалният икономически апокалипсис е съвсем предстоящ! Тази разруха и разорение ще се дължат на борсовите антагонистични игри, а борсата, в същност, е казино!

Защото търговията с ценни книжа и акции е чист хазарт! Това става ясно от пряката пропорционалност между риск и доходност – повече риск, повече доходност и обратно. Обаче това е хазарт, в който залозите не са просто пари, а милиони и милиарди човешки съдби. Така че това е една разрушаваща цивилизацията световна престъпна икономика!

Четвърто, милитаризмът като форма на проявление на империализма, се развиваше усилено, въпреки всички приказки, преговори и известни съкращения на войски и арсенали. Империята САЩ подпалваше всяка една война по целия свят от името на „демокрацията" – от Виетнам през Залива до Гренада. Съветската империя (и тогавашната ѝ провинция Куба) се опитваше да разпространява "комунизъм" със силата на оръжията си до 1985 година, до идването на Горбачов – като "износ на революция". Но тази военна доктрина изтощи до край и без това хилавата ѝ икономика. Не случайно СССР бе наречен военен гигант на икономическо джудже. В същото време ни убеждаваха, че той отделял за военни разходи в 1988 година само ... 33 милиарда рубли срещу 300 милиарда долара на Щатите. Черен хумор! Цялата военна империя да се крепи само на една съмнителна в достоверността си сума! Просто смешно, както се изрази един руски журналист.[100] Смешно, защото не беше вярно. Защото, ако САЩ имат и военна промишленост, то на СССР промишлеността беше военна! Ако американският империализъм се дължи на военно-промишления си комплекс, то съветският бе израз на промишлено-военния си комплекс. Не че американският империализъм е нещо добро, а просто съветският до 1990 година не беше по-малкото зло! Смяната на кабинета, "преустройството" – това в общи черти наподобяваше "новия курс" на Рузвелт, сменил, изместил през 1933 година "сухия режим" на Хардинг. Горбачов смени "сухия режим" в икономиката и въведе "нов курс" -- "ново мислене" в политиката. "Новото политическо мислене" за СССР през 1985 година беше това, което бе "новият курс" в САЩ от 1933г. Но те нямат нищо общо със социализма. Това бе просто смяна на един правителствен екип с друг в рамките на същата капиталистическа система. Това беше реформизъм, а не "тиха", "безкръвна революция", както се изтъкваше тогава. Такава

---

[100] Александър Бовин, в-к *Известия*, март 1989, по Българска телевизия

революция няма – безкръвна, тиха или нежна! "Новият курс" на Рузвелт беше намеса на държавата в дейността на едрия бизнес, приветствана радушно в Германия от Гьобелс! Но едрият бизнес в Съединените щати отвърна на удара чрез техниките на PR-бащата Едуард Бернайс, друг мощен манипулатор на общественото мнение точно като Гьобелс! С други думи, това мятане между див и контролиран капитализъм, между „пазарен" и държавен капитализъм, между „демократичен" капитализъм и тоталитарен „социализъм" („комунизъм"), съществува през цялото време на държавно-монополистическия капитализъм., т.е., от появата на монополите и сливането им с държавата досега – през целия XX и първите две десетилетия на XXI век. А какъв беше „новия курс" на Горбачов? Това бе една по-чиста и разумна политика, една по-реалистична политика, ограничаваща, а някъде и отстраняваща най-грубите форми на руския империализъм. Горбачов обаче се оказа не само последният утопист на социализма, но и неспособен държавник, щом позволи държавата му да се разпадне с лекотата, с която сипа пепел и на социализма.

Римският мир (*Pax Romana*) бил плод на насилие. Съвременният мир (*Pax Americana*) също е плод на насилие – където и когато го има. Мирът е висше благо за народите, но как ще се живее в бъдеще в такъв мир – на класово насилие на Капитала? Като илоти уеднаквени в една-единствена световна империя? Видяхме, че след края на "студената война" точно такива са амбициите на САЩ – другата империя на злото! *Quo vadis, homuncule?*[101]

Последният абзац бях написал преди двадесет и седем години. Оказа се, че бях прогнозирал съвсем точно съвременния напредък в развитието на Държавата в глобален мащаб. Оказа се, че точно тази е крайната цел на световните господари – преминаването на всички народи под властта на една-единствена световна Империя! Преди около осемнадесет години (от 2000г.) от Европа започна процес на разрушаване и заличаване на националните държави чрез тяхното обединяване в различни географски наднационални „съюзи" – Европейски, Американски, Африкански, Азиатски, Евразийски – като последна степен преди тяхното обединяване в една-единствена глобална Държава, в една-единствена световна

---

[101] *Къде отиваш, човече?* (лат.)

Империя! Целта е световна Империя със заличени териториални граници, със заличени национални държави, заменени с вертикалните държави, корпорациите; Империя, смесваща раси и култури, където конституционното право е нищо, а корпоративния произвол – всичко! Достигането на тази последна фаза минава през преходен етап, в който националните държави са трибутарни формирования напълно безпомощни пред корпорациите чрез средствата TTIP, СЕТА и TTP – договори, узаконяващи беззаконието! Тайните преговори за сключване на тия тайни договори днес са върха на тайното задкулисно вековно господство на таен брой тайни общества, ръководени от един таен център. Суверенът като понятие и правна норма изчезва напълно, съдът е отживелица, а правото е само едно – правото на силния, на корпо-олигарха! Така заробването на човечеството е завършено и завинаги!

Премахването на митата между Европейския съюз и Съединените щати е само поредната стъпка към сливане на два „съюза" в един мега „съюз" и на всички такива „съюзи" в един световен корпоративен мега-империализъм без граници. За тази цел, вече е в ход *Окончателното решение* на Въпроса за европейските народи! В изпълнение на плана за унищожаване на европейските национални държави с крайна цел подмяна на коренните народи и в привеждането им в състояние на безлична маса дегенерати без корен се осъществява организирано преселение на безчетни орди арабски и африкански заселници, завладяващи Европа. Масовото нашествие на преселници, наречени евфемистично „бежанци", в общ план със създаването на Ислямска държава (ИСИС, ИСИЛ, Даеш) е поредната нескопосана и зле проведена операция на ЦРУ и неговите господари, точно както „терористичните атаки" на 11 септември 2001г.; поредния пъклен план срещу човечеството, в случая срещу народите на Европа и тяхното пълно заличаване! Толкова прозрачна, толкова е ясна цялата операция, повтаряща уникалната по своето безумие мащабна операция от 11 септември! И в двата случая се използва ислямската карта. И в двата случая става дума за тясно преплетени мръсни бизнес и политически интереси; в разрушаването на кулите на Световния търговски център имаше скрити бизнес интереси за 3 (три) милиарда щатски долара, а кулите бяха използвани политически пред широката публика с идеята за нови бъдещи мръсни бизнес планове. Такъв мръсен план е да се затрие Европейската цивилизация, с изчезването на която революциите трябва да престанат да се случват. Това е съвременният мега-империализъм – Държавата навсякъде създава тероризъм и условия за тероризъм!

Ако бъде спасено от ядрения кошмар, как ще живее човечеството по-нататък в клещите на Държавата? Та оръжията стават все по-мощни, по-опасни и навяват все по-голям ужас. Управляемият ядрен синтез и разчитането на пълния генетичен код, заедно с информационните технологии ще развихрят необикновено много въображението в това отношение Войни има винаги, защото има Държава и ще ги има, докато не се промени и отмре Държавата. Ето защо човек не се научи да не убива нито след Първата, нито след Втората и е винаги готов за Трета световна война. Войната е краен, брутален и най-дивашки израз на насилието на Държавата.

Още Платон е открил правилото, че търсенето на истината се свързва в обратна зависимост с намирането на удоволствията. Развихрянето на удоволствията, превръщайки ги в потребителщина, потопяването в консуматорството, стеснява пътя към истината. В наше време Капиталът, използвайки развитието на научно-техническата революция, иска да създаде едно общество на "потребителския рай", общество на масовото безразличие, едно военизирано, технотронно общество без работническа класа, като по този начин всеки човек се обезличи като бурма на една военна машина, наречена **Държава**! Капиталът иска да се заличи полярността между работническа класа и държава и да създаде "единно", монолитно, "безкласово" общество. Както по времето на Маркс и Енгелс, така и днес се въдят разни "теоретици", които искат да ни убедят, че капитализма е вечния икономически строй или поне, че е най-добрия и дори че няма алтернатива, сравнявайки го с недъгавостта на отминалия "социализъм". Социализмът се оказа Гордиев възел, сложно заплетен икономически, политически и идеологически. Той и досега е научно неразрешим въпрос за всички казионни професори, въпреки техните напъни, заели се като средновековни теолози да бранят вярата, а не Бога, и то така, че социализма до неотдавна служеше безотказно като опиум за бедните, както някога религията. Религията обаче иска да промени съзнанието без да променя битието. Науката променя битието, а с това и съзнанието. Ако християнството е учение за подпомагане на бедността, то марксизмът е учение за премахване на бедността. Социализмът беше превърнат от наука в утопия и затова той беше енигма, египетски йероглиф. Нашият отшумял "реален социализъм" като Троянски кон нанесе такова тежко поражение върху социалистическото учение отвътре, каквото то никога не помни и не познава в своята история, поражение, каквото то не е получавало дори и при най-яростните и най-злостните нападки отвън. Най-грозните социални дрипи сега се пришиват на социализма. Моделиери дал Бог -- нищо обратно не им е чуждо! Социализмът бе превърнат в плашило, в дрипаво чучело, с което се плашат големи деца -- нарочен бе като най-голямото зло! А от две злини човек винаги избира по-малката. В XX век минахме през една форма на утопичен социализъм, който на съвременния етап бе просто капитализъм. Пред този "социализъм" западният капитализъм наистина беше за предпочитане – той наистина беше по-малкото зло от източната си разновидност. Но тази най-мащабна социална лъжа даде повод и "основание" на невежите да се смятат за по-умни и от гениите. Сега всеки лаик със самочувствието на познавач за щяло и нещяло "отхвърля" Маркс и Енгелс! Без дори да е смръкнал малко библиотечен прах! Без да е стигнал дори до пеша на тези титани! "Обущарю, ти за обувките съди!"[102] *

---

[102] Плиний Стари, *Естествена история*, [XXXV, 85[2]]

ГЛАВА ПЕТА

ПРЕХОДНИЯТ ПЕРИОД

Марксизмът е учение за държавата и революцията, за освобождаване на обществото от държавата чрез революцията.

За да се разграничи от безбройните социалистически системи, Маркс пише, че този социализъм представлява една перманентна революция. С други думи, за да няма реставрация, както става винаги след всяка друга революция, то, вече и в условията на държавата, социализмът трябва да бъде една непрекъсната революция, т.е. без "преустройства". Тази непрекъсната революция се изразява не в нещо друго, не във вечен якобински терор, а в отмирането на държавата. Философски Енгелс чудесно е изяснил това. Ударът, т.е. революцията – това е концентрирано триене, а триенето, т.е. държавата – това е продължителен удар. Това, което не може да направи ударът (революцията), прави го триенето (държавата). Революцията на работническата класа е в същност взривяване на старата държава, едно концентрирано триене срещу буржоазията, докато държавата на работническата класа е непрекъснат удар срещу нея, т.е. именно държавата на работническата класа представлява онази непрекъсната революция, за която пише Маркс. Ето защо социализмът е единство на революция на работническата класа и държава на работническата класа.

Революцията е взрив между производителни сили и производствени отношения, взрив между стари, закостенели производствени отношения и нови, прогресивни производителни сили.

Прави впечатление, че от всички социални революции се открояват Великите революции, които за един начин на производство се оказват по две. Първата само възвестява необходимостта от новите производствени отношения, като производителните сили си остават в рамките на старите производствени отношения, т.е. продължава да бъде **господстващ** старият начин на производство. Втората Велика революция утвърждава новите производствени отношения, тя идва, за да ги установи напълно и окончателно като вече победили производствени отношения, т.е. полага началото на един нов начин на производство, наложил се като господстващ, т.е. не като изолиран случай само в една отделна или няколко страни.

Тъй като преходът към робовладелски начин на производство е станал еволюционно, постепенно, то за революции в него не можем да говорим. Разлагането на първобитния комунизъм и преходът му към класово общество, както и обратния процес – преходът от класово общество към комунизъм, е постепенен процес, еволюционен път.

Ролята на Първа Велика феодална революция може да се счита приемането на християнството за държавна религия на Римската империя на Никейския събор през 325 година. Като Втора Велика революция, т.е. революция, утвърдила феодалните производствени отношения в световен мащаб, може да се приеме влизането в сила на закона на Юстиниан Велики за покръстването на всички езичници по цялата Римска империя в 529 година. Този закон изиграва революционна роля давайки началото на процеса на окончателната победа на християнството като държавна религия в империята, т.е., началото на края на процеса на утвърждаване на новите производствени отношения, започнали в 325 година при Константин Велики на Никейския събор. Приемането на християнството по-късно от различните ранносредновековни държави по различно време за държавна религия идва да узакони същесвуващата вече феодална експлоатация, да установи новия начин на производство, защото новите производителни сили налагат да се скъса със старите производствени отношения, налагат граница, която трябва или да се премине, или държавата да загине.

Английската буржоазна революция от 1642 година, революцията, водена от Кромуел, е само велик предвестник на новото време, която обаче не налага типични капиталистически производствени отношения. Това правят Великата Френска революция от 1789 година и Американската революция от същото време, които отговарят вече на историческата необходимост от нови производствени отношения, от коренен преврат в начина на производство в световен мащаб. Същото се отнася и за социализма. Великата Октомврийска социалистическа революция на болшевиките през 1917 година само възвести историческата необходимост от нови производствени отношения, които вече изоставят много от равнището на развитие на производителните сили, като начина на производство си остана капиталистически през цялото време на "социализма" от 1917 година насам. В първата четвърт на XXI век ще има нова, още една Велика социалистическа революция, която напълно и окончателно ще установи, безвъзвратно ще затвърди новите производствени отношения, т.е., социалистическия начин на производство. Тя ще бъде и последната Велика революция на земното човечество, отваряща широки врати към несънувани дори простори![103]

Всеки нов начин на производство създава по-висока организация на труда, по-висока организация на работното време от стария, като по този начин създава „такива условия, които за развитието на производителните сили, на обществените отношения и за създаването на елементите на по-висша нова форма, са **по-изгодни**, отколкото при предишните форми ... "[104]

Именно по-изгодни за обществото, а не по-желани от индивида.

Всеки начин на производство от зараждането до отмирането си има периоди на преход, когато се появяват първите му кълнове от недрата на стария, и периоди на зрелост, когато вече съществува самостоятелно, в чист вид, без примеси от друг начин на производство.

Преходният период се нарича преходен, защото с него се слага началото на нови производствени отношения (при отмирането на стари такива) до пълната им победа, т.е. точно това е периодът, когато избухват Великите революции. Както ще отбележим по-долу, ако периодите на различните класови общества се скъсяват съгласно експоненциален закон, то преходния период винаги е постоянен, винаги продължава три века! Това е един забележителен факт!

---

[103] Между другото, много интересно е, че Анатол Франс в 1904г. прави подобно предсказване в утопичната си книга „На белия камък". Там виждаме удивително точни прогнози за социализма и Европейския съюз, но той прави грешка, според мен, относно това главно събитие предполагайки го четвърт век по-рано.

[104] Маркс, *Капиталът*, 3:925 (удебеленият шрифт е мой – Т.Б.)

Неолитът, започнал от VIII - VI хилядолетие пр.н.е., и халколитът, продължил от 5500 година пр.н.е. до 3500 година пр.н.е., представляват зрелият период на първобитнообщинния строй. В края на халколита и в началото на бронзовата епоха започва разлагането на първобитното общество до около 3200 година пр.н.е., когато възникват първите градове-държави в Шумер и първите "номи" в Египет, което представлява преходен период на преминаване от първобитен комунизъм към класово общество, от първобитнообщинен към държавен строй. Робовладелският начин на производство продължава около 3700 ± 100 години, от 3200 година пр.н.е. до 600 година от н.е. в своите най-широки граници. Разбира се, това е условна периодизация, тъй като икономическите процеси не протичат точно от дата до дата. Зрелият период на робовладелството е от V век пр.н.е. – времето на класическата елинска демокрация, до III век от н.е. – упадъка на Римската империя.

Преходният период от робовладелски към феодален начин на производство продължава от IV до VI век включително, когато възникват първите феодални държави на Ранното средновековие в Европа – Източната Римска империя, Хунската империя с нейния пряк наследник Българската империя и Франкската империя. Условните граници на този преходен период са от 306 година – възкачването на Константин Велики на престола, първият християнски римски император, до края на 602 година, смъртта на император Маврикий Тиберий, до която окончателно се утвърждава започналото от Юстиниан Велики действително превръщане на Римската империя от късноантична в раннофеодална държава. Продължителността на феодализма е около 1350 ± 50 години. Зрелият период на този обществен строй, разцветът на феодализма, е от X до XV век.

Преходният период от феодален към капиталистически начин на производство се намира между XVI и XVIII век включително. Условните граници на този преходен период са от 1492 година – откриването на Америка от Колумб за Стария свят и началото на Великите географски открития, до 1789 година – избухването на Великата Френска и Американската революции. Феодалните производствени отношения в света господстват до края на XVIII век. За капитализъм преди тази дата е трудно да говорим. През 1758 година се случило чудо, „епохално събитие" – първият буржоа в Англия, който имал собствена каляска[105]! Едва след 1800 година най-напредналите държави като Англия, Съединените щати, Франция са вече с развити капиталистически отношения в техния съвременен смисъл. Капитализмът в зряла, развита форма, като утвърден начин на производство, приемаме едва от появата на машините и едрата промишленост, а не от манифактурния период, който е само увертюра, само преходен период към капитализъм. Това е т.нар. "първоначално натрупване на капитала". Именно той е преходният период към капитализъм, периодът, който продължава от началото на XVI до края на XVIII век.

„Макар че първите наченки на капиталистическо производство се срещат спорадично още в XIV и XV век в някои градове на Средиземно море, все пак капиталистическата ера датира едва от XVI век."[106]

Наистина, от XVI век, но само като начало на преходния период, смесващ различни видове производствени отношения. Защото преходният период е период с отмиращи, но все още **господстващи** стари производствени отношения, което именно го причислява към стария обществен строй. Ето защо манифактурният период като преходен период се отнася хронологически към феодализма. При манифактурния период, който още не е същински капитализъм, капиталът, в своята детска възраст, не е могъл "да завладее цялото разполагаемо работно време на манифактурните работници".[107] Манифактурата не е могла да "преобразува из основи"[108] общественото производство, тя е само "архитектурно украшение на икономическото здание"[109] на феодалния начин на производство. Зрелият капитализъм се проявява политически за пръв път едва при революцията във Франция от 1830 година, когато работническата класа за пръв път излиза на историческата сцена като самостоятелна класа, като отделно обособена, самостоятелна социална сила. Така че съвременният капитализъм има сравнително кратка история, сравнително къса биография -- само 200 години!

---

[105] Маркс, *Капиталът*, 1:656

[106] Пак там, 783

[107] Пак там, 411

[108] Пак там

[109] Пак там

Ето защо, тъй както манифактурният период е преходен период към капитализъм и се причислява във времето към феодалния начин на производство, а преходния период към феодализъм се причислява към робовладелския начин на производство, така и социализма, който е преходен период към комунизъм, трябва да бъде хронологически причислен към капитализма, защото и той е класово общество върху стокови отношения.

Днес вече се заговори за космически цивилизации, като се търсят техните закономерности. Основната грешка на всички учени е, че прескачат цели етапи на историческото развитие на обществото, смесват се съвсем различни състояния на обществото, съвсем различни нива на неговата организираност Затова само се гадае за земната космическа цивилизация. А човешкото общество ще стане космическа цивилизация в пълния, точния смисъл на тази дума, т.е. овладяла своята Слънчева система, едва когато надживее класовите си антагонизми, т.е. когато Държавата отмре.

Ето защо, разглеждайки развитието само на класовото общество, т.е. от възникването на Държавата до отмирането й, можем да установим следния факт, открит и от Енрико Ферми – човешкото общество се движи по експоненциален закон. Но какъв по-точно? Още Енгелс е забелязал, че производителните сили нарастват във времето в геометрична прогресия.[110] Действително, производителните сили се развиват по геометрична прогресия с частно $q = e$! Ако робовладелството е продължило средно около 3700 години, то за феодализма се получават средно 1360 години, колкото е бил той и в действителност! Ето защо, изчислявайки по същия закон, за съществуването на развитите стойностни производствени отношения – капиталистически и социалистически – намираме 500 години, което е и края на стоковите отношения, на размяната изобщо, а с това и края на Държавата! Целият период на съществуване на Държавата обхваща продължителност от над 5550 години и е само един инкубационен период. Епохата на Държавата е бременност на Земята, утробен период за развитието на плода – HOMO COSMICUS!

Човечеството някак си странно точно е определило историческите епохи на класовото общество. Действително, ако

---

[110] Маркс, *Капиталът*, 1: 41

Държавата беше без край във времето, то капитализма в далечно бъдеще би изглеждал просто като класическа древност. Цялото разделяне на историята на античност, средновековие и ново време е вярно, само защото Държавата в не много далечно бъдеще ще отмре. Оттам нататък Човекът ще пише аналите на съвсем друга история и със съвсем друго летоброене.

И така, оказва се, че на Държавата ѝ остават още около три века живот, нейния последен преходен период – до края на XXIII век. Новата ера – комунизмът, ще дойде с началото на XXIV век!

Официалната наука се оплакваше, че "далеч още не са разкрити новите закономерности на историческото развитие на социалната форма на движението на материята".[111] Наистина, още никоя догматична школа никога не е могла да разбере, още по-малко да разкрие, никакви закономерности – нито исторически, нито диалектически – в развитието на обществото. Всяка догматична школа не вижда по-далеч от носа си, защото се крепи на платени агенти на системата, хранени хора на властта, като Карл Попър например, наети да доказват „научно" как обществото да стане отворено, след като неговата история вече е свършила! Задачата на такива отворковци е да ни отворят очите за обществото научно, но винаги забравят, че и в най-отвореното класово общество сумата от килиите и бордеите създава от обитателите им едно съвсем затворено общество. Такива ерзац-мислители са винаги защитници на класовото си спокойствие и затова за тях "историята няма смисъл"[112]! И добре, че историята не зависи от тях и така техният смисъл няма история!

---

[111] Деян Павлов, *Познание и цел*, в-к „Народно дело", 26.09.1986
[112] Попър, *Отвореното общество и неговите врагове*, 2:300

ГЛАВА ШЕСТА

ОТМИРАНЕ НА ДЪРЖАВАТА

Най-ясният въпрос за всички „катедърсоциалисти, държавни социалисти и техните привърженици (хрантутници)"[113] на бившата „социалистическа" система! Всички знаеха, че държавата някога ще отмре. Именно "някога" – в далечно и неясно бъдеще. Това отмиране се възприемаше като смътно понятие в неопределено време, което обаче във всички случаи не се отнасяше до настоящия момент и конкретно до нас. Все беше рано и затова се "отлагаше" за далечното бъдеще – при пълната победа на социалистическите производствени отношения, когато и тоалетните ще станат от злато, когато обществената производителност на труда на социализма надделее над тази на капитализма. БКП обяви още в 1971 година в своята злополучна Програма окончателна победа на социализма у нас. Но тоалетните не бяха от злато!

Не може да се чака икономическа победа над капиталистическия начин на производство и едва след това държавата да започне да отмира. Тази квинтесенция от последна инстанция беше глупост, недостойна за възхвала, кухо жонгльорство на думи. Отмирането на държавата и нарастването на обществената производителност на труда при социализма – това е единен процес. Именно чрез отмирането на държавата производителността на труда може да нараства бурно, с революционни темпове в кратки срокове. Не производителността на труда трябва да нарастне и после държавата да отмира, а държавата трябва да отмира, за да нараства производителността на труда с по-високи от обичайните за капитализма темпове. Така на практика ще се докажат "предимствата на социализма" като по-прогресивен строй, по-силна икономическа система. Напротив, с увеличаването на държавния апарат производителността на труда непрекъснато изостава – абсолютно и относително. Чиновничеството и военщината са букаи, които спъват развитието

на всяко общество, но те са особено тежки пранги за свободния му ход при социализма.

Социалната несправедливост в държавата е резултат от диктата на някоя класа в обществото. Ето защо и социалната несправедливост при социализма, заедно с всички други принципи на властта на работническата класа, се установяват в неин интерес за отмиране на чиновническата бюрокрация. Мерките на Парижката комуна са действителен път към действителното отмиране на държавата.

Класовото насилие на отмиращата държава е насочено срещу самата себе си, срещу своите институции – администрация, армия, полиция (и то не под формата на насилие, а като икономическа политика!) – които, макар и с ново съдържание, представляват сами по себе си скрити отрови с бавно, но сигурно действие. При това с последващ ефект. Те могат да възродят бюрокрацията с нейното опасно "вирусно" действие. Това невидимо квази насилие на социалистическата държава над самата себе си е необходимо, за да се даде път на прогреса, за да стане начин на живот, навик "внедряването на новото", както се казваше преди у нас. Отмирането на държавата означава научно-техническия прогрес да се използва и направлява така, че все повече работна сила трябва да бъде заета с ефективен труд, а не с чиновнически задължения. Тогава и управлението на обществото постепенно и плавно ще отстъпи на неговото самоуправление – „управление приятно, безправителствено"[114].

Разбира се, в самото начало на социализма – непосредствено след политическата победа на социалистическата революция – това отмиране на държавата ще бъде много бавно, изключително трудно и затова едва забележимо при международно обкръжение на Капитала, не само ако революцията победи в една изостанала, но дори и в няколко напреднали страни. **Но то трябва да започне!** Защото на обществото „е нужна само отмираща държава, т.е. държава, която е устроена така, че **незабавно** да почне да отмира и **да не може да не отмира**"[115].

---

[114] Платон, *Държавата*, 336

[115] Ленин, *Държавата и революцията*, 33:23 (удебеленият шрифт е мой - Т.Б.)

На обществото наистина е необходима точно такава държава – да започне незабавно да отмира и да не може да не отмира! Само тогава и затова социалистическата държава е "полудържава", "държава не в истинския смисъл"[116], както я нарича Енгелс – защото тя отмира.

Днес обаче отново, както и преди 160, както и преди 95 години, отмирането на държавата се възприема глупаво-иронично от някои непросветени кръгове като премахване на държавата за един ден, под отмиране се разбира ... ликвидиране на държавата и затова искането за такъв социализъм се представя зложелателно за ... анархизъм, нихилизъм. Такова "разбиране" само доказва безкрайната му отдалеченост от марксизма. „Държавата не се 'премахва'. *Тя отмира*", казва Енгелс. „Това трябва да се има предвид при оценката на фразата за 'свободна народна държава', която от агитационна гледна точка може да бъде временно оправдана, но в последна сметка е научно несъстоятелна; това трябва да се има предвид и при искането на така наречените анархисти държавата да бъдела премахната само за един ден."[117]

Държавата е необходима при ниско развитие на производителните сили и ниско обществено съзнание на първобитното общество, именно за да развие производителните сили и издигне общественото съзнание. На определено стъпало от тяхното развитие обаче тя престава да бъде необходима, тя трябва да "угасне", според изящния израз на Енгелс. Социалното неравенство в лицето на частната собственост е довело до социалната несправедливост и насилието в лицето на държавата. За да се върне обществото, впримчено в държава, към изходното положение, но вече една степен по-нагоре, трябва да се върви по обратния път – чрез социална несправедливост към социално равенство. По този начин при новото безкласово общество – комунизма – се затваря спиралата на еволюцията, но вече на едно ниво по-високо. Държавата в наше време е най-голямото зло за обществото, наследено от вековете.

Отмирането на държавата засяга всички политически организации в нея, включително и самата партия, извършила социалистическата революция. Това е отмиране на политиката

---

[116] Маркс, *Критика на Готската програма*, Енгелс до Бебел, 1:161
[117] Енгелс, *Анти-Дюринг*, 8:315

изцяло, а и на правото изобщо. Това означава, че крайната цел на тази партия е издигането на съзнанието в **цялото общество** до равнището на комунистическите първоучители и мъдреци, а не в постоянното развъждане на "комунистите" по документ, на партийците, които бяха си изковали „щит от религията и под това уважавано облекло са си осигурили правото да бъдат най-лошите хора в света!"[118]. Това означава издигане на общественото съзнание до степен, когато ще отпадне необходимостта от специална политическа организация – партията, когато ще бъдат изтръгнати „наред с другите пороци и корените на честолюбието на партийната раздробеност"[119]. А това ще рече, че комунистическото общество е общество ... без комунисти! Но точно то е действителното гражданско общество, т.е. общество, напълно (100%) освободено от държава. Всяко друго "гражданско общество" е просто лоша имитация, то просто не е **гражданско** общество.

За издигане на общественото съзнание в социалистическата държава, Ленин в книгата си "Великият почин" препоръчва едно удачно съотношение между партия и класа – при работническа класа в Русия и Украйна по онова време 4 милиона души, партията да наброява 100 000 - 200 000 членове, т.е., в най-лошия случай членовете на партията да са 5% от работническата класа. При по-малко от 2 милиона души работническа класа в България в 1989 година БКП наброяваше 984 000 членове, = 50%! Невероятно разводняване, довело до образа на партиеца тогава – ленив и всеяден като бенедиктински калугер! Комунизмът се изразява не в увеличаването на партийния апарат, както бе по-рано у нас, не в разводняването му, а в неговото съкращаване във времето, не в броя на официалните комунисти, а на тези извън тях – по равнището на общественото съзнание. Отмирането на държавата означава обществото да се превърне от общество с йерархичен в общество със синодален характер.

Най-отличителният белег, че държавата е социалистическа, е този, че тя е отмираща. Отмирането на държавата се изразява в непрекъснатото увеличаване на работниците, при това на висококвалифицираните, докато умирането, т.е. загниването на

---

[118] Молиер, *Дон Жуан*, 280
[119] Мор, *Утопия*, 138

държавата – в непрекъснатото увеличаване на чиновниците, при това на дребните. Държавата е отречена и в двата случая, но докато в първия е отрицание на отрицанието, защото обществото се освобождава от нея, то във втория е само голо отрицание, защото е неизбежно самоунищожение. Ако Капиталът не бъде спрян, то не в далечно, а в близко бъдеще, това ще бъде гибелно. Заробената част от обществото няма да се различава от общия поток на вещите – предмети и хора ще представляват обща обработваема маса за Капитала, дори и във физически смисъл! Обществото, разделено на богоподобни елои и простосмъртни морлоки[120], ще бъде един агонизиращ труп. Компютърни и биороботи, сатанинско клониране и изкуствено оплождане, както и "подобряване" на гена – все с цел производство на добри граждани и смели войници, серийно инжектиране на смърт, промиване на мозъци, изтриване на памет, т.е. промяна на съзнанието, на собственото "Аз" – целият онзи ужасяващ колорит на манипулиране в едно футуристично технотронно общество, в което Държавата е премахнала всяка съпротива още в зародиш; общество на 481^0 по Фаренхайт – общество без книги и без стойности. Човешкият живот на бедните няма да струва нищо, а такива морални качества като дълг, чест, съвест, достойнство просто ще губят смисъл, ще бъдат изтрити, забравени от общественото съзнание. Ако не бъде спрян, съвременният капитализъм ще изгради в близките десет или двадесет години един свят изключително от умни машини – навсякъде и във всичко, от телефона до дома, от автомобила до домашния робот-прислужник. Но този свят ще бъде от мислещи машини и немислещи хора, един свят, в който всяка инициатива за мислене у човека ще бъде заличена! В същност, не съвсем. Мисленето чрез развитие на бързината на синапсовите връзки в мозъка ще бъде само за специално подбрани хора, само за подчинените на общия замисъл за световно господство; само за учени, които утвърждават класовото статукво; мислещи ще бъдат само отбран елит от хора, братство, подчинено на вездесъщия Орден! Дори мисленето ще бъде специална функция на подбрано общество! Тази привилегия обаче ще се дава само за точно определено канализирано мислене! Така мисленето ще бъде опция достъпна само за незначителния процент „бого"-избрани, а огромната маса бионаселение – лишени от мисъл кретени,

---

[120] Хърбърт Уелс, *Машината на времето*

заробени сред умни роботи. Грубото, варварско насилие ще отстъпи на тихото, изтънчено, тоталитарно регулиране на поведението на човека в обществото. За тази цел се предвижда във всеки мъж и жена да се имплантира в близко бъдеще персонален чип с пълната му/ѝ лична информация. В този свят ядрените арсенали и полицейските палки ще станат просто смешни и излишни, остарели и недодялани играчки за сплашване. Науката в ръцете на Държавата и Капитала неминуемо ще доведе до самоубийство на човешката цивилизация – без значение внезапно, от глобален военен конфликт, или след дълга агония на морална деградация и разпад. В това общество на Оруел фашизмът, доведен до крайна степен и променен до неузнаваемост, ще предизвика самоизяждане на обществото като автоимунно заболяване. Ето защо отмирането на Държавата е необходимо и достатъчно условие за движението на обществото напред и нагоре, за свободното развитие на човечеството като космическа цивилизация от II и III тип.

Диалектическото единство между възможности и потребности означава, че интереси може да има и в едно безкласово общество, а не само в държавата. Днес интересът се възприема само като паричен измерител, само от вулгарно-материалната му страна, като търговски, еснафски нюх по максимата "интереса клати феса"! Интересите в безкласовото общество са на съвсем друга основа и затова имат съвсем друго съдържание.

Зрялото робовладелство даде първите идеи за идеално обществено устройство – Платон, ("Държавата"). Зрелият феодализъм даде утопичния социализъм – Мор, Кампанела. Зрелият капитализъм даде вече научния социализъм – Маркс, Енгелс. Днес вече е време да се сложи началото на осъществяването на тези идеали.

Комунизмът е едно общество с кристална, а не с аморфна структура. Това е времето, когато обществото вече няма да бъде индивидуалистично, а индивида ще бъде обществена личност. Комунизмът е съвършено общество, а не идеална държава! Комунизмът е висше общество и демокрацията на работническата класа е път, и то единственият път към висшето общество. Това е времето, когато единствената организация на човешкото общество в света ще бъде ООН – Организацията на обединените нации;

тогава, когато ще отмрат "тия прословути блажени пари"[121]; тогава, когато и тоалетните, според Ленин, и нощните гърнета, като при утопийците, ще бъдат от злато; тогава, когато Земята ще бъде Града на Слънцето, когато човешкото общество ще представлява мощен планетарен разум – това е епохата на ноосферата! И ако в еволюцията на Природата човекът представлява последната известна ни степен на високоорганизирана материя с градивна единица клетката, то безкласовото общество е качествено нова, следващата по-висока степен на организация на материята с градивна единица човека. Но за тази цел не е достатъчно светът да бъде обяснен. Защото „философите само по различен начин са *обяснявали* света, задачата обаче е той да бъде *изменен*"[122].

---

[121] Мор, *Утопия*, 137
[122] Карл Маркс, *Тезиси върху Фойербах*, 2:66 (удебеленият шрифт е мой – Т.Б.)

ДОБАВКА

При едно по-внимателно вглеждане в историята и астрономията се наблюдава поразителна връзка между техните най-светли върхове – революциите в първата и слънчевата активност във втората. Обаче докато вече отдавна е доказана зависимостта между процеса на образуване на слънчевите петна и всички катаклизми на Земята като епидемии, земетръси, наводнения, вулканична дейност, рекордни температури и т.н., повече от учудващо е, че минава незабелязан факта за тази връзка между човешката история и дейността на нашето светило, без която наистина не може да има човешка история. Може би от страх, защото това е ерес, изглежда на пръв поглед "немарксистки" да се предположи, че социално-икономическите конфликти, т.е. **събитията** в обществото на Земята зависят от прищевките на Слънцето. В същност може би те не се определят, но в много голяма степен зависят наистина от циклите на огнения Аполон, от енергията, масата и светлината на доброто старо Слънце, чиито деца сме ние. Оказва се, че всички големи исторически събития, т.е. тези събития, които остават в паметта на човечеството, са свързани с гнева на Амон Ра. Оказва се, погледнато от Твореца във Всемира, че ние, човешкото общество, сме една сложна (био)химична реакция, която още не е завършила!

Учудващ е фактът, че Чижевски, установил зависимостта между слънчевата активност и всички значими за обществото катастрофи на Земята, не е продължил малко по-нататък и не е направил връзка и с такива обществени "епидемии" и "пандемии" като войните и революциите. Кондратиев пък, установявайки цикличността на дългите вълни на икономическите кризи и войните, не ги е свързал с по-късите цикли на слънчевата активност. В същност би могло тази връзка много повече да я забележат Маркс и Енгелс, отбелязвайки 10-годишните цикли на икономическите кризи на капитализма, отколкото Кондратиев, изследвал само дългите вълни от 47-60 години, които е по-трудно да се свържат със слънчевия цикъл. Но Маркс и Енгелс живеят твърде рано ...

Наистина, невъзможно е да се отмине с лека ръка фактът, че **всички** значими революции съвпадат **абсолютно точно** с максимуми на 11-годишния слънчев цикъл на активност!

Започвайки от Английската буржоазна революция от 1642 година с максимум на слънчева активност през 1640 година, тази зависимост съществува и при следващите революции – през 1788-89 година например, когато са проведени Американската (1788) и Великата Френска революция (1789), максимумът на слънчевата активност е в 1788г. Следват: революцията от 1830 година във Франция със сваляне на Шарл X, максимум – в 1830 година; революциите от 1848 година отново във Франция, германските и италианските държавици, както и революциите срещу Хабсбургите в Австрия, Унгария, революциите в Дания, Швейцария, Полша ("Пролетта на народите") и други европейски страни, максимум – в 1848 година. След това идва Парижката комуна в 1871 година, като последица от Френско-Пруската война от 1870 година, максимум – 1870 година. През 1905 година избухва буржоазно-демократичната революция в Русия срещу царското самодържавие и Руско-Японската война, максимум – 1905 година. Отново в Русия, Февруарската и Великата Октомврийска социалистическа революция стават през 1917 година, максимум – 1917 година!

Всичко това не може да бъде случайно, всичко това не може да бъде чисто и просто само съвпадение, игра на случая. Защото не само глобалните социални конфликти, но и местните въоръжени действия, локалните войни, също съвпадат със слънчевите цикли. Но за разлика от революциите, те могат да се появят и по време на минимум на слънчевата активност. Например, Балканските войни от 1912-13 година съвпада с минимума от 1913 година; Септемврийското въстание в България от 1923 година съвпада с минимума в 1923г. Обаче през 1956-57 година съветските въоръжени интервенции в Унгария и Източна Германия (ГДР) е с максимум в 1956 година; през 1967-68 година – също такъв локален конфликт в Чехословакия, а максимумът на слънчевата активност е в 1967г., в която година започва и агресията на Израел в Палестина; през 1979-80 година се въведе военното положение в Полша, тогава започна и войната Иран-Ирак, максимум – 1979 година.

Първата световна война като глобален конфликт не започва точно по време на максимум, а в най-ниската точка на един възходящ цикъл – през 1914 година, защото главното събитие, глобалното събитие, имащо епохално значение за целия свят, е Октомврийската революция на болшевиките през 1917 година, която пък съвпада точно с максимума. Най-зловещият глобален конфликт, познат досега в историята – Втората световна война, започва през 1939 година, т.е. точно по време на максимум. През 1990-91 година се очакваше непозната дотогава слънчева активност – най-високата, откакто се правят научни наблюдения, т.е. от 360 години насам. Фактите отново се потвърдиха – бяхме свидетели на непозната досега политическа активност в цяла Източна Европа, както и в Латинска Америка, а и по целия свят – разпадна се Съветския блок и Съветския съюз, а се проведе войната в Залива “Пустинна буря”. Сгромоляса се една империя, дала началото на много локални войни.

Сега, в 2012-13 година по време на пика на слънчевата актичност видяхме толкова силна обществена активност в цяла Европа, Северна Африка и Близкия Изток – „Арабската пролет” в Либия, Тунис, Египет, войната в Сирия, граждански вълнения и безредици в Гърция, България и Турция, както и стачки във Франция, Италия и Белгия; всички движения *Оccиpу* – в Съединените щати, Британия и Германия, както и други граждански бунтове и безредици в Бразилия и Русия.

Какво ли ни очаква в максимума през 2023-2024г.?

Разбира се, въпросът за тази връзка е много сложен и обширен, затова налага сериозно изследване. Тук излагам само някои факти.

ЛИТЕРАТУРА

Байрон, Джордж. *Дон Жуан*. София: Народна култура, 1986.

Вазов, Иван. *Съчинения* в 4 тома: *Служебогонци*. т.4. София: Български писател, 1982.

Вапцаров, Никола. *Стихове: Пролет (поема)*. София: Български писател, 1983.

Волтер. *Философски новели*. София: Народна култура, 1983

Голбрайт, Джон К. *Анатомия на властта*. София: Христо Ботев, 1993

Зайдел, Януш. *Цилиндърът на Ван Троф*. Варна: Георги Бакалов, 1983.

Здравомислов, Андрей. *Потребности, интереси, ценности*. София: Партиздат, 1988

Кротки, Емил. *Фрагменти от ненаписаното*. Ленинград: Художник РСФСР, 1966

Ленин, Владимир Илич. *Събрани съчинения* в 55 тома. Второ издание, София: Партиздат, 1982.

————— *Държавата и революцията*, т.33.

————— *Непосредствените задачи на съветската власт*, т.36.

————— *Великият почин*, т.39

————— *Писма*, т.50

Маркс, Карл и Енгелс, Фридрих. *Избрани съчинения* в 10 тома, София: Партиздат, 1984-1985.

Енгелс, Фридрих. *Анти-Дюринг*. т. 8

————— *Развитие на социализма от утопия в наука*. т. 1

————— *Произход на семейството, частната собственост и държавата*. т. 5

————— *Селската война в Германия*. т. 4

————— Предговор към *Гражданската война във Франция*. т. 3

Маркс, Карл. *Критика на Готската програма*, т. 1

————— *Тезиси върху Фойербах*, т. 2

——— *Гражданската война във Франция*, т. 3

——— *Осемнадесети брюмер на Луи Бонапарт*, т. 3

——— *Работна заплата, цена и печалба*, т. 7

——— *Наемен труд и капитал*, т. 7

——— *Капиталът: Критика на политическата икономия*, София: Партиздат,

т. I (1988) Седмо издание; т. II (1989) Четвърто издание;

т. III (1990) Четвърто издание

Молиер. *Дон Жуан*, Комедии, София: Народна култура, 1977.

Монтескьо, Шарл. *За духа на законите*. София: Наука и изкуство, 1984.

Мор, Томас. *Утопия*. София: Народна култура, 1984.

Павлов, Деян. Институт за съвременни социални теории, София, в 1986

Платон. *Държавата*. Второ издание, София: Наука и изкуство, 1981.

Попър, Карл. *Отвореното общество и неговите врагове* в 2 тома, София: Отворено общество, Златорог, 1995

Русо, Жан-Жак. *Изповеди*. София: Народна култура, 1982.

Салустий, *Югуртинската война*. София: Наука и изкуство, 1982.

Сенека, Луций Аней. *Избрани диалози: За гнева*. София: Наука и изкуство, 1987.

Смирненски, Христо, *Събрани съчинения* в 2 тома. София: Български писател, 1958-59.

Уелс, Хърбърт. *Машината на времето*. Варна: Георги Бакалов, 1984.

Франс, Анатол. *На белия камък*. Варна: Георги Бакалов, 1983.

Вестник „Народно дело”, 1986

Вестник „Труд”, 1989

Икономическа Теория на Социализма

КРИТИКА НА ПОЛИТИЧЕСКАТА ИКОНОМИЯ

УВОД

За да се превърне социализмът от утопия в реалност, той трябва да бъде преди всичко по-ефективна икономическа система от капитализма. Исторически социализмът трябва да бъде обществено-икономически строй с по-висока обществена производителност на труда, с която да се наложи в съревнованието с капитализма. Логически социализмът трябва да бъде коренно различна икономическа система. Но нито преди, нито след "преустройството" тя не бе такава, а се подчиняваше на същите икономически закони и използваше същите научни категории, присъщи на капиталистически начин на производство. Така нареченият "социализъм" надмина и най-краставите препоръки на Кейнс! Такъв регулиран държавен капитализъм, такава намеса на държавата в икономиката като "социализма", даже и Кейнс не е мечтал! Изключителната помощ на държавата за монополите и срастването помежду им в един организъм – все по рецептата на Кейнс! Няма по-добро приложение на кейнсианството от "социализма" на XX век! Кейнсианството е идеология на етатизма, която странно защо беше издигната като същност на социализма! Кейнс – идеологът на държавния дълг, на хроничния бюджетен дефицит и инфлацията! Негова идея е милитаризацията на икономиката, увеличаването на данъците върху работниците, регулиране на доходите чрез "умерена инфлация" в полза на богатите и "решението" на икономическите кризи чрез регулиране на паричното обръщение. Всичко бе така добре пренесено и приложено в "социалистическата" система, че и Кейнс би се учудил и гордял с учениците си "комунисти"! В същност Кейнс, гледайки пред себе си Съветския съюз, добре е разбрал ролята на държавата и монопола на капитала, и откровено е признал, за разлика от Сталин и другите след него, че те служат чудесно за затвърдяване и увековечаване на капиталистическото господство, а не за неговото премахване. Неговият "планов капитализъм" е същият "планов социализъм" на XX век!

Че обобществяването на средствата за производство чрез монополизацията на производството е подготовка, "преходен пункт към една нова форма на производство”[123], имайки предвид социализма и обществената собственост върху средствата за производство, е вярно дотолкова, доколкото е само историческо, но не и икономическо стъпало към тях. Това остро, „само себе си унищожаващо противоречие”[124], Маркс съвсем правилно е видял и предвидил, че “води към установяване на монопол и затова изисква държавна намеса”[125]. Това противоречие “възпроизвежда нова финансова аристокрация”[126] (колко е прав Маркс!), независимо дали ще нарича себе си Комунистическа партия на Съветския съюз или финансов кръг “Дюпон”. То възпроизвежда “нова разновидност от паразити ... , цяла система от мошеничество и измама във връзка с учредителството, издаване на акции и търговия с акции”[127].

Обобществяването на средствата за производство в големи размери е в същност нарастваща до гигантизъм **централизация** на капитала и не свидетелства за обществена собственост. Напротив, обществената собственост върху средствата за производство не изисква изключителното тяхно обобществяване, защото е обществено **отношение**. Централизацията на капитала не е социализъм – бедата идва и от това, че е капитал, и от това, че е изключително централизиран.

Сред марксистите теоретици блуждае и до днес объркването, че държавно-монополистическата собственост е „най-плътно доближаване до бъдещото социалистическо общество”[128]. А това е абсурд! Този абсурд обаче битува и произхожда от грешката на Ленин, че държавно-монополистическата собственост е най-пълната материална подготовка за социализъм – капитална грешка по отношение на капитала! Първият акт на социализма – пълната държавна собственост, все пак няма нищо общо с монополизма. Държавна, но не и монополистическа собственост, след което тя става обществена по точно определен начин, с точно определени икономически закони. Материална подготовка за социализма може

---

[123] Маркс, *Капиталът*, 3:507
[124] Пак там
[125] Пак там
[126] Пак там
[127] Пак там
[128] Тончо Трендафилов и др., *Политическа икономия (Кратък курс),* 144

да има и без държавна, и без монополистическа собственост преди това. И от частна, и от немонополистическа собственост може да се премине към социализъм, стига да се установят точно определени производствени отношения. Социализмът не е нито частна, нито държавна, нито монополистическа собственост.

Командни икономики със завършена олигополна и монополна структура, без да са обявени за социализъм, съществуват навсякъде по света, особено в Източна Азия. Не само в т.нар.”комунистически” Китай, но и в най-силната там до 2012г. капиталистически Япония, в Корея, Тайван, Сингапур (особено Сингапур!) и др. В същото време, заедно с Европа и САЩ, са нарочени за пазарни икономики! Въпреки че банкрутът на пазарната икономика беше обявен още преди над 120 години от Енгелс!

Досегашният етатизъм, досегашното одържавяване в икономиката, представяно за социализъм, явно не издържа на времето. Затова се наложи “преустройство”, което обаче се обърна с лице към “свободната инициатива” на частната собственост, макар че неизбежно се препъваше в старите си производствени отношения на държавния монопол. Това пък доведе до невежите изказвания, че социализма е неосъществима утопия, дори религия (!), довела до “абсурдната идея за обществена собственост при стоковото производство”! ...

Наистина ли обаче това е така?

ГЛАВА ПЪРВА

$p' = const$

ЗАКОН ЗА ЕДНАКВАТА И ПОСТОЯННА ОБЩА НОРМА НА ПЕЧАЛБАТА

Нормата на печалбата и Законът за стойността

Истината за обществото е дадена в "Капиталът" на Маркс: за капитализма – в прав текст, за социализма – в закодиран вид. Труд като "Капиталът" има хипнотизиращо действие върху всеки читател и е много трудно той да се освободи от хипнозата и да пристъпи към анализ. И все пак този, който добре се е запознал с "Капиталът", трябва да е разбрал, че цялата вътрешна противоречивост, целият антагонизъм на капитала се съдържа в една формула:

$$p' = M' \frac{v}{c + v}$$

В общия случай безкрайното различие между нормите на печалба в различните отрасли на общественото производство е необходимо и достатъчно условие за съществуването на капиталистическата частна собственост. Нормите на печалба са различни, „тъй като в различните сфери на производството капиталите, разгледани процентно – или еднакво големи капитали, – се разделят нееднакво на постоянни и променливи елементи, привеждат в движение нееднакво количество жив труд и следователно произвеждат нееднакво количество принадена стойност, а оттам и печалба..."[129]

Но „съществува и друг източник на неравенството на нормите на печалбата. Този друг източник е различната продължителност

---

[129] Маркс, *Капиталът*, 3:175

на оборота на капитала в различните сфери на производството”[130], тъй като дори при еднакви капитали и при всички други равни условия по-голяма маса принадена стойност се добива там, където скоростта на оборота е по-голяма.

Трета причина за различието на нормите на печалбата е различната степен на експлоатация на работната сила, т.е. различната норма на принадена стойност. Така че различни норми на печалбата се получават най-вече от действието на тези три фактора, като водещите отрасли и фирми с по-високото си техническо ниво, имащи индивидуална норма на печалба по-висока от средната (общата) норма на печалба, по този начин печелят в конкурентната война чрез извличане на добавъчна печалба. Ето защо съществуването на капиталистическата частна собственост, т.е. утвърждаването и функционирането ѝ, се дължи на различните норми на печалба, което се постига чрез неравномерно спрямо вложените капитали присвояване на принадена стойност: веднъж като увеличена норма на принадена стойност, втори път – като добавъчна печалба. С други думи, колкото е по-висок органичният състав, по-голяма скоростта на оборота и по-голяма експлоатацията на труда на един капитал, толкова повече той засилва неравенството си с друг капитал, който е с по-нисък органичен състав, по-малка експлоатация на труда и по-бавен оборот. По този начин отношението на присвоената маса принадена стойност към вложения капитал е различно, нееднакво със същото отношение на всички други капитали. Точно в това се изразява частното присвояване на принадена стойност при същевременно обществения характер на производството. От една страна, различните норми на печалбата в различните отрасли създават такива производствени отношения, които предполагат частно присвояване на обществения продукт, т.е. **частна собственост**. От друга страна, различните норми на печалба създават производственото отношение **капитал**. Така че неравните норми на печалба са източник на **капиталистическата частна собственост**, а с това и на социалното неравенство.

Какво би станало обаче, ако погледнем обратно на нещата, т.е. ако приемем **еднаква** норма на печалба за всички сфери на производството? Какво означава това?

---

[130] Маркс, *Капиталът*, 3:177

Ако нормата на печалба е еднаква за различните по състав и оборот капитали, се получава относително равенство в печалбите, т.е. в относителен размер всеки производител присвоява една и съща маса принадена стойност, независимо от безкрайното различие на вложените капитали с различна техническа въоръженост със съответствуваща ѝ работна сила и извършващи различни обороти. Печалбата, изразена в проценти, навсякъде е еднаква, когато „еднакво големи капитали в различните сфери на производството имат еднакви норми на печалбата независимо от техния различен органичен състав".[131] Еднаквата норма на печалба означава, че различната производителност на труда, различните норми на принадена стойност, както и различните обороти на капиталите, са поставени в служба на целта да се присвоява такава маса на принадена стойност, която е пропорционална на вложения капитал в еднакво отношение с всички други капитали. По този начин се спира действието на Закона за извличане на максимална принадена стойност, съответно – максимална печалба. Различните производители са поставени вече при еднакви условия на производство, т.е. при еднакви производствени отношения.

Първият въпрос, който възниква сега веднага, е възможна ли е еднаквата норма на печалба? – Да, възможна е, въпреки всички спекулации и привидни противоречия – при точно определени условия.

Разбира се, биха ни упрекнали, че производствен процес, протичащ при еднаква норма на печалба е пълен абсурд. Абсурд, противоречащ на Закона за стойността, но и на здравия разум! Не може, според здравия разум, нито икономически, нито административно производствените предприятия да бъдат принудени да получават еднаква норма на печалба. Освен това – огромното предизвикателство на Закона за стойността, което той налага при разрешаване на проблеми, които благодарение на него "нямат решение", ако проблема влиза в противоречие със закона! Но как могат да се решат проблемите без да се нарушава Закона за стойността за капиталистически начин на производство показа Маркс. Същото трябваше да се направи и за социалистически начин на производство. И решението вече го има – „не само без да

---

[131] Маркс, *Капиталът*, 3:175

се нарушава Законът за стойността, но и тъкмо въз основа на него"[132]!

Защо Законът за стойността не позволява еднаква норма на печалбата? Тук навлизаме в най-сериозната дълбочина на проблема. Обяснението на Маркс е: защото различните капитали имат различен органичен състав, който поради различното количество жив труд в него създава различно количество принадена стойност, която пък отнесена към различните вложени капитали дава различна норма на печалба. И това е така. За капиталистически начин на производство. Ако нормата на печалба зависеше само от органичния състав на капитала, тогава еднаквата норма на печалба би била невъзможна от забраната, която вдига Закона за стойността. Но ето, че съществува и нормата на принадена стойност и тогава забраната пада! Т.е., ако зависеше само от органичния състав, еднаквата норма на печалба не е възможна. Но в капиталистическото стоково производство съществува и нормата на принадена стойност – и нещата се променят. Именно величината на нормата на принадена стойност определя нормата на печалба да бъде еднаква. Нормата на принадена стойност съгласно органичния състав се регулира толкова и така, че при авансирането на капитала да се получава еднаква норма на печалба. Дали **m′** ще бъде 100% , 250% , 500% и прочие зависи, при дадена норма на печалба, от органичния състав така, че цялата новосъздадена стойност след реализацията на стоката да се разделя в такова отношение, че принадената стойност **m**, която остава след това разделяне, да бъде в такава пропорция към целия вложен капитал, щото да дава еднаква норма на печалба с всеки друг капитал. Нормата на печалба може да бъде еднаква, въпреки различното количество необходим труд, вложен в производството, както изисква Закона за стойността, благодарение на **m′**, на регулиращата роля на **m′**. Дори и при еднаква норма на печалба количеството необходим труд, влагано в производството на стоката, е пак различно. При **m′** = 62% то е едно, а при **m′** = 250% е съвсем друго, но **p′** и в двата случая е еднаква, = 50% ! С други думи, тази забрана, която налага Законът за стойността, щеше да бъде абсолютна, ако не беше **m′**, действието на **m′**. Необходимият труд при еднаквата норма на печалба е различен и

---

[132] Маркс, *Капиталът*, 2:25

благодарение на нормата на принадена стойност е точно толкова, колкото обективно трябва, а не толкова, колкото капиталиста иска. Именно нормата на принадена стойност определя необходимия труд на различно равнище, а тя пък се определя от равнището на органичния състав на капитала.

Законът за стойността не допуска еднаквата норма на печалба, казва Маркс (и Енгелс), защото поради различния органичен състав има различно количество жив труд, което произвежда различно количество принадена стойност и оттам – печалба. Това е вярно *само при еднаква норма на принадена стойност*! Маркс на много места в "Капиталът" изрично посочва, че различието на нормите на печалба се дължи на допускането му на еднаква норма на принадена стойност, той приема еднаква норма на принадена стойност за различни норми на печалбата! В глава **VIII** на том **III** той пише:

„В тази глава се приема, че степента на експлоатацията на труда, а следователно **нормата на принадена стойност** и продължителността на работния ден, е **еднакво** голяма, стои на **еднакво** равнище във всички сфери на производството ..."[133]

Около 40 страници по-нататък Маркс отново подчертава :

„Обстоятелството, че капитали, които привеждат в движение нееднакво количество жив труд, произвеждат нееднакво количество принадена стойност, предполага, поне до известна степен, че степента на експлоатация на труда, или **нормата на принадената стойност, е навсякъде еднаква ...**"[134]

Маркс приема еднаква норма на принадена стойност за получаване на различни норми на печалбата. Аз правя обратното.

Вярно е, че при капиталистически начин на производство еднаквата норма на печалба е напълно невъзможна, тя би била изключително случайно събитие. При капиталистически начин на производство наистина е невъзможна еднаквата норма на печалба, защото всеки капиталист в стремежа си за максимална печалба действително свежда нормата на принадена стойност дотам, че тя да бъде приблизително равна на нормата на принадена стойност на всички други капиталисти. Ето защо теоретичното допускане на Маркс при изследването на средната норма на печалба не е само

---

[133] Маркс, *Капиталът*, 3:166 (удебеленият шрифт е мой – Т.Б.)
[134] Пак там, 205 (удебеленият шрифт е мой – Т.Б.)

теоретично, а е действително съществуващ факт при капиталистическата система. И ето защо при тази предпоставка – еднаквата норма на принадена стойност – различният органичен състав на капиталите дава различни норми на печалбата. Но в обратния случай – когато са различни нормите на принадена стойност – нормата на печалба може да бъде еднаква независимо от различния органичен състав, като по този начин и само по този начин тя – еднаквата норма на печалба – спира общественото отношение **капитал**, само така капиталът престава да бъде капитал.

На пръв поглед еднаквата норма на печалба изглежда невъзможна не само от инертността на най-простото домашно мислене, но и от Закона за стойността, според който различно количество труд създава различна стойност и оттук – печалба. Въпросът е как различно количество труд, създавайки различна стойност, може да дава еднаква норма на печалба?!

За да стане това, трябва такава норма на принадена стойност, която да съответствува на всеки различен органичен състав така, че във всеки момент масата на принадена стойност да бъде в такова отношение с капитала, че въпреки различния му органичен състав да дава еднаква норма на печалба, т.е. отношението m към v да бъде такова, че независимо от количеството жив труд, което задвижва различно количество овеществен труд, масата принадена стойност, която се получава от цялата създадена от него нова стойност да бъде в същото отношение към своя капитал, както всяка друга маса принадена стойност, отнесена към своя капитал; такава норма на принадена стойност, която намалява или увеличава толкова различните маси на принадена стойност за сметка на същевременното увеличаване или намаляване на променливия капитал, че да бъдат те равни помежду си в отношение със своите капитали. По този начин вече живият труд в органичния състав пак е различен, но създадената от него принадена стойност, поради възприетата точно определена норма на принадена стойност, няма да се изразява вече в различна норма на печалба. Дори и при еднаква норма на печалба, въпреки еднаквата норма на печалба, живият труд, влаган в производството на стоката, поради различния органичен състав количествено пак е различен така, както е различен и при различни норми на печалба. Дължи се на регулиращата m', на различната m'. Това значи, че еднаквата норма на печалба се дължи не на еднаквото количество жив труд, вложен в стоката, което е невъзможно, а на различната норма на принадена стойност, което е напълно възможно!

Различният органичен състав не е преграда за еднаквата норма на печалба. Напротив. Именно според органичния състав на капитала се установява такава норма на принадена стойност, която осигурява такава маса на принадена стойност, че да се получава еднаква норма на печалба. "Че печалбите на неравни капитали са пропорционални на техните величини, не означава нищо друго, освен че еднакво големи капитали дават еднакво големи печалби, или че нормите на печалбата са еднакви за всички капитали, каквато и да е тяхната величина или техният органичен състав."[135]

Еднаквата норма на печалба е невъзможна при развитото стоково производство не поради Закона за стойността, а поради самия капиталистически начин на производство! Защото Законът за стойността има две значения:

1.) стойността на стоката се определя от обществено необходимото, а не от индивидуалното работно време и

2.) размяната на стоките става по техните стойности.

И двете значения при еднаква норма на печалба са напълно спазени, а не нарушени, също толкова, колкото и при различни норми на печалба. Дори нещо повече – както ще видим по-нататък, по отношение на значение 2.) именно с еднаквата, а не със средната норма на печалба, Законът за стойността се оказва удовлетворен. Нормата на принадена стойност чрез съответния ѝ органичен състав определя количеството жив труд, което да бъде точно толкова, колкото е необходимо, за да могат стоките действително да се купуват и продават точно **по** техните стойности, както изисква Закона за стойността. Нормата на принадена стойност чрез органичния състав определя колко да е необходимия труд в производството на стоката – нито повече, нито по-малко, така че стоката да се продава **по** нейната стойност, в пълно съгласие със Закона за стойността, т.е. не само без да противоречи на Закона за стойността, изпълнявайки еднаква норма на печалба, но напротив – в най-пълно съответствие с него! Законът за стойността и с еднаква норма на печалбата е стриктно и дори най-добре спазен именно чрез различния органичен състав, а

---

[135] Маркс, *Капиталът*, 3:176

не въпреки него. Нещо повече. Законът за стойността вече не действа като стихиен регулатор на разпределението на работната сила по отраслите, а върху пропорционалното нейно развитие по всички отрасли на производството. Чрез Закона за еднаквата норма на печалба, за разлика от Закона за максималната печалба, се спират миграционните процеси на капитали и работна сила от едни отрасли към други, тъй като отпада мотива за максималната изгода в даден отрасъл и дадено производство, т.е. спира се стихийното преливане на капитали и обществено необходим труд между отраслите. Освен това, еднаквата норма на печалбата спира и премахва **централизацията** на капитала, както и стихийността на образуване на цените, причинена от конкуренцията.

Законът за стойността не позволява еднаква норма на печалба единствено при еднаква норма на принадена стойност!

Еднаквата норма на печалба като такава се явява и **обща** норма на печалба. Обща, която вече не е средна норма на печалба. За да бъде обаче нормата на печалба еднаква във времето, тя трябва да се поддържа като постоянна величина, т.е. тя трябва да бъде и неизменна. Ето защо трябва да приемем за постоянна еднаквата обща норма на печалба, да положим $p' = $ **const**. Основание, че можем да направим това, т.е. да приемем (чрез закона $p' = $ **const**) еднаквата обща норма на печалба, ни дава следния факт, поднесен от Маркс:

„Ето защо, макар че капиталистите от различните отрасли на производството получават при продажбата на своите стоки обратно капиталовите стойности, изразходвани за производството на тези стоки, те реализират не онази принадена стойност, а следователно и не онази печалба, която е произведена в техния собствен отрасъл при производството на тези стоки, а само толкова принадена стойност, а следователно и толкова печалба, колкото при равномерно разпределение се пада на всяка съответна част от съвкупния обществен капитал от цялата принадена стойност, или от цялата печалба, произведена в даден промеждутък от време от целия този обществен капитал във всички сфери на производството, взети заедно."[136]

И малко по-нататък:

---

[136] Маркс, *Капиталът*, 3:185-186

„Що се касае до печалбата, различните капиталисти се отнасят тук един към друг само като акционери от едно акционерно дружество, в което дяловете от печалбата се разпределят равномерно на всеки 100 единици от общия капитал ...”[137]

Приемането на общата норма на печалба за еднаква можем да направим – дава ни основание цитираното по-горе от Маркс, т.е. това се прави, за да има равномерно разпределение на цялата, съвкупната принадена стойност върху всяка съответна част от съвкупния обществен капитал, за да получи тази част от капитала pro rata своя дял от нейното производство. Това, което в същност е само неизпълнима претенция при капиталистически производствени отношения – равното участие в съвкупната маса принадена стойност на капиталите, пропорционално на тяхната величина – е изходна точка и реално осъществимо условие, без което не може при социалистически производствени отношения. Това равномерно разпределение на общата, съвкупната маса принадена стойност pro rata на дела на всеки капитал е първата стъпка към действителното обществено присвояване на тази съвкупна принадена стойност, т.е. първата стъпка към **обществена собственост** върху средствата за производство, изразяващи се стойностно в постоянната част на тези капитали, именно заради равномерността на разпределението на съвкупната принадена стойност. Със закона $p' = \mathbf{const}$ собствеността става обществена, защото:

1. По отношение на **капитала**. Цялата съвкупна принадена стойност, целият съвкупен принаден продукт, произведени в обществото, с този закон се подготвят за обществено потребление, за обществено, а не частно присвояване чрез равномерното им разпределяне в обществото според величината на вложения индивидуален капитал, съответно на размера на инвестирания отделен капитал. След като всички производители присвояват еднаква маса принадена стойност спрямо вложения си капитал, отделното облагодетелстване, частното присвояване на повече принадена стойност, става невъзможно поради прекратеното действие на Закона за максималната печалба. Това значи, че никой не може да присвои за себе си повече принадена стойност, отколкото всички останали производители в обществото. Което пък означава, че отношенията на присвояване, т.е. **отношенията**

---

[137] Маркс, *Капиталът*, 3: 186

на собственост, стават **обществени**! По този начин се установяват нови производствени отношения, установява се **обществена собственост върху средствата за производство!** Собствеността е обществена, защото всички стокопроизводители използват средствата си за производство в икономически равни помежду си отношения, въпреки различните си възможности; те са в еднакво и равноправно икономическо отношение към продукта от средствата си за производство, независимо от различието в тяхната сила. А за да бъде *отношение*, а не само *чувство* на собственост към обществените средства за производство (както апелираха до 1989г. у нас), то се постига само чрез икономически закон. Това еднакво отношение към средствата за производство се базира върху еднаквата норма на печалбата, добивана от тези иначе различно производителни капитали. Така, за пръв път след разлагането на първобитното общество, се постига равенство в обществото, т.е. установява се социално равенство. Тъй както частната собственост означаваше социално неравенство, така обществената собственост означава социално равенство.

2. По отношение на **дохода**. Друга проява на новите производствени отношения, т.е. на отношенията на присвояване, това е доходът на непосредствените производители. Тъй като никой в обществото не присвоява принадена стойност повече от всеки друг, печалбата – нейният превърнат израз – престава да бъде личен доход, какъвто е той от частната собственост. Печалбата престава да бъде личен доход и друг доход, освен работната заплата, няма! Този закон – $p' = $ **const**, Законът за еднаквата норма на печалба, се прилага, за да могат работниците, заети във всеки клон на общественото производство, да получават възможния максимум (според органичния състав) на работна заплата, а не възможния минимум, както е при частната капиталистическа собственост. Ето това е идеята – след реализацията на стоковата продукция на пазара създадената нова стойност да се раздели от нормата на принадената стойност на **m** и **v** така, че **m** <u>винаги</u> да дава приетата еднаква норма на печалба, необходима за по-нататъшното разширено възпроизводство, а всичко останало от (**v+m**) да отива за доход като работна заплата на непосредствените производители – работниците. Или, ако при други, т.е. капиталистически, условия повечето принадена стойност **m** от създадената нова стойност (**v+m**), присвоявана от капиталиста, би дала една съвсем различна норма на печалба от

всички останали, то при тези условия принадената стойност се запазва такава, че да осигури еднаква норма на печалба за сметка на увеличена работна заплата; целта е да се остави от новопроизведената стойност толкова принадена стойност, че да се осигури нормалното разширено възпроизводство на предприятието при еднаква норма на печалба и нито атом повече. Всичко друго – за работна заплата! Очевидно е, че така средствата за производство наистина се ползват като обществена собственост – веднъж **m**, по отношение на капитала, след това и **v**, по отношение на дохода; **m** – само за производствено потребление и натрупване, **v** – като максимална работна заплата. Така че еднаквата норма на печалбата изобщо не е прът в колелото на икономиката. Напротив -- мощен мотив и цел за бурното ѝ развитие напред, защото тези, които я движат, работниците, имат предпоставката за това – желанието непрекъснато да увеличават доходите си чрез максимално нарастване на работната заплата.

Що се отнася до определянето на величината на общата норма на печалба, това става въз основа на схемата за разширено възпроизводство. ”Но тази надбавка от 20% сама се определя от принадената стойност, която е създал целият обществен капитал, и от нейното отношение към стойността на капитала; именно затова тя съставлява 20%, а не 10 или 100.”[138] Естествено, трябва при съставянето на размера на общата норма на печалба да се взема под внимание относителното тегло на нормата на печалба във водещия отрасъл. В такъв случай при всяко разместване на пластовете, т.е. на водещия отрасъл, би имало ново относително тегло, а с това и ново изчисляване на общата норма на печалбата. Така че величината на общата норма на печалба може да е еднаква и неизменна, но все пак се определя от общото икономическо развитие на дадена страна за даден период от време, „защото отвъд известни граници голям капитал с ниска норма на печалбата се натрупва по-бързо, отколкото малък капитал с висока норма на печалбата”[139].

Така че еднаквата обща норма на печалба не може да е вечна. Според Закона за тенденцията на нормата на печалбата към снижение тя трябва да спада и ето защо това трябва да става стъпаловидно на определени периоди, да спада на етапи във

---

[138] Маркс, *Капиталът*, 3:972
[139] Пак там, 292

времето. Нарастването на органичния състав на обществения капитал само́ ще покаже кога да става това – на 5, 10 или 15 години, по-бързо или по-бавно.

За да се авансира даден капитал вече се изхожда от точно определена обща норма на печалба, а не от никому неясна такава (при капиталистически начин на производство). Авансирането и на работна заплата вече е точно предопределено и от напълно ясна и конкретна норма на печалба, и от напълно ясна и конкретна норма на принадена стойност. Ясни, конкретни и известни p' и m' -- неща, от които никой не се интересува при капиталистически начин на производство: нито капиталиста, нито работниците. Но които са азбучни истини при обществен начин на производство, при който във всяко едно предприятие колективът му е и собственик, и стопанин. За да бъде собствеността обаче не само групова, но и обществена, трябва всеки колектив да е поставен в еднакви производствени отношения с всички други в цялото общество. А това се постига със Закона за еднаквата норма на печалба. Собствеността по този начин е обществена и в същото време конкретна, а не обща и затова – ничия.

Едва сега, при обществена собственост върху средствата за производство, работната сила не е отчуждена от средствата за производство, не е отделена от тях, защото едва сега вече **притежава** като своя собственост тези средства за производство. Ето защо тя не е вече наемна работна сила. След като работната сила вече е собственик на средствата за производство, по този начин тя престава да бъде **стока**! Защото така се изключва достатъчното условие работната сила да бъде стока – работникът да не може да продава стоки поради липса на собствени средства за производство и затова е принуден да продава единствената стока, която има и носи винаги със себе си: работната си сила. Работната сила престава да бъде стока, а с това и общественото отношение на нарастване на стойността – капитал!

Оказва се, както вярно е забелязал Енгелс, че еднаквата норма на печалба е изходна точка в развитието на капиталистическия начин на производство. Тя е изходна и крайна, последна точка на съвременните икономически производствени отношения, започнали като капиталистически, а завършващи като социалистически. Еднаквата норма на печалба е началото и краят на високо развитото стоково производство. От самото начало на преходния период към капитализъм, т.е., периода на първоначалното натрупване на капитала,

„тук ние за пръв път се натъкваме на печалба и норма на печалбата. При това стремежът на търговците съзнателно и преднамерено е насочен към това, да направят тази норма на печалбата еднаква за всички участници. Всеки венецианец в левантинските страни, всеки ханзеец на север е плащал еднакви със своите съседи цени за набавяните стоки, те му стрували еднакви транспортни разходи, той получавал срещу тях еднакви с другите цени и закупувал обратните пратки по същите цени, както и другите търговци от неговата „нация”. По такъв начин нормата на печалбата била еднаква за всички. В големите търговски сдружения разпределението на печалбата пропорционално на вложения капитал е било толкова естествено ... колкото участието в печалбата на минните предприятия пропорционално на броя на дяловете. Следователно еднаквата норма на печалбата, която в своето пълно развитие е един от крайните резултати на капиталистическото производство, се оказва тук в своята най-проста форма като една от изходните точки на историческото развитие на капитала ...”[140]

А в своята завършена форма еднаквата норма на печалба днес, във високо технологичната ера, се оказва точката, която може да бъде последна в историческото развитие на капитала.

***

Цена и Стойност

При капиталистически начин на производство на класическия капитализъм водещите отрасли и фирми налагат своето превъзходство в жестоките условия на конкуренцията като извличат една добавъчна печалба като разлика от индивидуалната им норма на печалба до общата, която е и средна норма на печалба, защото „процесът на изравняване на капиталите, който откъсва относителните средни цени на стоките от техните стойности”[141] води до това, че освен своята произведена, те реализират и присвояват и част от чужда произведена стойност. Тази е

---

[140] Маркс, *Капиталът*, 3:1019-1020
[141] Пак там, 935

причината стойностите на стоките да се разминават, да се различават от техните цени – чрез цената по-силният капитал отнема и чужда произведена стойност, прибавяйки я към своята. При разминаване на цена и стойност капиталът с по-висок органичен състав от средния чрез производствената си цена, която е по-висока от собствената му произведена стойност, успява да привлече, да заграби и да присвои за себе си повече стойност от съвкупната произведена стойност като добавъчна печалба. А капиталът с по-нисък органичен състав от средния, например в селското стопанство, чиято цена е по-ниска от произведената от него стойност, бива по този начин ощетен и губещ своя дял в произведената и с негово участие съвкупна стойност.

Съвсем друго се получава при еднаква норма на печалба. Тя се явява обща и не е основа за ощетяване на едни при обогатяването на други стокопроизводители. При еднаквата обща норма на печалба стойността на стоката винаги се изразява в същата си величина като цена, т.е. цената винаги отговаря, винаги съответствува на стойността на стоката, цената **отразява** вярно и точно действителната стойност на стоката. Цената, като превърнат израз, става и огледален образ на стойността. Разменна стойност и стойност съвпадат. Сега, вече съвсем не случайно, „принадената стойност, а следователно и печалбата, действително произведена в някоя отделна сфера на производството може да съвпадне с печалбата, съдържаща се в продажната цена на стоката”[142]. Когато стойност и разменна стойност съвпадат, тогава цената – това е стойността на стоката, а стойността – това е точно цената на стоката.

С еднаквата обща норма на печалба вече се дава възможността да се реализира цялата принадена стойност, съответно – цялата печалба, която е произведена в даден отрасъл, а не се оставя тя на случайно разпределение между отделните капитали, както е при средната обща норма на печалба. Производствените разходи, казва Маркс, са специфични във всяка сфера на общественото производство. Но печалбата, която се прибавя към тях, изобщо не зависи от условията на дадена сфера на производство.

---

[142] Маркс, *Капиталът*, 3:196

Таблица 1

Капитали	Норма на принадена стойност	Маса на принад. стойност	Обща норма на печалба	Постоянен капитал		Произ-водст. разходи	Ст-ст на стоките	Цена на стоките
				оборо-тен капитал	износване на основен капитал			
C	m′	m	p′	c		c + v	c+v+m	c+v+p′
10c+90v	55,6%	50	50%	5	3	98	148	148
20c+80v	62,5%	50	50%	10	7	97	147	147
30c+70v	71,4%	50	50%	15	10	95	145	145
40c+60v	83,3%	50	50%	20	13	93	143	143
50c+50v	100%	50	50%	25	17	92	142	142
60c+40v	125%	50	50%	30	20	90	140	140
70c+30v	166,7%	50	50%	35	23	88	138	138
80c+20v	250%	50	50%	40	27	87	137	137
90c+10v	500%	50	50%	45	30	85	135	135

Когато стойността на една стока не е по-висока от нейната производствена цена, в този случай капиталът не би привеждал в движение повече жив труд, ergo не би реализирал и присвоявал повече принаден труд от всеки друг капитал. И това може да стане вече не само при среден, но и при всякакъв състав на капитала.

Процесът на изравняване на капиталите при еднаквата норма на печалба липсва, а с това и престава откъсването на цените от стойностите на стоките. Средната норма на печалба създава средна производствена цена, докато еднаквата норма на печалба създава пределна производствена цена като горна граница на всяка цена. Тогава цената на стоките, както казахме, съвпада с тяхната стойност, а следователно и с реализирания в тях труд, докато „средната цена на стоките е различна от тяхната стойност, следователно от реализирания в тях труд"[143]. Освен това, „средната печалба на даден отделен капитал е различна от принадената стойност, която този капитал е извлякъл от наетите от него работници"[144], докато с еднаквата норма на печалба получената печалба съвпада точно с тази принадена стойност, която е произвел даден отделен капитал със заетите от него работници.

Методите на амортизация не трябва да влияят нито върху формирането на стойността, нито върху определянето на цената, нито на съвпадането им при еднаква норма на печалба. За целта не е безразлично как се изчисляват амортизационните отчисления – дали с постоянна (твърда) процентна ставка, дали с дегресивен метод на ускорена амортизация или пък с антиципативна процентна ставка. Пренасянето на стойността на части на основния постоянен капитал върху стойността на стоката по своето съдържание трябва принципно да остава, макар то да е различно в своите форми. Системата на ускорената амортизация не е необходима, тъй като тя е само начин за намаляване на печалбата и данъка върху нея чрез увеличаване на производствените разходи, т.е. предполага т.нар. "скрито бюджетно финансиране" за предприятието. Това първо. И второ – ускорената амортизация повишава цените на стоките. Като краен резултат от двата фактора се получава разминаване между стойност и цена, което е недопустимо в икономическата система с обществена собственост върху средствата за производство. На пръв поглед за високотехнологични продукти с бързо морално износване изглежда, че ускорената амортизация е необходима. Но скритото

---

[143] Маркс, *Капиталът*, 3:935
[144] Пак там

бюджетно финансиране все пак е държавно регулиране, което е антагонизъм на всяко пазарно стопанство. Така че методът на ускорената амортизация отпада, защото действително противоречи на Закона за стойността и за формиране на амортизационните отчисления трябва да се приеме класическия метод на твърдата процентна ставка.

След всичко изложено досега се вижда, че размяната на стоките се осъществява **по** техните стойности вече и на практика, а не само на теория.

Възможно е обаче точно тук да се цитира от критици-буквояди, търсещи противопоставяне с Маркс, следния пасаж:

„Затова размяната на стоките по техните стойности или приблизително по техните стойности изисква един много по-нисък стадий, отколкото размяната по производствени цени, за която е необходим определен висок стадий на капиталистическо развитие."[145]

Целта на подобен довод е да ни скарат с Маркс и да ми се припишат грехове, каквито нямам. С други думи, че е невъзможна размяна на стоките **по** техните стойности, това първо, или, второ, че в най-добрия случай това се отнася за отминал, архаичен стадий на общественото развитие и в никакъв случай не важи, не е приложим за днешния или още по-зле – за бъдещ, още по-висок стадий на икономическо развитие на обществото. На това ще отговоря, че размяната на стоките се осъществява, разбира се, по техните производствени цени, така както изисква високия стадий на съвременното обществено развитие и още по-високият бъдещ стадий на това развитие, но за разлика от капиталистическата система, където производствените цени се разминават и вибрират около стойностите на стоките, то при социалистическата система с еднаквата норма на печалба производствените цени съвпадат със стойностите на стоките и в този смисъл и само в този смисъл можем да кажем, че те се разменят **и по** техните стойности на съвременния висок стадий, а и на който и да е по-висок стадий на икономическо развитие, т.е. не както при цехова организация на занаятите, а както при високотехнологична организация на производството.

---

[145] Маркс, *Капиталът*, 3:208

Уорън Бъфет, „оракулът от Омаха", налива ум в главите на младите поколения с афоризмите си, изсипани по целия Интернет, но особено втрещява света с мъдростта си –„цената е това, което плащаш; стойността е това, което получаваш".   Браво! „Най-великият инвеститор" прави разлика между цена и стойност! Напънала се планината и родила мишка! Ако Бъфет беше прочел поне два реда от Маркс, щеше да знае, че още преди 150 години великият учен е заложил това разграничение като основен принцип в своята политическа икономия! Но Бъфет не чете Маркс, той чете Бен Греъм и затова си мисли, че е направил кардинално прозрение! Обаче неговият жалък проблясък на мисъл, инспириран от гуруто му Греъм, го е довел до съвсем объърканото „открите" за цена и стойност; под стойност в израза си Бъфет разбира потребителна стойност. Но явно Бъфет не разбира, че не може така своеволно да смесва тези две несъвместими научни категории, „тъй като разменната стойност и потребителната стойност са сами по себе си несъизмерими величини"[146], а в неговия дълбок нонсенс това са цената и стойността! В тази връзка трябва да отбележа, че неизучаването на Марксовата теория е довело в наши дни до пълна деградация на цялата икономическа наука. Заедно със сатанинската икономическа идеология „неолиберализъм" на Милтън Фридман, идеология на дивашко, брутално насилие над личност, народи и държави с т.нар. „шокова политика" (или „шокова терапия" също) и „монетаризъм", на другия полюс на съвременната икономическа наука като контрапункт се възхвалява до небесата идеологията на „справедливия" капитализъм на Джон Мейнард Кейнс. Този двуполюсен идеологически модел създава в обществото безизходица и е невъзможно той да бъде разбит при капиталистически икономически закони; поради това обществото непрекъснато се принася в жертва на тия две доктрини и бива садистично хвърляно между Сцила и Харибда – от едната скала към другата и обратно. Желание да стане мост между тези две смъртоносни скали показва американският икономист проф. Пол Кругман, нобелист, който казва: „Аз съм почитащ свободния пазар кейнсианец"[147], т.е., Кругман е висящ мост между неолиберализма на Фридман и държавното регулиране на Кейнс; той е тясна връзка

---

[146] Маркс, *Капиталът*, 1:594
[147]Телевизионно интервю на журналиста Б.Василев в политическото предаване *Панорама* по БНТ1, 15.11.2013

за помиряване и обединяване на взаимните им съвременни икономически абсурди и поради това, за големи заслуги към господстващата класа, си получи Нобеловата награда!

Еднаквата обща норма на печалбата обаче идва не само за да установи социално равенство чрез новите производствени отношения. Тя служи за ликвидирането на всички диспропорции в икономиката, наследени от капитализма. Законът $p' = const$ постепенно с времето ги заличава, докато Капиталът непрекъснато разширява и задълбочава социалното неравенство, усилва, резонира различията в икономическото развитие на лица, отрасли и нации. Законът $p' = const$ е граница, която не позволява, бариера, която не допуска възраждането на частната собственост. Той спира всеки опит за заграбване на чужд труд и е първият закон, който не допуска *превръщането на парите в капитал*. Еднаквата норма на печалба осигурява симетрия, равновесие в обществото, хармония на интересите между личността и обществото – тогава възможностите и потребностите на личността и обществото взаимно се удовлетворяват.

∗∗∗

Работната заплата

Когато приемем еднаквата обща норма на печалба и положим $p' = const$, тогава се установява величината на основните заплати съгласно нивото на техническа въоръженост на труда, т.е. работната заплата влиза в пряка зависимост от равнището на производителността на труда:

$$\Delta M' = \Delta \frac{c + v}{v}$$

От формулата се вижда, че нарастването на нормата на принадена стойност съответствува на нарастването на производителността на труда. Това означава, че при този закон нормата на принадена стойност има съдържанието на подоходния данък – диференцирано се увеличава с увеличаването на работната заплата, т.е. по-нископроизводителният труд е обложен с по-ниска норма на принадена стойност и обратно. Само че при това положение, както ясно се вижда, подоходният, а и всякакъв друг данък върху работната заплата, става напълно излишен – нормата на принадена стойност изпълнява и тази функция. Така че при обществена собственост върху средствата за производство се премахват всякакви и всички данъци върху работната заплата на производителните работници.

Това е единственият случай когато работната заплата се обвързва в непосредствена и автоматична зависимост от производителността на труда. Във всички други случаи, при капитализма, работната заплата „никога не се увеличава пропорционално с производителността на труда"[148]. Само в този случай заплащането на работната сила добива обективна оценка, за разлика от субективизма на различни КТУ (коефициенти на трудово участие), разряди, квалификационни степени и прочие глупости, въведени да залъгват и "стимулират" стоката работна сила и които представляват само различни начини на вътрешно разпределение на „установения от Бога и природата 'фонд работна заплата'"[149], отречен обаче от Маркс и времето.

Как на практика се определя величината на работната заплата?

Ако при среден състав на капитала в една страна 1:1 и еднаква обща норма на печалба, да речем $\mathbf{p}' = 50\%$, се приеме годишна норма на принадена стойност $\mathbf{M}' = 1200\ \%$ с 12 оборота на капитала, то следва, че простата норма на принадена стойност е $\mathbf{m}' = 100\%$. И ако новосъздадената стойност за един месец е, примерно, $\mathbf{(v+m)} = 2000$лв., то месечната работна заплата е 1000лв. Тази работна заплата след това е база за определяне на заплатите при всякакъв органичен състав. Ако сега искаме да установим работната заплата при по-висока производителност на труда, например при състав 4:1, имащ същия брой обороти – 12 за година, това значи, че $\mathbf{m}' = 250\ \%$ и при същата новосъздадена стойност от 2000лв. работната заплата ще бъде 570лв. Но тази нова стойност вече се създава за много по-кратко време – ако в първия случай е за 8 часа на ден, то във втория е само за 2 часа на ден. Или, ако работникът в първия случай получава 1000лв. заплата на месец за 8-часов работен ден, то във втория случай – 2280лв. при същата продължителност на работния ден.

Обратният случай. Ако трябва да намерим заплатата при по-ниска производителност на труда, например при състав 1:4, това

---

[148] Маркс, *Капиталът*, 1:667
[149] Пак там, 674

значи, че (при еднакви обороти) $m' = 62{,}5\%$ и при същата новосъздадена стойност от 2000лв. работната заплата е 1230 лв., но за 4 пъти повече работно време, т.е. вместо за един месец на 8-часов работен ден – за 4 месеца. А за 8-часов работен ден месечната работна заплата е 307.5лв. срещу 1000лв. при състав 1:1 и 2280лв. при състав 4:1.

ГЛАВА ВТОРА
$M' = const$

ЗАКОН ЗА НЕИЗМЕННАТА СРЕДНА НОРМА НА ПРИНАДЕНА СТОЙНОСТ

Работната заплата -- самонарастваща стойност

Маркс разви учението си за капитала като откри принадената стойност и изрази капиталистическата експлоатация чрез нормата на принадената стойност. Само чрез нея става ясно що е капитал. Капиталът е самонарастваща стойност поради непрекъснатото, неограничено и неконтролирано нарастване на нормата на принадена стойност. Неутолимата жажда на капитала за човешка пот и нерви се проявява в постоянно растящата норма на принадена стойност, изсмукваща все повече жив труд, скъсяваща все повече необходимото работно време на работника. Или с други думи, капиталът представлява една непрекъснато растяща функция във времето. Като последица от неговата дейност, като резултат от неговото нарастване, е функцията "относителна работна заплата", изразяваща относителното обедняване на работническата класа, на чийто гръб именно става това нарастване. При изследването на тази функция са възможни 3 случая:

$$\text{a) } \Delta\frac{v}{v+m} < 1; \quad \text{b) } \Delta\frac{v}{v+m} = 1; \quad \text{c) } \Delta\frac{v}{v+m} > 1;$$

Веднага трябва да посочим, че случай с) не е характерен за капитала. Този случай, когато нарастването на средната работна заплата превишава нарастването на националния доход, е резултат от продължително и значително задържане на работната заплата преди това при постоянното нарастване на националния доход и може да се появи като случайно явление само за кратки моменти по време на криза – например в началото на 60-те години в Италия,

137

през 1968 год. във Франция и т.н., както и през 1987 година в България.

За да бъде обаче $\Delta v > \Delta(v+m)$ постоянна практика, това може да стане за сметка на прираста на принадената стойност. Този случай е нарушение, разстройство в разпределителните процеси на капитала и може да се появи само по изключение. И все пак такова изключение има в нашата практика – от 1952 г. до 1956г. – като резултат от криворазбрана диктатура на пролетариата. Това е болестно състояние, патология на капитала и той е върнат към нормалното си състояние след преврата от 1956 год., т.е. Априлският пленум на БКП възстанови не ленински принципи в партията, а нормални капиталистически отношения в разпределението. И тъй като този случай е нетипичен при капиталистически производствени отношения, ние се интересуваме от развитието на v към $(v+m)$ само в интервала от 1 до 0. Защото функциите на капитала, за да бъде той капитал, т.е. самонарастваща стойност, се проявяват само при $\Delta v < \Delta(v+m)$. В такъв случай относителната работна заплата представлява една непрекъснато намаляваща функция в интервала $[1;0]$, функция, ограничена отдолу и отгоре.

Капиталът е обществено отношение, при което относителната работна заплата е винаги минимум и клони към нула. Това, разбира се, е вярно само в математически смисъл, тъй като работниците не са хамелеони, та „да се хранят с въздух"[150]. Макар че в края на 1996 година в България те бяха превърнати точно в такива! Така че „безплатният труд е предел в математически смисъл: приближаването до него е винаги възможно, но стигането до него – никога"[151]. Колко малко оставаше на социалистическата (!) ни финансова олигархия да опровергае този научен постулат! Червената олигархия вече знаеше много добре от Маркс, „че е необходимо работникът да бъде колкото се може повече ограничаван до минималната заплата, 'за да остане трудолюбив'"[152]!

Когато нарастването на средната работна заплата на работническата класа изостава от нарастването на новосъздадената

---

[150]Маркс, *Капиталът*, 1:662
[151] Пак там
[152] Пак там, 657

стойност, т.е. при $\Delta v < \Delta(v+m)$, това означава прогресивно намаляващо потребление за тази класа, изразяващо се в намаленото ѝ платежоспособно търсене на средства за живот. То от своя страна представлява един от наличните фактори, причиняващи икономическите кризи. Снижаването на работната заплата под стойността на работната сила води до ограбване непрекъснато на необходимия продукт на работническата класа, т.е. онзи дял от новосъздадения продукт, който е необходим за нормалното ѝ възпроизводство. По този начин платежоспособното търсене на работниците влиза в конфликт с производството на предмети за потребление като елемент на основната капиталистическа диспропорция между $I\ (v+m)$ и $II\ c$, която води до остри противоречия, до колизии между тях, развиващи се като социални бури, като кризи. И ако при едната форма на съвременния монополистически капитализъм – с преобладаваща частна собственост – кризите се изразяват в свръхпроизводство, в излишък, представляват "кръвоизлив" на стоки с възможност за "инсулт" на системата, то в другата си форма – с преобладаваща (или пълна) държавна собственост – те се изразяват в дефицит, в недостиг, диагнозата е стокова недостатъчност с възможност за "инфаркт". Ето защо една от причините за всички кризи на капитализма е изоставащото, намаляващото потребление на работническата класа спрямо нарастването на новосъздадената стойност, т.е. несъответствието между $\Delta(v+m)$ и Δv, между нарастването на новосъздадената стойност и нарастването на онази част от нея, която се отделя за потребление на работниците, работната заплата, което математически представлява неравенството $\Delta v < \Delta(v+m)$. При превръщането обаче на това неравенство в равенство, т.е. при $\Delta v = \Delta(v+m)$, когато нарастването на средната работна заплата на работническата класа е равно на нарастването на създадената нова стойност, това означава, че потреблението на работническата класа не изостава от нарастването на тази нова стойност, създадена от самата нея, която се разпределя в цялото общество. Постигането на това равенство обаче е възможно само при една неизменна средна норма на принадена стойност. Преведено на популярен икономически език равенството $\Delta v = \Delta(v+m)$ означава, че нарастването на средната работна заплата на работническата класа в една страна трябва да съответства в същата степен на нарастването на националния доход. Или, поради непрекъснатото нарастване на работната заплата във времето като функция от нарастването на новосъздадената стойност, работната заплата в обществен мащаб, като обществено отношение, представлява една **самонарастваща стойност**. Капиталът е самонарастваща стойност, защото в зависимост от авансираната стойност **(c+v)** се прибавя нейното нарастване – принадената стойност **m**. Работната заплата е самонарастваща стойност, защото в зависимост от новосъздадената стойност **(v+m)** се прибавя нейното нарастване – **Δv**. По този начин работната заплата в обществен мащаб може да бъде не само нарастваща, но и самонарастваща стойност. Това не означава обаче, че индивидуалната работна заплата е винаги самонарастваща стойност. Напротив, тя зависи от реализацията на произведената от работника стока, т.е. тя съдържа възможността да бъде намалявана според резултата, както ще видим по-нататък.

Така че капиталът винаги е самонарастваща стойност, но не винаги самонарастващата стойност е капитал!

Поради постоянния си частен стремеж за извличане на максимална принадена стойност за капитала е невъзможно да поддържа неизменна нейната норма, а винаги (безразборно или регулирано) я повишава. Постоянна практика беше при червения капитализъм непрекъснатото повишаване "отгоре" на трудовите норми при непроменена производителност на труда, т.е. чрез повишаването на нормата на принадена стойност, чрез повишаване на експлоатацията, грубо и безцеремонно се бъркаше в джоба на работника от държавата-капиталист. Такава неизменна средна норма на принадена стойност означава, че се осъществява съзнателен, контролиран от обществото производствен процес, т.е. производствен процес, протичащ при обществена собственост върху средствата за производство. Когато процесът на нарастване на стойността е неконтролируем, тогава нарастването на стойността се явява пред нас във вид на капитал. **Собствеността** на съвременния етап от развитието на производителните сили е проява на стойността. Дали собствеността ще бъде обществена или частна зависи само от процеса на нарастване на стойността – дали той е управляем или не. Тъй както днес основната задача на физиката е да осъществи управляем термоядрен процес, така и основната задача на политическата икономия е да осъществи управляем процес на нарастване на стойността. А това може да се постигне само когато се овладее и регулира от обществото нормата на принадена стойност. Така, както би нараснала фантастично земната енергия при овладян термоядрен процес, така неимоверно би нараснала и социалната енергия при овладян стойностен процес. Ако не се спре настъплението на Капитала, той би нанесъл непоправими поражения върху човешката цивилизация, включително и с термоядрена енергия! Капиталът сам по себе си е най-голямото средство за масово унищожение!

Самонарастващата работна заплата означава, че работната сила не се обработва в производствения процес като стока и не излиза от него като стока, т.е. производственият процес е лишен от експлоатация на работната сила. Което пък, от своя страна, означава **социална справедливост**. Социалната справедливост се изразява в отсъствието на експлоатация в обществото, в отхвърляне на организирания грабеж на човешки труд. Експлоатацията, т.е. социалната несправедливост, е в същност организирана престъпност, издигната в ранг на основен закон – конституирано престъпление!

Социалната справедливост се проявява в отношенията на разпределение. Разпределението на материалните блага при капиталистически начин на производство е винаги в ущърб на работническата класа. При съществуването на неравенството $\Delta v <$ $\Delta(v+m)$ разпределителните отношения са винаги нарушени, както и при неравенството $\Delta v > \Delta(v+m)$. Математическото неравенство и в двата случая изразява социална несправедливост, в първия случай – за работническата класа, във втория – за всички други класи и социални групи. Справедливи разпределителни процеси за цялото общество може да има в зависимост от разпределението на новосъздадената стойност за потребление едва при равенството $\Delta v = \Delta(v+m)$. Или, ако със закона $p' = \text{const}$ се установяват първо равноправни производствени отношения, то при $M' = \text{const}$ се установяват след това и справедливи разпределителни отношения. "Определеното отношение на разпределение е следователно само израз на исторически определеното производствено отношение."[153]

Неизменната норма на принадена стойност не означава, че тя е и всеобща, т.е. еднаква за всички производители. Както видяхме вече при $p' = \text{const}$, тя е различна и се определя от техническото

---

[153] Маркс, *Капиталът*, 3:996

ниво на производството – $\Delta M' = \Delta(c+v)/v$. Или, с други думи, не само при капиталистическото, но и при социалистическото производство нормата на принадена стойност се увеличава. Но това увеличаване не е произволно и съвсем не свидетелствува за експлоатация на работната сила. Социалната справедливост, т.е. отсъствието на експлоатация, при социализма се изразява не в получаването на "пълния продукт" от труда, според домарксовите утопични и довчерашните житейски представи, а в недопускането да се взема повече от една определена граница от този продукт – границата на необходимото работно време. Лептата, която взема обществото и държавата от работника, е такава част от труда, която не може да поражда класи и класови противоречия. Незаплатената част от труда на работника се използва за натрупване, за разширено възпроизводство на собственото му предприятие, както и за покриване на потребностите на непроизводителната част от обществото. Това е причината и при социализма да има норма на принадена стойност и да не се заплаща "целия труд" на работника и да не се получава Ласаловия „несъкратен трудов доход". И колкото по-висококвалифициран е работникът, толкова по-голяма относителна част е неговия незаплатен труд, макар че в абсолютна стойност работната му заплата добива колосални размери. Ето защо и при социализма ще има имотно различие, разлика в имотното състояние, но тя няма да бъде класова. Тази имотна разлика ще бъде резултат именно на социалното равенство и социалната справедливост, а не въпреки тях. Защото всяко равенство в паричното общество, и според Маркс, има за основа някакво неравенство. Това не е парадокс. Защо? Защо това имотно различие не е класово, защо не оформя класи? Защото то се основава само на собствен труд, това имотно състояние се постига от всеки според своя труд, от всеки според своите възможности. А какво означава това? Какво означава "според своя труд"? И защо не се отнася и за капиталиста този израз?

"Според своя труд" означава именно онзи предел, който е съвсем различен, строго индивидуален за всеки работник – пределът на необходимото работно време! Именно трудът в необходимото работно време означава свършена работа "според своя труд", т.е. според необходимия труд, вложен от всеки работник, който е и строго различен и индивидуален. Този предел на необходимия труд не позволява на никой работник да взема по-малко от вложения от него труд, т.е. да бъде ощетен (и дори експлоатиран), нито да взема повече, т.е. да бъде облагодетелствуван. Именно тази строго индивидуална граница на необходимия труд, която отговаря на различните равнища на възможности на работниците и се определя обективно единствено от различните равнища на производителността на труда, позволява различни равнища на задоволяване на потребностите, т.е. различно имотно състояние, но не позволява класово разслояване на богати и бедни. Защото всеки получава паричния еквивалент на *своя* **необходим** труд – *работната заплата*, а не да присвоява *чужд* **принаден** труд като *печалба*, което го прави капиталист. Никой капиталист не трупа имотното си състояние "според своя труд", защото неговият труд не е необходим труд, а принаден труд, богатство не от вложен собствен необходим труд, а от заграбен чужд принаден труд. Печалбата е принадена стойност, присвоявана без заплащане от капиталиста, а не негова работна заплата, за която той е вложил труд. По-точно неговият труд не намира израз в една работна заплата като собствен **необходим** труд, а в принадената стойност, която пък намира израз в печалбата като присвояване на **принаден** труд, който е сума на много единици незаплатен чужд труд. Разликата е тази, че в единия случай доходът е печалба от капитал, а в другия – работна заплата от труд. А съотношението между капитал и работна заплата е от мащаба на отношението между обектите в Слънчевата система или в класическия модел на атома (от 1:10 до $1:10^{10}$ и повече). Докато съотношението между две работни заплати може да бъде в диапазона само от няколко пъти (от 1:1 до 1:5, дори да е 1:10), т.е. там, където свършва отношението между заплата и заплата, там започва отношението между заплата и капитал. Ето защо разлика между работните заплати има и при социализма, но тази разлика не е капиталово отношение. Разликата е задължителна заради различната сложност на труда, влаган в обществото. Тази разлика обаче се дължи на разликата, произтичаща и налагана от производствения процес в него. Има разлика, но тя не е капиталова, а трудова, не между капитал и труд, а между труд и труд. Разликата не е капиталова и точно затова тя не създава класи. Разликата не е капиталова, защото единственият източник на доход в това общество е труда, за отлика от капитализма, където източниците на доход са три – капитал, земя и труд. И точно тогава, и само тогава може да се прояви и сравни разликата между различните видове труд, изразени чрез работната заплата в различен мащаб, в различно съотношение. Нещо, което е невъзможно в другия случай – затова при него отношението между доходите е капиталово, а в този – не е! Когато работната сила не е стока, разликата между заплата и заплата не е тази, която е между заплата и капитал. Ето защо "по-богат" при социализма вече не значи капиталист, а само "според своя труд"!

***

Индивидуалната работна заплата

И така, една от причините за пропорционалността в една икономика, това е неизменната средна норма на принадена стойност. Но за да може да бъде овладяна **M′**, необходимо е да има вече установен закон **p′ = const**. И едва след това действителният производствен процес протича, се осъществява като такъв, вече при **M′ = const**. Процесът **p′ = const** е необходима предпоставка за поддържането на неизменна норма на принадена стойност. Когато положим **M′ = const**, получаваме:

$$\Delta p' = \Delta \ \frac{v}{c + v}$$

Оттук можем да определим индивидуалната работна заплата като функция от действителните производствени резултати. В тази глава нас ни интересува изследване на случаите само при неизменна производителност на труда и затова се спираме само на тях от всичките, разгледани от Маркс.

1. Според нормата на печалба:

а) $\Delta v < \Delta (c+v)$ – нормата на печалба спада;

б) $\Delta v = \Delta (c+v)$ – нормата на печалба остава неизменна;

в) $\Delta v > \Delta (c+v)$ – нормата на печалба се повишава.

Случаят 1.а) ни интригува дотолкова, доколкото изразява вероятността за намаляване, запазване на същата или недостатъчно повишаване на работната заплата на работници, чиито резултати от труда не са получили обществено признание, т.е. чиито стоки не са реализирани поради различни причини на пазара и с това са предизвикали спадане на своята индивидуална норма на печалба

144

под общата. А случаят 1.в) означава понижаваща се производителност на труда, когато нарастването на работната заплата изпреварва нарастването на капитала.

Ясно е, че случаи 1.а) и 1.в) не са желателни и не трябва да се допускат – не са в интерес на никого.

От съществено значение за нас е случаят 1.б) – точно той изразява търсената зависимост на работната заплата от динамиката на капитала: при неизменна норма на печалба, съпроводена от неизменна норма на принадена стойност, нарастването на индивидуалната работна заплата трябва да следва нарастването на капитала!

2.Икономия на средства за производство:

Ако един капитал $C = 85c+15v$ произвежда принадена стойност $20m$, неговата норма на печалба е $p' = 20\%$, а нормата на принадена стойност е $m' = 133\%$. Ако нова организация на труда доведе до икономия на постоянен капитал, да речем с $5c$, при равни други условия тя би повишила нормата на печалбата на 21%, а капитала би изглеждал $C = 80c+15v$, като нормата на принадена стойност остава неизменна. Но за да остане нормата на печалба, която има приоритет, защото е мотив и цел на производството, неизменна, т.е. 20%, трябва пестенето на постоянен капитал да намери израз в увеличаване на работната заплата като нормата на принадена стойност спадне така, че нарастването на работната заплата да отнеме същото нарастване на нормата на печалба. В случая запазването на същата норма на печалба води до снижаване на нормата на принадена стойност от 133% на 119% при неизменна новосъздадена стойност, което увеличава работната заплата с 1 единица за сметка на такова намаляване на принадената стойност. Стойността на стоката от 120 ($85c+15v+20m$) намалява на 115 ($80c+16v+19m$) като икономията от $5c$ води до повишаване на работната заплата с $1v$. Така, с рационално използване на средствата за производство, дори при неизменна производителност на труда, стоката става по-евтина, а (заедно с това и) работната заплата по-голяма! Чудо? Не, просто икономика!

"Стимулът" за повишаването на работната заплата при тези условия е намаляването на овеществения труд чрез технически изобретения, рационализации и др.под. При всички други равни условия само по-доброто стопанисване, по-рационалното използване на съществуващите средства за производство чрез нововъведения, открития, изобретения, икономии, изобщо – усъвършенстване на производствения процес при дадена степен на производителност на труда, създава такива условия, които водят до непосредствено повишаване на работната заплата. Ето как се създава грижливо отношение към средствата за производство, макар те да са обществена собственост! Защото според изкривените бивши представи, обществената собственост не можела да възпитава у работника такова отношение и така тя ставала "ничия" собственост, основа за прахосничество и разсипия. И ни доказват, че само частната собственост "стимулира" към стопанисване. Така ще бъде винаги, когато държавно-монополистическата собственост се представя за обществена!

Да припомним на господата-"комунисти", които се чудеха и недоумяваха защо работниците се отнасят с безразличие към "обществената", т.е. държавната, собственост като към "ничия", на какво се дължи отчуждеността им към средствата за производство. Те бяха забравили, че това става винаги при „превръщането на работника в работен добитък"[154]. Те бяха забравили, че винаги само при капиталистически производствени отношения „работникът ... се отнася в действителност към обществения характер на своя труд, към комбинирането му с труда на другите за една обща цел, както към някаква чужда нему сила; условията за осъществяването на това комбиниране са за него чужда собственост, чието разхищаване би му било съвсем безразлично, ако не го принуждаваха да пести"[155].

А може да се пести и без принудата на капиталиста, като всяко пестене на средства за производство се отразява върху непосредственото увеличаване на заплатата на работника. Само така може да се създаде съзнателно грижливо отношение към обществената собственост – към съществуващите средства за производство, към отпадъците, към качеството на стоката и т.н.

Така обобщаваме казаното в следните изводи:

Ако при неизменна производителност на труда постоянният капитал намалее поради икономично използване, тогава неизменната до момента норма на принадена стойност се намалява

---

[154] Маркс, *Капиталът*, 3:107
[155] Пак там, 106

на ново равнище, за да се запази неизменна нормата на печалба като се повиши работната заплата. Иначе всяко нарастване на капитала при неизменна норма на принадена стойност трябва да води до нарастване в същата степен и на работната заплата. Естествено, с презумпцията за пълна реализация на продукта!

Така че при неизменна норма на принадена стойност нарастването на работната заплата като обществено отношение трябва да бъде $\Delta v = \Delta(v+m)$, а нарастването на индивидуалната работна заплата трябва да бъде $\Delta v = \Delta(c+v)$.

Едва със самонарастването на работната заплата работниците сами ще се убедят в реалността на социализма. Работната заплата струва повече, много повече, отколкото всички "документи", "програми", "концепции" и прочие ценни книжа, взети заедно. С нарастването на работната заплата расте и съзнанието – индивидуално и обществено – определяно от битието. А иначе нашите богослови на марксизма бяха също материалисти. Но само на своята софра!

Производственият процес при обществена собственост върху средствата за производство се осъществява при постоянна норма на принадена стойност. И ако процесът $p' = \mathbf{const}$ е необходим, за да се установят новите производствени отношения, то процесът $\mathbf{M'}$ = $\mathbf{const}$ идва с цел да се развиват свободно производителните сили. Именно $p' = \mathbf{const}$ дава възможност на $\mathbf{M'}$ да стане също $\mathbf{const}$. В противен случай, когато не е изпълнен закона $p' = \mathbf{const}$, то и $\mathbf{M'}$ никога не би могла да бъде $\mathbf{const}$. Новият, социалистическият, начин на производство се привежда в движение, когато производствените отношения победят чрез $p' = \mathbf{const}$ и на тази основа вече производителните сили заработят свободно при $\mathbf{M'} = \mathbf{const}$. И ако в първия случай говорим за социално равенство, то втория изразява социална справедливост. И действително – немислима е социалната справедливост, тя е фикция, без **преди това** да има установено социално равенство .Справедливостта е функция на равенството, тя се ражда от него.

Законите $p' = \mathbf{const}$ и $\mathbf{M'} = \mathbf{const}$, установили веднъж равенство и справедливост в едно общество, правят същевременно невъзможно по-нататък разслояването му в класи. Те изключват възможността за разделянето на обществото на богати и бедни, за увековечаване на класите. Законът $p' = \mathbf{const}$ прави невъзможно да се възроди, дори случайно и несъзнателно, по-нататък социалното неравенство, а въз основа на него – и социалната несправедливост, т.е. така, както това е станало в зората на човешкото общество с възникването на частната собственост и държавата – съвсем несъзнателно и без насилие – и с това цялата човешка история да се повтори още веднъж.

ГЛАВА ТРЕТА

$$\frac{v}{c+v} = \text{const}$$

ЗАКОН ЗА ЗАПАЗВАНЕ НА РАБОТНАТА СИЛА
(ПРИ ПОВИШАВАЩА СЕ ПРОИЗВОДИТЕЛНОСТ НА ТРУДА)

Научно-техническият прогрес и Безработицата

Неизменната норма на принадена стойност както не е всеобща, така не е и вечна. В производствения процес за заетите работници идва една граница, отвъд която нормата на принадена стойност не може да остане неизменна, тя задължително търпи промяна. Има един такъв предел, когато повече е невъзможно m' да остане същата, „при изменението на v винаги се идва до една граница, когато неизменяемостта на m' става икономически невъзможна"[156]. Това става при революция в стойността. Идва момент на по-висока производителност на труда, когато е невъзможно вече същата работна сила да работи при същото работно време. Причината за промяна на неизменната до този момент норма на принадена стойност се състои във факта, че индивидуалното работно време влиза в противоречие с обществено необходимото работно време, защото количеството жив труд, което привежда в движение същото количество овеществен труд, намалява. Противоречие, което при капиталистическите производствени отношения се изражда в конфликт и се разрешава винаги по насилствен начин като се изхвърля на улицата "резервна армия" от безработни. Насилие, родено от съществуващата социална несправедливост – експлоатацията на капитала. Например, ако производителността на труда нарастне изведнъж 4 пъти, това означава, че вместо 4 души да създават нова стойност, да речем, от 2000 лв. при $m' = 100\%$, при равни други условия сега вече я създава само 1 работник, но

---

[156] Маркс, *Капиталът*, 3:80

вече, примерно, при **m′** = 300% (!), т.е. при 3 пъти по-голяма експлоатация на работната му сила, въпреки че работната му заплата от 250 лв. се е увеличила на 500 лв. Заплатата му е нарастнала двойно, но експлоатацията му е нарастнала тройно! Защото в този случай капиталистът ще си присвоява вече не 1000, а 1500 лв.! И само от него зависи дали няма да си присвоява и повече, като така оставя за работника по-малко, т.е. произволно да повиши още степента на експлоатация. Освен това, останалите трима работника се изритват като ненужни, изхвърлят се като смет. По този начин отношението между стойността на променливия капитал и стойността на целия капитал $\dfrac{v}{c+v}$ рязко се променя в полза на целия капитал. Но какво ще стане, ако приемем това отношение за постоянно, за неизменно дотогава, докато бъде разрешено това противоречие?

Оказва се, че това противоречие – между индивидуалното и обществено необходимото работно време – може да бъде разрешено само по този начин, само ако приемем за определен период горното отношение за постоянно. Какво се получава?

Тогава със спадането на нормата на печалба, предизвикано от бурното нарастване на производителността на труда от новата техника, трябва да спадне, и то в същата степен, и нормата на принадена стойност. А това означава, че при новата производителност на труда могат да работят същите работници, в случая – четирима, същата работна сила, като новата производителност на труда се приравнява на старата, на съществуващата до този момент производителност на труда чрез **намаляване на работното им време**.

Непрекъснатото нарастване на производителността на труда – това е обективен икономически процес, действащ със силата на природен закон. Той води винаги до такъв момент, когато една и съща работна сила не може да продължи да работи при същото работно време, поради намаленото количество жив труд, влагано в производството на стоката. Тогава трябва или при запазено същото работно време да бъде намалена работната сила, при което нормата на принадена стойност се повишава, или при запазена работна сила да се намали работното време, при което нормата на принадена стойност спада. Но „при капиталистическото производство икономията на труд чрез развитие на производителната сила на труда съвсем няма за цел скъсяването на работния ден"[157].

Още в 1867 година Маркс обясни в том I на "Капиталът", че машината чудесно би могла вместо да увеличава експлоатацията, да увеличава свободното време на работниците. По този начин те могат да изпитват не страх и даже ужас, а само радост и дори наслада от труда. Но това вече е богохулство! Та кой уважаващ себе си капиталист би си помислил само за подобно нещо! Та това значи пълно самоуправление на работното време за работника! Това значи той да разполага изцяло със своето работно и свободно време, вместо да бъде направляван придатък на машината. Това значи свобода на труда и власт на работника, които правят капиталиста вече напълно излишен, защото така се подкопават неговите устои. И точно затова той ще доведе целия си професорски елит и полицейски апарат, за да докаже, че горната мярка е абсурд, че тя е невъзможна, защото така се оскъпява стоката или др.под. глупости. Нищо чудно! В наше време толкова идиотизми се поднасят за научни истини. Та нали един простак от турски произход неотдавна ни доказа, че Омир бил османлия, а Европа дължи културата си на вековното тъпо невежество и безпросветност на османските орди! В същност, тези жалки и нелепи вицове са само незначителна част от всички съвременни исторически фалшификации, лъжи и измами като съвсем сериозна официална държавна политика на Турция!

Затова ще прибавя следното относно довода, че се оскъпява стоката в дадения случай като евентуално най-сериозното възражение.

Първо, стойността на стоката, казва Маркс, се определя от обществено необходимото, а не от индивидуалното работно време. Така че, в случая, когато индивидуалното работно време се разминава от обществено необходимото, цената на стоката се определя пак от обществено необходимото работно време. Това означава, че въпреки спадането на индивидуалната норма на печалба под общата, която по този начин за известен период от време вече не е еднаква за даденото производство, цената се определя пак от общата норма на печалба.

---

[157]Маркс, *Капиталът*, 1:358

Второ, в дадения случай, при увеличаване на свободното време при запазена неизменна същата работна заплата и неизменна производителността на труда няма нито атом увеличаване на производствените разходи за работна заплата, с което би се увеличила цената и оскъпила стоката.

Така че нито от страна на нормата на печалба, нито от страна на производствените разходи може да има увеличаване на цената. А именно това са факторите, които я определят.

Трето, стойността на стоката се увеличава само при увеличение на стойността на постоянния, но не и на променливия капитал. Стойността на стока

„не се изменя, ако увеличаването или намаляването на авансирания капитал е предизвикано от изменение във величината на стойността на променливата част на капитала при неизменна производителна сила на труда. Увеличението или намалението на стойността на постоянния капитал не се компенсира от никакво противоположно движение. А увеличението или намалението на променливия капитал при неизменяща се производителност на труда се компенсира от обратното движение на принадената стойност, така че стойността на променливия капитал плюс принадената стойност, т.е. стойността, новоприбавена от труда към средствата за производство и новосъздадена в продукта, остава неизменна."[158]

Тук Маркс дава следния красноречив пример:

$$400c + 100v + 150m = 650$$
$$400c + 150v + 100m = 650,$$

т.е. при промяна на v стойността, а с това и цената, не се изменя.

Но

$$400c + 100v + 150m = 650,$$
$$450c + 100v + 150m = 700$$

т.е. при промяна на c се променя и стойността, а с нея и цената на стоката.

---

[158] Маркс, *Капиталът*, 3:968-969

Четвърто, количеството труд, определящо стойността на стоката, зависи само от **работното време**, необходимо за производството на стоката, а не от масата работна сила.

Двама работници, работещи по 8 часа на ден, при неизменна производителност на труда влагат същото количество труд в производството на стоката, както и 8 работника по 2 часа, равно на 16 часа работно време. Така че по-голямата маса работна сила, при запазена производителност на труда, ни на йота не увеличава стойността на стоката, а оттам и цената ѝ. А увеличеното свободно време при същата производителност на труда означава само по-скъпо заплатена работна сила, увеличаване на работната заплата чрез намаляване на работното време. „Следователно, ако **v** нараства поради повишаване на работната заплата, това изразява **не увеличено**, а само **по-скъпо заплатено** количество труд; **m′** и **p′** не се повишават, а се понижават."[159]

При всички други равни условия повишаването на работната заплата понижава нормата на принадена стойност. И обратно, както е в случая, понижената норма на принадена стойност при всички други равни условия означава увеличена работна заплата.

Капиталът **застопорява** работното време, той фиксира, придържа стриктно индивидуалното към обществено необходимото работно време. Поради робуването на стойността при капитализма има безработица, която при съвременното високо негово развитие е достигнала колосални размери. По този начин все повече се увеличава класовата пропаст между богати и бедни, богатството се превръща в извратен лукс, бедността – в клошарски пауперизъм. Съвременната високо технологична промишленост

„увеличава не само субстанцията, от която смучат класата капиталисти и нейната свита, но и самите тези обществени слоеве. Тяхното нарастващо богатство и относително постоянното спадане на броя на работниците, нужни за производството на необходимите средства за живот, създават не само нови потребности за лукс, но и нови средства за тяхното задоволяване. Все по-голяма част от обществения продукт се превръща в принаден продукт и все по-голяма част от принадения продукт се възпроизвежда и консумира в по-изтънчени и по-разнообразни

---

[159] Маркс, *Капиталът*, 3:67 (удебеленият шрифт е мой – Т.Б.)

форми. С други думи, производството на луксозни предмети расте."[160]

Безработицата – това е една от формите на социалното неравенство. Неравенство не само между богати и бедни, но и между самите бедни – когато някои от тях губят правото на труд, което право става привилегия. Неравенство, при което "това качествено изменение в машинното производство постоянно отстранява работници от фабриката или затваря нейната порта пред новия поток от новобранци"[161].

При наличието на безработица, на "резервна армия" работници, отново изпъква наяве основният конфликт на капиталистическия начин на производство – между труда и капитала. Маркс описва по превъзходен начин това:

„Не се произвеждат твърде много средства за живот в сравнение със съществуващото население. Наопаки. Тяхното производство е твърде малко, за да може масата на населението да живее прилично и човешки.

Не се произвеждат повече средства за производство, отколкото е нужно, за да се даде работа на работоспособното население. Наопаки. Първо, произвежда се твърде значителна част население, което фактически е неработоспособно, което е принудено от обстоятелствата да експлоатира труда на други или да се занимава с работи, които могат да се смятат такива само при един жалък начин на производство. Второ, средства за производство се произвеждат недостатъчно, за да може цялото трудоспособно население да работи при най-производителни условия, следователно за да се съкращава неговото абсолютно работно време чрез масата и ефективността на постоянния капитал, прилаган в продължение на работното време.

Но периодично средства на труда и средства за живот се произвеждат твърде много, за да функционират те като средство за експлоатация на работниците, която дава известна норма на печалбата. Стоки се произвеждат твърде много, за да може заключената в тях стойност и съдържащата се в нея принадена стойност да се реализират и да се превърнат в нов капитал при условията на разпределение и отношенията на потребление, които

---

[160] Маркс, *Капиталът*, 1:493
[161] Пак там, 503

са дадени от капиталистическото производство, т.е. за да може този процес да се извършва без постоянно възобновяващи се взривове.”[162]

Със закона $\dfrac{v}{c+v}$ = **const** обаче се получава обратният ефект: от първостепенно значение е развитието на производителните сили и в частност – на работната сила. Ето защо се намалява работното време за запазване на работната сила като обществено необходима, вместо да се изхвърля тя като “излишна”, за да поддържа винаги в бойна готовност резервна армия безработни. Само така може да няма безработица. Безработицата друго решение няма!

Дори нещо повече. Ефективността на производството се увеличава, както и срокът на откупуване, срокът на възвращаемост на средствата за производство става много по-кратък, когато в подобна ситуация сгъстената, иначе “излишната” работна сила премине на работа на смени. По този начин средствата за производство се използват по-ефективно. Това е икономия на време, пари и нерви и в обществен мащаб. При обратния случай – изхвърлянето на безработни – пестенето на променлив капитал от частната собственост се компенсира в отпускането на социална помощ от държавата. Макар и не в същата степен. Ако се абстрахираме от политическата окраска, острите класови сблъсъци водят до социална ентропия, до голяма загуба на време и пари за обществото. Стачките струват скъпо. В това отношение разглежданият процес $\dfrac{v}{c+v}$ = **const** създава икономия на работно време в обществен мащаб, т.е. времето за стачки би могло да се използва производително.

∗∗∗

Втора форма на обществената собственост

При нова, по-висока производителност на труда, когато положим $\dfrac{v}{c+v}$ = **const** за запазване на същата работна сила,

---

[162] Маркс, *Капиталът*, 3:300-301

резултатът, както казахме, е запазване на същата производителност на труда. Така че новата техника, при запазване на старата производителност на труда, се използва за повишаване на квалификацията на заетите до момента работници, необходима им за тази нова техника. Този "учебен" процес протича също при неизменна, вече намалена норма на принадена стойност дотогава, докато бъде възстановено равновесието между средствата за производство и работната сила, останала сгъстена в очакване на тях, при новата, по-високата производителност на труда. Това означава увеличено натрупване в натура, натрупване, което преминава от пари в стока, средства за производство, набавени от парична вече в стокова форма. Продължителността на този период зависи от степента на развитие на производителните сили – колкото те са по-мощни, толкова по-кратък е той и обратно, т.е. това е период, когато производството на средства за производство трябва да задоволи потребностите на работната сила от тях, да засити "глада" ѝ от тях. И едва при съответното покритие, при пълното съответствие между работната сила и средствата за производство, изискващо се от новата техника, производителността на труда се увеличава и индивидуалното работно време се възстановява, възобновява на предишното си ниво, т.е. то вече отговаря на обществено приетото работно време. Такова насищане на средства за производство, отговарящи на потребностите на работната сила при съответната производителност на труда, има при процеса **p′ = const**. Ако при една отмираща държава, при едно високо развитие на производителните сили могат да се създават веднага условия за ново производство, т.е. да се предоставят веднага средства за производство на освобождаваната от старото производство при нова, по-висока производителност на труда, работна сила, то

продължителността на процеса $\dfrac{v}{c+v}$ = **const** ще бъде сведена

до минимум, времето на този процес ще се съкращава до нула или близко до нула, като с това и производителността на труда ще се покачва много по-бързо, с много по-високи темпове. Производителите ще имат интерес да съкращават времето на този период колкото е възможно повече, т.е. натрупването да става по-бързо, за да могат при по-високата вече производителност на труда да увеличават работната си заплата, макар и с увеличено вече индивидуално работно време. Така че спадането на индивидуалната норма на печалба в този случай засилва натрупването в ускорени темпове. ”Спадане на нормата на печалба и ускорено натрупване са само дотолкова различни изрази на един и същ процес, доколкото едното и другото изразяват развитието на производителната сила.”[163] Така че самоуправлението на работниците не се състои в нищо друго, освен в самоуправлението на работното им време. За целта обаче е необходимо да се принуди нормата на принадена стойност да започне да спада според спадането на нормата на печалба. Това вече е съзнателното използване на техническия прогрес за обществено, а не частно развитие, в полза, а не в ущърб на работническата класа. Само така научно-техническият прогрес може да бъде в услуга за благото на обществото и никога насочен срещу него; само когато той не действа със сляпата сила на стихиен процес, а като процес, подчинен на разумната дейност на обществото; само когато той не е дело единствено на шепа елитни частни лаборатории, а дело на милиони мислещи хора.

Разбира се, процесът $\dfrac{v}{c+v} = \mathbf{const}$ трябва да съществува докато средствата за производство започнат да съответствуват на работната сила при новата, по-високата производителност на труда – изискване, налагано от производството. Обаче ограничения налага пазарът. Дали и докога ще трае този процес зависи и от потребностите на пазара от производството на същата стока, предлагана до този момент. Самоцелното натрупване на средства за производство с цел рязко увеличаване на работната заплата при лошо проучване на пазара със задоволено или вече затихващо търсене на същата стока е също толкова вредно, колкото и спряната реализация от некачествена продукция. Решение може да се търси например в производството на друга стока, която се търси на пазара и която, разбира се, трябва да започне да се произвежда при новата производителност на труда – така, че регулиращият процес $\dfrac{v}{c+v} = \mathbf{const}$ да приключи и производството да започне да се реализира при следващия регулиращ процес – $\mathbf{p}' = \mathbf{const}$.

---

[163] Маркс, *Капиталът*, 3:281

С установяването на процеса $\dfrac{v}{c+v} = \mathbf{const}$ в такива критични ситуации, породени от рязкото нарастване на производителността на труда, ще се наблюдава непрекъснато и пропорционално отмиране на едни професии и появяването на нови **за едни и същи работници**, вместо да влачат те хомота на тесните специалности, увиснали им като доживотни присъди от „заробващото подчинение на индивидите на разделението на труда"[164]. Едрата промишленост „в своята капиталистическа форма възпроизвежда старото разделение на труда с неговите вкостенени специализации"[165] и с това води до израждане, осакатяване, атрофиране на личността и профаниране на обществото. Ето защо само така смяната на една производителност на труда с по-висока ще става вече безболезнено, без кризисни, без стресови ситуации, без колизии, без полярно противопоставяне в класи, а в постепенно сливане към една единна професия на универсален работник. Само така може да се осъществи великата ренесансова идея, доразвита от Маркс и Енгелс, за всестранно развита личност – като постепенен възход към съвършенството. Това е времето, когато ще говорим не за отделно съсловие "научен работник", а за работник-учен! Едва тогава ще може човек сам по себе си да бъде цел, а не средство, както искаше Кант. Едва тогава ще се осъществи и идеалът на Платон – най-сетне ще „започнат да царуват философите"[166].

Законът $\dfrac{v}{c+v} = \mathbf{const}$ е третият закон, който не позволява на работната сила да бъде стока, да изпадне в положението на стока, т.е. да бъде лишена от средствата за производство, като същевременно позволява на работната заплата да бъде самонарастваща стойност. Защото работната заплата може да се увеличава не само в стойност при неизменно работно време, но и в увеличено свободно време при неизменна нейна стойност. Така че освен $\mathbf{p'} = \mathbf{const}$, законът $\dfrac{v}{c+v} = \mathbf{const}$ е друга форма на проявление на собствеността върху средствата за производство

---

[164] Маркс, *Критика на Готската програма*, 1:175
[165] Маркс, *Капиталът*, 1:538
[166] Платон, *Държавата*, 216

като **обществена**. Именно тя е явна, съзнателна форма на обществена собственост в критични ситуации, тъй като средствата за производство остават собственост на работната сила във всеки един момент, тя не се отделя от тях, не се отчуждава дори в момент, когато иначе капиталът винаги прави това с насилие. Алиенацията, т.е. отчуждението изобщо, е характерна, вътрешно присъща на капиталистическите производствени отношения, а конкретно проявена в производствения процес – в отчуждение на работната сила от средствата за производство, в отделяне на непосредствените производители от техните оръдия и предмети на труда. Собствеността за тях става "анонимна", "ничия", както се констатира някога у нас. Работната сила се отделя, отчуждава от средствата за производство, защото те в действителност са чужда собственост, чия – за работниците е безразлично!

Горбачов (а и само той ли!) иначе дълбокомислено се напрегна „да реши историческата задача как да бъде преодоляно отчуждаването на човека от властта, от собствеността, от производството, културата и т.н."[167]

След като е форма на обществената собственост, ясно е, че законът $\dfrac{v}{c+v} = \textbf{const}$ представлява друг израз на социалното равенство, защото вече няма "излишни" хора, изхвърляни от производството като технологичен отпадък, няма непълноценни личности, подведени като "малоценни и малотрайни предмети" – вид сметка от счетоводството на Капитала. По-високата производителност на труда идва да развива, а не да осакатява работниците. Работната сила е поставена в еднакви условия пред средствата за производство както по време на нормални, неизменни, така и по време на екстремални, променящи се условия на труда, т.е. така, че във всички случаи собствеността да си остава обществена. Ето защо съвсем не влизам в противоречие с твърдението си от по-рано в глава първа, че еднаквата норма на печалба създава обществена собственост и различието от нея създава частна собственост. Спадането на индивидуалната норма на печалба в дадения случай, което също е различие от общата норма на печалба, съвсем не значи, че се създава частна

---

[167] *Демократизация на живота*, в-к „Труд", 01.03.1989, информация на БТА

собственост. Напротив, нейното спадане се използва с цел така, че да не се нарушава именно обществената собственост, а да се запазва тя под друга форма. Това е такова различие на нормата на печалба, в същност единственото, което не създава частна собственост. Общата норма на печалба дотогава е еднаква, докато не се наложи спадане на индивидуалната норма на печалба, породено от нарастването на органичния състав. По-късно тя отново се покачва – пак поради условията на органичния състав – но не повече от една определена граница – от $p' = \mathbf{const}$. Това движение на индивидуалната норма на печалба става по точно определени закони, а не произволно, т.е. по такъв начин, че производствените отношения да се запазват същите без да се нарушават, т.е. обществената собственост върху средствата за производство да остане ненакърнена дори и при промяна на нормата на печалба! Така че различието тук на индивидуалната от общата норма на печалба не дава основание за частно присвояване, не е основа за частна собственост. Частна собственост се създава само в онзи случай на спадане на нормата на печалба, което е съпроводено в същото време от съответно насрещно повишаване на нормата на принадена стойност. Иначе само различие, резултат не от спадане, а от повишаване на нормата на печалба **над** общата, **над** $p' = \mathbf{const}$, би могло да създаде частна собственост. Норма на печалба по-висока от общата, над $p' = \mathbf{const}$, означава само едно – че е присвоена принадена стойност (със сигурност частно!) повече, отколкото това позволява конкретната за дадения органичен състав норма на принадена стойност, т.е. че е повишена нормата на принадена стойност повече, отколкото това е необходимо, повече, отколкото тя трябва да бъде според равнището на органичния състав на капитала; означава, че е присвоена повече принадена стойност за сметка на работната заплата, присвоена повече **m**, за сметка на **v**. За съществуването на обществената собственост е необходимо да не може да се присвоява повече от една горна граница – границата $p' = \mathbf{const}$. Общата норма на печалба е горна граница за нарастването на всяка индивидуална норма на печалба. Тъй както във физиката скоростта на светлината е **const** и горна граница за всички скорости, така и тук общата норма на печалба е **const** и горна граница за всички норми на печалба.

Индивидуалната норма на печалба се променя, но така, че се запазват същите обществени производствени отношения вече чрез друг закон, под друга форма – $\dfrac{v}{c+v} = $ **const**. Съгласно този закон получаваме:

$$\Delta M' = \Delta p'$$

Както се вижда, **M′** не само че може да се увеличава в един случай, но и да спада в друг – в този случай, нещо, което е съвсем чуждо за капитала. „Спадаща норма на печалбата изразява спадаща норма на принадена стойност само когато отношението между стойността на постоянния капитал и масата на работната сила, която го привежда в движение, остава неизменно или когато последната се увеличава по отношение на стойността на постоянния капитал."[168] Новото е това, че Законът за тенденцията на нормата на печалба към снижение намира своето пряко действие при социалистически начин на производство в закона $\dfrac{v}{c+v} = $ **const**. Сега обаче не само общата норма на печалбата може да спада и не само като тенденция, но и индивидуалната и то регулирано само в точно определен момент. Нейното снижение се използва за снижаване на нормата на принадена стойност. А самият този факт достатъчно красноречиво говори за себе си – **m′** вече губи значението си на онзи основен противодействащ, насрещен фактор на нормата на печалба да спада. Снижаващата се **m′** спомага, улеснява по-бързото снижение на **p′**, а с това и навлизането на научно-техническите новости в производството, докато повишаващата се **m′** я задържа – „това намаление се забавя или спъва поради повишението на нормата на принадена стойност"[169].

От Маркс знаем, че, от една страна, повишаващата се норма на принадена стойност при снижаваща се норма на печалба предизвиква остро противоречие между производителните сили и производствените отношения, като по този начин създава съпротива у работниците при внедряването на научно-техническия прогрес. „Тенденцията на нормата на печалба към спадане е свързана с тенденция към повишаване на нормата на принадена

---

[168] Маркс, *Капиталът*, 3:281
[169] Пак там, 273

стойност, следователно с тенденция към повишаване степента на експлоатация на труда."[170]

Тази бе причината у нас при "социализма" да се внедряват техническите и научни постижения, всички новости, изключително трудно, с танталови мъки. С отстраняването на този противодействащ фактор – повишаващата се **m′** -- се отстранява и една от основните противодействащи причини за свободното и бурно навлизане на всички технически новости в производството.

От друга страна, относителното свръхнаселение, т.е. безработицата, е друг фактор, действащ злокачествено върху нормата на печалба да спада. Неговото отсъствие, т.е. липсата на безработица, при закона $\dfrac{v}{c+v} =$ **const**, се превръща във втора причина, спомагаща **p′** да спада по-бързо.

Трета, „една от най-значителните причини, които спъват тенденцията на нормата на печалба към спадане"[171], а с това и обществения прогрес, е спадането на работната заплата под стойността на работната сила. Тогава, когато работната сила не е стока, работната заплата винаги съответства на стойността на работната сила, като с това и тя отпада като друга важна причина, насочена срещу спадането на нормата на печалба. Или, работната заплата като самонарастваща стойност спомага за по-бързото усвояване на новостите, за по-бързото избуяване на научно-техническите постижения в производството.

Като противодействащ фактор отпада и акционерният капитал, защото този фиктивен капитал като капитал на спекулата просто не съществува, освен всичко друго и поради това, че монопол в системата няма и не може да има.

Пета противодействуваща причина е външната търговия. Стойността на стоките в развитите капиталистически страни е по-ниска от тази в бедните, изостанали страни, поради по-високата обществена производителност на труда, а цените на международния и световния пазар са по-високи от тази тяхна национална стойност. Така се реализира добавъчна печалба за националния капитал на икономическите гиганти (Голямата

---

[170] Маркс, *Капиталът*, 3:279
[171] Пак там, 274

седморка днес), повишаваща в крайна сметка общата норма на печалба. Различията в производителността на труда в отделните страни не биха оказвали влияние върху общата норма на печалба при международна или световна социалистическа система, само ако тези страни работят съгласувано с еднаква норма на печалба, така че на практика разликата между външна и вътрешна търговия е заличена напълно и вече не съществува.

Единствено задържащо влияние на нормата на печалба да спада може да има поевтиняването на постоянния капитал, защото производителната сила на труда води до това, че „стойността на постоянния капитал нараства не в същата пропорция, в каквато нараства неговият материален обем."[172] Повишаването на стойностния състав на капитала винаги е по-бавно от повишаването на техническия му състав при общото им влияние върху нарастването на органическия състав.

{Между другото, във връзка с тази тема, една нова звезда на капиталистическата пропаганда се появи на небосклона, поредният официален кандидат за Нобелова награда, който е обвит в някаква лява мъгла от същата тази пропаганда. Този икономист е шумно рекламиран напоследък само за това, че е поредния великан на мисълта, отхвърлил ако не целия Маркс, то нещо от Маркс – Томас Пикети „отхвърля" Закона за тенденцията на нормата на печалба към снижение като погрешен, неверен! Изглежда Пикети не знае, че действието на този обективен закон беше доказан факт по време на класическия пазарен капитализъм в най-развитите страни от 1865 до 1895 година. Но в XXI век съвместното задържащо влияние на горепосочените шест противодействащи причини в условията на съвременния държавно-корпоративен капитализъм е необичайно силно, по-силно отвсякога – главно от невероятно раздутия световен акционерен фиктивен капитал заедно с безработицата в катастрофални размери и глобалната външна търговия на мултинационалния капитал задържат мощно тенденцията на световната норма на печалба към снижение, но не я спират! Съвременният държавно-корпоративен капитализъм по никакъв начин не отхвърля този закон, а точно обратното – доказва го чрез простия факт, че органичния състав на обществения капитал в тези същите страни нарастна в колосални размери и

---

[172] Маркс, *Капиталът*, 3:274

поради това световната норма на печалба спада значително по-бавно, но съблюдавайки съвсем точно Закона за тенденцията на нормата на печалба към снижение! Така че неговият имитиращ труд „Капиталът" се появява след оригинала на Маркс за втори път, но ние вече знаем, че всички велики световноисторически събития и личности се появяват, така да се каже, два пъти: първия път като наука, втория път като фарс. А това е достатъчна причина да бъде връчена Нобелова награда!}

У нас и в целия съветски блок научно-техническият прогрес се промъкваше с отчайващо ходене по мъките, което беше и една от причините да се заговори и да започне да се търси "нов модел на социализма". След кризата на държавния монопол от 1983г. у нас възникна острата необходимост да се придадат "съвременни форми на социализма". Наистина, за финансовата олигархия на държавно-монополистическия капитал у нас крайно време беше да се въведат вече съвременни форми на експлоатация, да се изоставят грубите, брутални форми на ранния капитализъм и да се премине към "самоуправление" и "социалистическа конкуренция" в икономиката, както към "гласност" и нова "демокрация" в политиката. Време беше за една изискана, галантна експлоатация, напълно в духа на нашето време, която обаче така и не се състоя вече четвърт век по-късно!

Но пък в замяна през октомври 1986г. в Москва се състоя празник на комунистическата църква – всички "комунистически", "работнически", християнски и лейбъристки партии имаха събор на височайша тема – загрижено да разгледат "ролята на работническата класа в новите условия на научно-техническата революция"[173]! Произнесоха се различни проповеди и речи, като невинно се забравяше, че още Маркс предвиждаше и "новите условия" на научно-техническата революция, и ролята на работническата класа в тях. Маркс вече бе писал, че в такива условия „да бъде човек производителен работник не е щастие, а проклятие"[174].

Съвременният невротизиран човек, поставен в тези "нови условия", дължи своето състояние и поведение на съвременните

---

[173] *За мир и социален прогрес*, в-к „Труд", 11.10.1986, инфпрмация на БТА
[174] Маркс, *Капиталът*, 1:559

форми на експлоатация – по-изтънчена, по-фина, рафинирана и цивилизована; експлоатация с бели ръкавици и колосани яки, която е по-невидима, но и по-опасна; тя е коварство, представяно за любов; експлоатация, основана преди всичко на относителна и по-малко на абсолютна принадена стойност. Още на X конгрес на БКП през 1970г. се "отчете" и до 1989г. непрекъснато продължаваше да се отчита, че "екстензивните фактори на растежа" са изчерпани и затова трябва да се премине към интензивните, т.е. възможностите на абсолютната принадена стойност до 1970 година бяха вече изчерпани за експлоатация и затова трябваше да се извика модерната й форма – относителната принадена стойност. Но това така и не стана – до 1989 година продължаваше да се удължава работния ден поради "неизпълнение на плана" или т.нар. "отработване на празника" – непозната никъде по света практика, освен у нас и кой знае, може би и в Северна Корея.

Както беше отбелязано в началото на тази глава, капиталистическото производство поражда като вътрешно присъща безработица, при това съвременното високо технологично капиталистическо производство я поражда в колосални размери; безработица, която според един европейски икономист, в следващите 10 години ще достигне до 75% от трудоспособното население на страните. Тази прогноза днес стряска целия трудов пазар с черния си песимизъм. Но ако хората познаваха добре икономическите закони на капитализма, те щяха да знаят, че при това развитие на съвременния капитализъм след 25-30 години безработицата в развитите страни ще бъде не 75%, а 100%!

ПРОИЗВОДСТВЕНИЯТ ПРОЦЕС -- КРЪГОВ ЦИКЪЛ НА КАРНО

Колкото и да е различен в своето многообразие на формите, оказва се, че в основата си светът се подрежда, движи и управлява от едни и същи всеобщи, при това достатъчно прости, природни закони.

Наистина, на пръв поглед изглежда, че не може да има нищо общо между две иначе съвсем различни и толкова отдалечени науки – политическата икономия и термодинамиката. На второ четене обаче става ясно, че можем да гласуваме за приемането на техни общи принципи. Едва ли Маркс и Карно са предполагали някога това. Общите принципи на двете науки обаче са само едно стъпало към великото обединяване на всички науки в Обща теория на Природата!

И така, още от средния курс по физика на термодинамичните системи знаем, че за да приемем една система като термодинамична е необходимо да бъдат изпълнени задължително две условия:

1.Системата да е изградена от извънредно голям брой градивни частици, които да имат хаотично движение;

2.Системата да има пренебрежимо малки, незначителни размери в сравнение с космическите обекти на Вселената.

На тези две условия отговаря и всяка високоразвита стокова система със стойностен характер, т.е. подчинена на Закона за стойността. С други думи, всеки производствен процес върху едромашинно стоково производство, представен от своята стойностна страна, би могъл да бъде "термодинамичен" процес. Тук като градивна частица се явява основната клетка на стойностния процес – стоката.

Наличието на хаотично движение на градивните частици с произволни и случайни посоки и големини на скоростите им е задължително за една термодинамична система в общия случай, докато насоченото движение е само възможност като частен случай. Такова поведение има и процесът на нарастване на стойността при капиталистически начин на производство – хаотично движение. При този начин на производство стоките имат такова хаотично движение поради действието на Закона за анархията и конкуренцията на производството.

Ние вече разгледахме поотделно всяка част от великата формула на Маркс за нормата на печалба като постоянна величина с нейното конкретно значение за социалистическото производство. И тъй като производственият процес при социализма като процес лишен от експлоатация, се осъществява само при $M' = \mathbf{const}$, възниква въпроса как би изглеждал цялостния производствен процес при условие производството да се провежда винаги при $M' = \mathbf{const}$, при което работната заплата като обществено отношение става самонарастваща стойност по формулата $\Delta v = \Delta(v+m)$.

В термодинамиката има три основни параметъра, които определят **качествено** състоянието на една система: налягане, температура и специфичен обем – p, T и v. Сами по себе си основните икономически показатели в политическата икономия, също три: p', M' и $\dfrac{c + v}{v}$ налагат поразителната им прилика не само формално – като символна прилика, но и по собственото си съдържание.

Ако разглеждаме процеса на нарастване на стойността като "термодинамичен" процес, то "работно тяло" в този процес е капиталът като "газова смес" от c и v, от постоянен и променлив капитал, с "обем" $(c+v)$. Тогава неговият "специфичен обем" е $\dfrac{c + v}{v}$. Ако разглеждаме производствения процес като трудов процес, то "работно тяло" е работната сила, но в производствения процес като процес на нарастване на стойността това е целият капитал $(c+v)$, а не само променливия капитал v. Ето защо "налягането" върху "работното тяло" трябва да бъде p'. Тогава за "температурата" му остава да приемем M'. Оттук можем да определим, че $p' = \mathbf{const}$ представлява "единичен процес" и то "изобарен" процес, $\mathbf{M'} = \mathbf{const}$ е "изотермичен", а $\dfrac{v}{c+v} = \mathbf{const} -$

"изохорен" процес. По този начин процесът на нарастване на стойността представлява един "политропен" процес и можем да представим цялостния производствен процес при социализма като кръгов цикъл на Карно.

Как обаче трябва да свържем в прав кръгов цикъл единичните процеси така, че да бъде възможен целият производствен процес?

Аз вече разгледах последователността на първите три процеса и обясних необходимостта, която налага точно тази, а не друга последователност. А тя е:

1. $\mathbf{p'} = \mathbf{const}$;
2. $\mathbf{M'} = \mathbf{const}$;
3. $\dfrac{v}{c+v} = \mathbf{const}$.

Добавих, че след третия процес $- \dfrac{v}{c+v} = \mathbf{const}$, производственият процес отново протича при $\mathbf{M'} = \mathbf{const}$. С него се затваря и целият цикъл като кръгов, започвайки отново от $\mathbf{p'} = \mathbf{const}$, като добива вида 1-2-3-4-1. Така в крайна сметка производството в обществен мащаб протича винаги при **постоянна** средна норма на принадена стойност и се изпълнява условието $\mathbf{\Delta v} = \mathbf{\Delta(v+m)}$, което и трябваше да се докаже.

И за да бъде представен нагледно цялостния производствен процес като прав кръгов цикъл на Карно, ще използвам "**p-v**" диаграма.

Диаграма 2

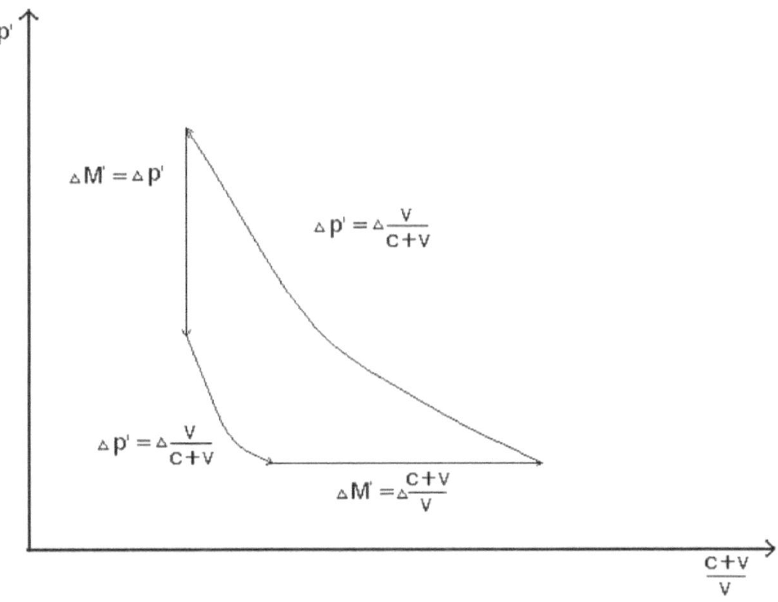

Целият кръгов процес показва последователни единични процеси на един и същи производител (работник, бригада, предприятие) или успоредни едновременни процеси на различни производители. При всяка дейност, при всеки процес, претендиращ за обективност, задължително трябва да има някакъв автоматизъм, някакъв часовников механизъм, който да изключва всякакъв субективизъм или поне да го свежда до минимум. Такъв автоматизъм на общественото производство може да даде само някакъв негов повтарящ се цикъл, който в случая има този вид. С този автоматичен кръгов цикъл се поставя началото на една напълно автоматична икономика, независеща от борси и индекси, независеща от кихването на някой нашумял в момента политик или банкер.

Трябва да отбележим, че в същност единичните процеси, както и кръговият процес, представляват по-скоро реални работни процеси на буталните двигатели с вътрешно горене, отколкото идеални термодинамични процеси на изолирана термодинамична система. Производството, основано на обществена собственост върху средствата за производство представлява такъв един "двигател с вътрешно горене", един мощен обществен двигател на нарастването на стойността, а не затворена, изолирана система.

Преди и след процеса M' = **const** има два процеса – "изобарния" и "изохорния" – при които не се извършва работа. Те служат за **гранични преходи** на M' при екстремални ситуации. Действителната работа, т.е. действителният производствен процес, протича само при M' = **const**. Това са два процеса, при които индивидуалната M' се **движи** – спада или се повишава – като остава след това неподвижна; това са процеси, при които нормата на принадена стойност се настройва, нагажда за следващия си процес M' = **const**, който е вече при други, нови условия. В термодинамиката работа не се извършва само при един процес – изохорния, докато тук такъв е и "изобарния". Това е едно съществено различие между двете науки.

За индивидуалния капитал процесът p' = **const** в същност е обратен процес на $\dfrac{v}{c+v}$ = **const** – първият увеличава, а втория намалява нормата на печалба p' заедно с нормата на принадена стойност M'. И ако процесът $\dfrac{v}{c+v}$ = **const** е процес на "сгъстяване" на работната сила спрямо средствата за производство, то p' = **const** е процес на "разширяване". Както и M' = **const** като втори процес е процес на "сгъстяване", а като четвърти – на "разширяване". Процесите p' = **const** и $\dfrac{v}{c+v}$ = **const** са две гранични състояния на производствения процес, когато количествените натрупвания налагат качествени изменения; от тази гледна точка и само от нея те са едни помощни, спомагателни процеси на производствения процес, осъществяван при M' = **const**. Тези два процеса са "фазови преходи" за преминаване от едно състояние в друго. В същото време различните равнища на M', определяни от тези процеси, представляват един вид различни енергетични нива за работниците в завода, както е в квантовата физика за електроните в атома.

Термодинамиката може още веднъж да окаже неоценима услуга на политическата икономия.

Знаем, че коефициентът на полезно действие на прав кръгов цикъл се увеличава, когато минималната температура на работното тяло се намали, а максималната се увеличи. Или, за да повишим ефективността на общественото производство, за да увеличим к.п.д. на обществения двигател, трябва да намалим минималната му "температура", т.е. норма на принадена стойност M'_{min}, и да увеличим максималната M'_{max}. С други думи, това означава, че по един робинхудски начин най-много маса принадена стойност обществото ще получава от водещите отрасли, примерно от high-tech производства, но в същото време ще се развива и "стимулира" чрез относително по-скъпото ѝ заплащане работната сила, заета в по-слабите отрасли, т.е. с по-нисък органичен състав и по-бавен оборот, например в селското стопанство.

ГЛАВА ПЕТА

НАТРУПВАНЕ НА ОБЩЕСТВЕНИЯ КАПИТАЛ И РАЗШИРЕНО ВЪЗПРОИЗВОДСТВО

Тук трябва да се спрем специално върху този изключително важен въпрос – натрупването на обществения капитал в условията на обществена собственост. В теорията съществуват две схеми на възпроизводство и натрупване на обществения капитал – на Маркс и на Ленин. И двете нямат практическо приложение при капиталистически начин на производство. Защо?

И двамата са разгледали натрупване при неизменна норма на принадена стойност, т.е. случая, който е невъзможен за капитализма, но случая, точно който ни интересува – когато $\Delta v = \Delta(v+m)$. Но докато при Маркс „не може да се направи никакъв извод за преобладаване на **I** подразделение над **II**"[175], т.е. има равновесие между производството на средства за производство и производството на средства за живот, натрупването е равномерно и в двете подразделения, защото става при неизменна производителност на труда, то при Ленин производството на средства за производство преобладава над производството на средства за живот. Едно такова равновесие между двете подразделения на общественото производство е необходимо, ако не се отчете бурното развитие на научно-техническата революция, която налага, както видяхме в глава трета, в даден период от възпроизводствения цикъл острата необходимост от закупуването на все повече и все по-скъпи средства за производство. Разгледаният от Ленин случай отговаря на тази необходимост, тъй като при него отношението $\dfrac{v}{c+v}$ се снижава не „като тенденция

---

[175] Владимир Илич Ленин, *За така наречения въпрос за пазарите*, 1:73

172

към прогресивно спадане"[176], а в една „абсолютна форма"[177] за всяка изминала година според повишаването на производителността на труда.

Но обществената производителност на труда обикновено не нараства всяка година в тази "абсолютна форма", в тези темпове, които той представя. Схемата на Ленин е неприложима, тъй като конструкцията ѝ не е изложена и не е издържана правилно. Това е една допълнителна причина схемата на Ленин да няма практическо приложение. Но идеята му е ценна.

Ленин има огромен принос в теорията и практиката за държавата и за революцията. Но неговият най-голям принос в икономическата теория е именно схемата на разширено възпроизводство с увеличаваща се производителност на труда. Това е изключително ценна разработка на младия му ум. Оригинално хрумване, което оставя неизличима и полезна следа в политическата икономия и в икономическата наука изобщо. Но въпреки оригиналността си и верността на изводите, тази схема не е вярна. По какъв закон става деленето на добавъчния капитал от Im за натрупване? По никакъв! Напротив, това става произволно! Защо при органичен състав 4:1 на капитала в I подразделение, например, добавъчният капитал от Im се дели изведнъж в пропорция 9:1?! Защо? На какво основание?

Ако разгледаме натрупването на капитала като процес във времето, то като дялове от m, от принадената стойност отделена за натрупване, виждаме едно относително намаляване на променливата част на капитала по време на натрупването в низходящ ред $\frac{1}{2}$, $\frac{1}{3}$, $\frac{1}{4}$ ... $\frac{1}{8}$ и т.н., т.е., натрупването на променливия капитал v според органичния състав образува редицата $\{1/n\} \to 0$, докато в същото време натрупването на постоянния капитал c следва възходящ ред $\frac{1}{2}$, $\frac{2}{3}$, $\frac{3}{4}$, ... $\frac{7}{8}$ и т.н., т.е., образува редицата $\{n/(n+1)\} \to 1$. Става ясно, че променливия капитал като функция на целия капитал в процеса на натрупване е натурален логаритъм от него, т.е. $v = f(C) = lnC$, и неговата първа производна дава моментна стойност именно от тази редица:

---

[176] Маркс, *Капиталът*, 3:248
[177] Пак там

$$v' = (\ln C)' = \frac{1}{C}$$

Както всяка производна, и производната на **v** изразява **скоростта** на даден процес, в случая – скоростта на процеса натрупване през призмата на променливия капитал. С други думи, това е натрупването, което става при неизменна производителност на труда, т.е. натрупването по схемата на Маркс. Ако сега намерим втората производна на **v**, тя ще ни даде друга зависимост – точно тази, която търсим:

$$v'' = (\ln C)'' = -\frac{1}{C^2}$$

Ако първата производна изразява скоростта, втората производна изразява **ускорението** на процеса натрупване, т.е. степента на натрупване на променливия капитал, с която той изостава от натрупването на постоянния капитал, отчитайки развитието на научно-техническия прогрес върху органичния състав на капитала. Това значи, по отношение както на обществения, така и на индивидуалния капитал, ускорено натрупване на постоянен капитал във вида на средства за производство при повишаваща се производителност на труда за сметка на относително намаляващо натрупване на променлив капитал във вида на работна заплата. Тази зависимост можем да изразим като *Закон за ускореното натрупване*. Така че, ако натрупването става по схемата на Маркс, трябва ни първата производна на функцията променлив капитал, а ако натрупването става по схемата на Ленин – втората производна на същата функция.

Маркс е разгледал два примера на разширено възпроизводство. Нека видим първия, главния от тях, когато **I(v+m/x) = IIc**. Той приема в двете подразделения различни норми на печалба, но еднакви норми на принадена стойност, които са неизменни; органичният състав в **I** подразделение е относително висок:

I 4000 **c** + 1000 **v** + 1000 **m** = 6000

II 1500 **c** + 750 **v** + 750 **m** = 3000

I c/v = 4:1; **I p′** = 20%; **I m′** = 100%; **a′** = 50%

II c/v = 2:1; **II p′** = 33,3%; **II m′** = 100%

След натрупването схемата изглежда така:

I 4400 **c** + 1100 **v** + 500 **m** (потребителен фонд) = 6000

II 1600 **c** + 800 **v** + 600 **m** (потребителен фонд) = 3000

Тук виждаме, че **след** натрупването целият продукт за потребление, създаден във **II** подразделение, е равен по своята стойност на целия национален доход – **(c+v+m)II = (v+m)**, [=3000]; също се отнася и за продукта, създаден в **I** подразделение: по стойност той е равен на общата стойност на средствата за производство в двете подразделения – **(c+v+m)I = Ic+IIc**, [=6000].

В края на следващата година натрупването на обществения капитал и разшареното възпроизводство изглеждат така:

I 4400 **c** + 1100 **v** + 1100 **m** = 6600

II 1600 **c** + 800 **v** + 800 **m** = 3200

И така, тук виждаме, че въпреки различните норми на печалба в двете подразделения, поради неизменната средна норма на принадена стойност **Δv** = **Δ(v+m)**,   [= 108.57%]. След натрупването схемата изглежда така:

I 4840 **c** + 1210 **v** + 550 **m** (потребителен фонд) = 6600

II 1760 **c** + 880 **v** + 560 **m** (потребителен фонд) = 3200

Тук отново виждаме, че **след** натрупването **(c+v+m)II = (v+m)**, [=3200]; а продукта в **I** подразделение – **(c+v+m)I = Ic+IIc**, [=6600]. В края на следващата година натрупването на обществения капитал и разшареното възпроизводство са:

I 4840 **c** + 1210 **v** + 1210 **m** = 7260

II 1760 **c** + 880 **v** + 880 **m** = 3520

Както се вижда, тук отново **Δv** = **Δ(v+m)**, [= 110%]. Същият цикъл се повтаря всяка следваща година докато общественото производство протича при неизменна средна норма на принадена стойност. В края на петата година схемата на Маркс има следния вид:

I 6442 **c** + 1610 **v** + 1610 **m** = 9662

II 2342 **c** + 1172 **v** + 1172 **m** = 4686

При неизменна производителност на труда всички пропорции се запазват в течение на времето и натрупването е равномерно и в двете подразделения, има равновесие между производството на средства за производство и производството на средства за живот; натрупването на **v** върви с постоянна стъпка = 1/**C**. Но какво се случва при схемата на Ленин?

От своята схема Ленин прави заключението, че производството на подразделение **I** трябва да преобладава над производството на подразделение **II**. Той взема предвид влиянието на техническия прогрес. Обаче за да задълбочи ефекта в схемата, Ленин приема нереално отношение между **v** и **c** в допълнителния капитал за натрупване; това отношение не е подчинено на никакъв закон, а е произволно. Да видим неговата схема.

Година 1-ва

I 4000 **c** + 1000 **v** + 1000 **m** = 6000
II 1500 **c** + 750 **v** + 750 **m** = 3000

I v/(c+v) = 1/5 (20%) ; **II v/(c+v)** = 1/3 (33.3%)

I(1000 **v** + 500 **m**) = **II** 1500 **c**,

доп. кап-л **I** 500 **m** = 450 **c** + 50 **v**   **v/(c+v)** = 1/10
доп. кап-л **II** 60 **m** = 50 **c** + 10 **v**   **v/(c+v)** = 1/6

I 4450 **c** + 1050 **v** + 500 **m** (потребителен фонд) = 6000
II 1550 **c** + 760 **v** + 690 **m** (потребителен фонд) = 3000

Както виждаме, Ленин приема и в двете подразделения отношението на променливия капитал към целия капитал в допълнителния капитал за натрупване = 1/2**C**. Обаче това допускане не е подчинено на никакъв закон, а е произволно. След първата година ускореното натрупване все още запазва пропорциите непроменени: **(c+v+m)II** = **(v+m)**, [=3000] и **(c+v+m)I** = **Ic+IIc**, [=6000]. Както виждаме, в края на втората година след натрупването **Δv** = **Δ(v+m)**, [= 103.43%].

Година 2-ра

I 4450 **c** + 1050 **v** + 1050 **m** = 6550
II 1550 **c** + 760 **v** + 760 **m** = 3070

I **v**/(**c**+**v**) = 19.09% (≈1/5) ; **II** **v**/(**c**+**v**) = 32.9% (≈1/3)

I(1050 **v** + 525 **m**) = **II** 1575 **c** [=1550 **c** + 25 **m**]

доп. кап-л **II** 28 **m** = 25 **c** + 3 **v**   **v**/(**c**+**v**) ≈ 1/9
доп. кап-л **I** 525 **m** = 500 **c** + 25 **v**   **v**/(**c**+**v**) ≈ 1/21
доп. кап-л **II** 28 **m** = 25 **c** + 3 **v**   **v**/(**c**+**v**) ≈ 1/9

I 4950 **c** + 1075 **v** + 525 **m** (потребителен фонд) = 6550
II 1602 **c** + 766 **v** + 702 **m** (потребителен фонд) = 3070

Тук, във втората година, натрупването на променливия капитал внезапно и без причина изостава от натрупването на постоянния капитал в **I** подразделение рязко със стъпка повече от −1/4**C**, докато във **II** подразделение стъпката на изоставане е ≈ −1/3**C**. След тази втора година ускореното натрупване променя пропорциите: **(c+v+m)II** > **(v+m)**, [3070 > 3068], и излиза невъзможното неравенство **(c+v+m)I** < **Ic+IIc** [6550 < 6552]. Ако първото неравенство изразява годишното производство на средства за потребление превишаващо действителното платежоспособно обществено потребление, свръхпроизводство на средства за потребление, то второто неравенство е съвсем невъзможно, защото изразява натрупване на средства за производство и в двете подразделения, което е по-голямо от реално произведените средства за производство, т.е., част от натрупването е фиктивно! Както ще видим по-нататък, и двете тези диспропорции стават по-големи през следващите години при това основно допускане. В края на третата година виждаме, че след натрупването, поради неизменната норма на принадена стойност отново Δ**v** = Δ**(v+m)**, [= 101.71%].

Година 3-та

I 4950 **c** + 1075 **v** + 1075 **m** = 7100

II 1602 **c** + 766 **v** + 766 **m** = 3134

I **v/(c+v)** = 17.8% (≈1/6) ; II **v/(c+v)** = 32.3% (≈1/3)

I (1075 **v** + 537.5 **m**) = II 1612.5 **c** [= 1602 **c** + 10.5 **m**]

доп. кап-л II 11.5 **m** = 10.5 **c** + 1v   **v/(c+v)** ≈ 1/12

доп. кап-л I 537.5 **m** = 517.5 **c** + 20 **v**   **v/(c+v)** ≈ 1/26

доп. кап-л II 22 **m** = 20 **c** + 2 **v**   **v/(c+v)** = 1/11

I 5467.5 **c** + 1095 **v** + 537.5 **m** (потребителен фонд) = 7100

II 1636.5 **c** + 769 **v** + 730.5 **m** (потребителен фонд) = 3134

———. ———. ———. ———. ———. ———. ———.-----

Година 4-та

I 5467.5 **c** + 1095 **v** + 1095 **m** = 7657.5

II 1636.5 **c** + 769 **v** + 769 **m** = 3172.5

I **v/(c+v)** = 16.7% ; II **v/(c+v)** ≈ 32%, и така нататък.

В третата година стъпката на изоставане на натрупването на променливия от постоянния капитал във **II** подразделение е ≈ − 1/4С, докато в **I** подразделение тя е даже повече от ≈ −1/4С! Това означава, че тя е 2 пъти и повече по-голяма отколкото в първата година. Отново без причина. Единственото отношение, което е непроменено като пропорция е **Δv** = **Δ(v+m)**, [= 101.25%], но пък е намаляващо като относителна стойност. Обаче диспропорциите всяка следваща година се задълбочават. Тук виждаме, че в третата година разривът в хармонията на Марксовата схема става още по-голям в сравнение с втората година – след натрупването отново **(c+v+m)II > (v+m)**, [3134 > 3132], а **(c+v+m)I < Ic+IIc** [7100 < 7104], което е невъзможно. Известна негативна тенденция и нова диспропорция можем да забележим тук в отношението между постоянния капитал във **II** спрямо **I** подразделение. Ако **IIc/Ic** през първата година е 37.5%, през втората вече е 34.8%, през четвъртата година спада до 29.9%. В схемата на Маркс това спадане е по-слабо – от 37.5% до 36.36%, и остава постоянно. Това значи че ускореното натрупване на обществения капитал в този си вид развива бързо капиталистическите дисбаланси в разширеното възпроизводство.

Както се вижда, при тези темпове и пропорции на натрупване схемата е нереална. Изводът, който Ленин прави първоначално „се основава върху невероятни предположения и поради това е неправилен"[178], защото като резултат от тях част от натрупването е фиктивно. Нещо повече, той дори задава въпроса: *Допустимо ли е прогресът на техниката, който намалява отношението v към c, да се изрази само в I подразделение и да остави II в пълен застой?*[179] С други думи, той прави „още една крачка напред"[180] и стига до крайност с допускането във II подразделение $v = 0$, т.е., че „във II подразделение изобщо да няма натрупване"[181], а цялото натрупване става само в подразделение I. Това, както казва сам Ленин, е вече злоупотреба със схемите. Като цяло самата концепция за изпреварващото натрупване в I над II подразделение като общовалиден закон на развитото стоково производство е правилна. Би могло да се направи логически извод, че натрупването във II подразделение трябва да изостава от натрупването в I поради обективния икономически закон на увеличаващата се обществена производителност на труда, който се изразява в постоянно намаляване на v към (c+v). Но в тази схема изоставащото натрупване във II води до задълбочаване на капиталистическите диспропорции и противоречия.

Тази схема на Ленин обаче беше превърната в догма от съветската академична наука, която сляпо беше подчинена на нея. Нещо повече, тя беше приета като задължителна за социализма, макар Ленин изрично отбелязва, че се отнася за *капиталистическото* възпроизводство. Икономическата мисъл по това време считаше, че натрупването на средства за производство като самоцел, натрупването заради самото натрупване, изразява бурна индустриализация, бурен икономически възход. Но рекордното производство на чугун и стомана за сметка на недостигащи телевизори и козметика, например, доведе до

---

[178] Ленин, *За така наречения въпрос за пазарите*, 1:76
[179] Пак там
[180] Пак там
[181] Пак там

задънена улица този модел на фалшив социализъм. Изоставащото натрупване във **II** подразделение в сравнение с **I** по това време означаваше точно това – намаляващо, спадащо производство и дефицит на предмети за потребление, на по-ниско качество и морално остарели: автомобили, битова електроника, домашно обзавеждане, асортимент на храни и т.н. Грешната схема на Ленин с иначе правилната идея за изпреварващо натрупване на **I** подразделение над **II** беше приложена на практика от съветския държавно-монополистически капитализъм без никаква критика и ето защо бяхме свидетели наистина на една постоянна криза на дефицит на предмети за потребление в замяна на свръхпроизводство на средства за производство.

Схемата на Ленин е схема на диспропорциите; те са ясно изразени при тези темпове и отношения на натрупване, които той представя. Както вече отбелязах, за да задълбочи ефекта, Ленин приема нереално отношение между **v** и **c** в допълнителния капитал за натрупване; това отношение не е подчинено на никакъв закон, а е съвсем произволно. Видяхме, че при органичен състав в **I** подразделение 4:1 той приема делене в допълнителния капитал 9:1; във **II** подразделение органичният състав е 2:1, но делението на Ленин в допълнителния капитал е 5:1. Една схема на ускорено натрупване е възможна, но със съвсем други и съвсем реалистични отношения. Това може да се постигне, когато разделянето на допълнителния капитал се подчинява на Закона за ускореното натрупване, който беше разгледан по-горе, със стъпка на допълнително $v = -1/C^2$. Заедно с това, какво би станало ако поставим същия обществен капитал в други икономически условия, в условията на еднаква норма на печалба, т.е., при социализма? И така, каква схема ще видим тогава?

Година 1-ва
I 4000 **c** + 1000 **v** + 1000 **m** = 6000
II 1500 **c** + 750 **v** + 450 **m** = 2700

I c/v = 4:1; **I v/C** = 1/5;
II c/v = 2:1; **II v/C** = 1/3

$p' = 20\%$; $Im' = 100\%$; $IIm' = 60\%$; $IIc/Ic = 37.5\%$
$a' = 50\%$; общ продукт = 8700

$I (1000\ v + 500\ m) = II\ 1500\ c$

доп. $Iv = -1/C^2 = -1/25$; доп. $IIv = -1/C^2 = -1/9$
доп. кап-л $I\ 500\ m = 404\ c + 96\ v$

$I(4000\ c + 404\ c) + (1000\ v + 96\ v) = 4404\ c + 1096\ v$
$II(1500\ c + 96\ c) + (750\ v + 43\ v) = 1596\ c + 793\ v$

$I\ 4404\ c + 1096\ v + 500\ m$ (потребителен фонд) = 6000
$II\ 1596\ c + 793\ v + 311\ m$ (потребителен фонд) = 2700

$(c+v+m)I = Ic + IIc\ [= 6000]$; $(c+v+m)II = (v+m)\ [= 2700]$
общ потребителен фонд = $811\ m$

——————. ——————. ——————. ——————. ——————. ——————. ——————.

Година 2-ра
$I\ 4404\ c + 1096\ v + 1100\ m = 6600$
$II\ 1596\ c + 793\ v + 478\ m = 2867$

$I\ c/v = 4.02{:}1$; $I\ v/C = 19.93\% \approx 1/5$;
$II\ c/v = 2.01{:}1$; $II\ v/C = 33.19\% \approx 1/3$

$\Delta v = \Delta(v+m)\ [= 108\%]$;

$p' = 20\%$; $Im' = 100.36\%$; $IIm' = 60.28\%$;
$a' = 50\%$; $IIc/Ic = 36.24\%$;   общ продукт = 9467

$I (1096\ v + 550\ m) = II\ 1646\ c$

доп. $\mathbf{Iv} \approx -1/25$; доп. $\mathbf{IIv} \approx -1/9$

доп. кап-л $\mathbf{I}$ 550 $\mathbf{m}$ = 444 $\mathbf{c}$ + 106 $\mathbf{v}$;

доп. кап-л $\mathbf{II}$ 225 $\mathbf{m}$ = (50 $\mathbf{c}$ + 22 $\mathbf{v}$) + (106 $\mathbf{c}$ + 47 $\mathbf{v}$)

$\mathbf{I}$(4404 $\mathbf{c}$ + 444 $\mathbf{c}$) + (1096 $\mathbf{v}$ + 106 $\mathbf{v}$) = 4848 $\mathbf{c}$ + 1202 $\mathbf{v}$

$\mathbf{II}$(1596 $\mathbf{c}$ + 50 $\mathbf{c}$ + 106 $\mathbf{c}$) + (793 $\mathbf{v}$ + 22 $\mathbf{v}$ + 47 $\mathbf{v}$) =1752 $\mathbf{c}$ +862 $\mathbf{v}$

$\mathbf{I}$ 4848 $\mathbf{c}$ + 1202 $\mathbf{v}$ + 550 $\mathbf{m}$ (потребителен фонд) = 6600

$\mathbf{II}$ 1752 $\mathbf{c}$ + 862 $\mathbf{v}$ + 253 $\mathbf{m}$ (потребителен фонд) = 2867

$\mathbf{(c+v+m)I}$ = $\mathbf{Ic}$ + $\mathbf{IIc}$ [= 6600] ; $\mathbf{(c+v+m)II}$ = $\mathbf{(v+m)}$ [= 2867]

общ потребителен фонд = 803 $\mathbf{m}$

———. ———. ———. ———. ———. ———. ———.

Година 3-та

$\mathbf{I}$ 4848 $\mathbf{c}$ + 1202 $\mathbf{v}$ + 1210 $\mathbf{m}$ = 7260

$\mathbf{II}$ 1752 $\mathbf{c}$ + 862 $\mathbf{v}$ + 523 $\mathbf{m}$ = 3137

$\mathbf{I}$ $\mathbf{c/v}$ = 4.03:1; $\mathbf{I}$ $\mathbf{v/C}$ = 19.87% $\approx$1/5;

$\mathbf{II}$ $\mathbf{c/v}$ = 2.03:1; $\mathbf{II}$ $\mathbf{v/C}$ = 32.98% $\approx$1/3

$\mathbf{\Delta v}$ = $\mathbf{\Delta(v+m)}$ [= 109%];

$\mathbf{p'}$ = 20%; $\mathbf{Im'}$ = 100.67%; $\mathbf{IIm'}$ = 60.67%;

$\mathbf{a'}$ = 50%; $\mathbf{IIc/Ic}$ = 36.14%; общ продукт = 10397;

$\mathbf{I}$ (1202 $\mathbf{v}$ + 605 $\mathbf{m}$) = $\mathbf{II}$ 1807 $\mathbf{c}$

доп. $\mathbf{Iv} \approx -1/25$; доп. $\mathbf{IIv} \approx -1/9$

доп. кап-л $\mathbf{I}$ 605 $\mathbf{m}$ = 495 $\mathbf{c}$ + 110 $\mathbf{v}$

доп. кап-л $\mathbf{II}$ 238 $\mathbf{m}$ = (55 $\mathbf{c}$ + 24 $\mathbf{v}$) + (110 $\mathbf{c}$ + 49 $\mathbf{v}$)

I (4848 **c** + 495 **c**) + (1202 **v** + 110 **v**) = 5343 **c** + 1312 **v**

II (1752 **c** + 55 **c** + 110 **c**) + (862 **v** + 24 **v** + 49 **v**) =1917 **c** + 935 **v**

I 5343 **c** + 1312 **v** + 605 **m** (потребителен фонд) = 7260

II 1917 **c** + 935 **v** + 285 **m** (потребителен фонд) = 3137

(c+v+m)I = **Ic** + **IIc** [= 7260]; **(c+v+m)II** = **(v+m)** [= 3137]

общ потребителен фонд = 890 **m**

———. ———. ———. ———. ———. ———. ———.

Година 4-та

I 5343 **c** + 1312 **v** + 1330 **m** = 7985

II 1917 **c** + 935 **v** + 570 **m** = 3422

I c/v = 4.07:1; **I v/C** = 19.7% ≈1/5;

II c/v = 2.05:1; **II v/C** = 32.78% ≈1/3

Δv = **Δ(v+m)** [= 109%];

p′ = 20%;   **Im′** = 101.37%; **IIm′** = 60.96%;

a′ = 50%; **IIc/Ic** = 35.88%; общ продукт = 11407;

В края на годината:

I 5880 **c** + 1440 **v** + 665 **m** (потребителен фонд) = 7985

II 2105 **c** + 1019 **v** + 298 **m** (потребителен фонд) = 3422

(c+v+m)I = **Ic** + **IIc** [= 7985]; **(c+v+m)II** = **(v+m)** [= 3422]

общ потребителен фонд = 963 **m**

———. ———. ———. ———. ———. ———.-----

Година 5-та
I 5880 **c** + 1440 **v** + 1460 **m** = 8780
II 2105 **c** + 1019 **v** + 625 **m** = 3749

I **c/v** = 4.08:1; I **v/C** = 19.67% ≈1/5;
II **c/v** = 2.07:1; II **v/C** = 32.62% ≈1/3

Δv = **Δ(v+m)** [= 109.5%];

p′ = 20%;   **Im′** = 101.39%; **IIm′** = 61.3%;
a′= 50%; **IIc/Ic** = 35.8%; общ продукт = 12529;

В края на годината:
I 6470 **c** + 1580 **v** + 730 **m** (потребителен фонд) = 8780
II 2310 **c** + 1111 **v** + 328 **m** (потребителен фонд) = 3749

(c+v+m)I = **Ic** + **IIc** [= 8780]; **(c+v+m)II** = **(v+m)** [= 3749]
общ потребителен фонд = 1058 **m**

———. ———. ———. ———. ———. ———. ———.

Година 6-та
I 6470 **c** + 1580 **v** + 1590 **m** = 9640
II 2310 **c** + 1111 **v** + 674 **m** = 4095

I **c/v** = 4.095:1; I **v/C** = 19.63% ≈1/5;
II **c/v** = 2.08:1; II **v/C** = 32.48% ≈1/3

Δv = **Δ(v+m)** [= 109%];

p′ = 19.7%; **Im′** = 100.6%; **IIm′** = 60.67%;
a′= 50%; **IIc/Ic** = 35.7%; общ продукт = 13735;

В края на годината:

I 7112 **c** + 1733 **v** + 795 **m** (потребителен фонд) = 9640

II 2528 **c** + 1208 **v** + 359 **m** (потребителен фонд) = 4095

(c+v+m)I = Ic + IIc [= 9640]; (c+v+m)II = (v+m) [= 4095]
общ потребителен фонд = 1154 **m**

———. ———. ———. ———. ———. ———. ———.

Година 7-ма

I. 7112 **c** + 1733 **v** + 1730 **m** = 10575

II. 2528 **c** + 1208 **v** + 730 **m** = 4466

I c/v = 4.1:1; **I v/C** = 19.59%;

II c/v = 2.09:1; **II v/C** = 32.33%

$\mathbf{\Delta v = \Delta(v+m)}$ **[= 109%];**

p′ = 19.5%;   **Im′** ≈ 100%; **IIm′** = 60.4%;

a′= 50%; **IIc/Ic** = 35.55%; общ продукт = 15041;

и така нататък.

Както се вижда, схемата в този вид работи и дава добри резултати. За разлика от схемата на Ленин, в която диспропорциите се задълбочават все повече с всяка следваща година, в тази схема пропорциите се запазват през цялото време — винаги **(c+v+m)I = Ic + IIc** и **(c+v+m)II = (v+m)**. За четири години капиталът от 7250 (5500 **c** + 1750 **v**) се е увеличил до 9507 (7260 **c** + 2247 **v**), което означава повече от 131% ръст, докато в схемата на Ленин капиталът се е увеличил от същата база от 7250 до 8968 (7104 **c** + 1864 **v**), което означава 123.7% ръст. А това представлява 6% повече натрупан капитал в сравнение с примера на Ленин. Постоянният капитал в тази нова схема нараства със 132%, т.е., **Δc** ≈ 1/3, докато в случая на Ленин постоянният капитал нараства малко повече от 129%, въпреки че неговата схема на екстремно ускорено натрупване води до по-голям превишаващ дял на **Ic** над **IIc** – в моя случай **IIc/Ic** е 35.88%, докато в схемата на Ленин това отношение е 29.93%. Що се отнася до променливия капитал (и съответно нарастването на средната работна заплата), разликата е твърде отчетлива: **Δv** = 128.4% в моя случай, докато в случая на Ленин **Δv** е едва 106.5%! Тази разлика между тях дава отношение от 120.55% в полза на моя случай! Също така, увеличаването на националния доход в моята схема е **Δ(v+m)** = 129.6%, докато в Лениновата е **Δ(v+m)** = 106.5%. Съвкупният обществен продукт е 11407 и има ръст повече от 131.1% срещу 10830, който е 120.3% ръст в схемата на Ленин. Този факт показва 5⅓% продукт повече, при условие че неговата изходна, първоначална база е с 10% по-малка!

Извод: независимо от прекомерно увеличените ѝ отношения на натрупване, най-ценното на схемата с ускорено натрупване е, че Ленин (за пръв път) прави опит да раздвижи статичната схема на Маркс на равномерно натрупване на капитала. Това е крачка напред.

В сравнение със схемата на Маркс: за пет години общественият капитал в условията на еднаква норма на печалба се е увеличил от 7250 (5500 **c** + 1750 **v**) на 11471 (8780 **c** + 2691 **v**), което представлява 158.22%, докато в Марксовата схема натрупаният капитал е 11566 (8784 **c** + 2782 **v**) и неговото увеличение е 159.53%. С други думи, нарастването на обществения капитал е почти същото като в схемата на Маркс, но органичния състав в **I** подразделение се е увеличил на почти 4.1:1, докато в примера на Маркс дори след пет години на натрупване отношението си остава както преди същото 4:1. При този темп на ускорено натрупване само след 50 години средният органичен състав на капитала в подразделение **I** би се увеличил от 4:1 на значително по-високоя 5:1, а в подразделение **II** от 2:1 до 3:1. Нещо, което в схемата на Маркс никога не би се случило! Освен това, след ускореното натрупване в **I** подразделение има 0.44% повече постоянен капитал отколкото при равномерно натрупване; това би довело в бъдеще време до повече произведен обществен продукт. Обаче по-високата норма на принадена стойност, заедно с по-високата норма на печалба във **II** подразделение в Марксовия модел в сравнение с тези норми в моя случай, създават по-голям обществен продукт поради създадения по-голям продукт от предмети за потребление. Първоначалната разлика от 300 единици в първата година достига над 600 единици след пет години, т.е., съвкупният обществен продукт в схемата на Маркс нараства абсолютно и относително повече от продукта в моята схема и след пет години от превишаващ 3.45% стига вече до 4.46%. Този ефект може да бъде заличен и съвкупния обществен продукт да бъде по-голям, ако общата норма на печалба (и съответно нормите на принадена стойност и в двете подразделения също) бъде увеличена повече от 20% или нормата на натрупване бъде увеличена повече от 50%, или бъдат увеличени всички те заедно. Наистина, Маркс и Ленин приемат в техните схеми винаги постоянна норма на натрупване. Но какво би станало, ако приемем увеличаваща се норма на натрупване – такава, каквато тя наистина трябва да бъде при социалистически производствени отношения? Каква схема ще получим тогава? Нека я видим.

Година 1-ва

I 4000 **c** + 1000 **v** + 1000 **m** = 6000

II 1500 **c** + 750 **v** + 450 **m** = 2700

I c/v = 4:1;   **I v/C** = 20% = 1/5;

II c/v = 2:1;   **II v/C** = 33.3% = 1/3; $\underline{\mathbf{a'} = 50\%;}$

p' = 20%;   **I m'** = 100%; **II m'** = 60% ;

продукт = 8700; **(c+v)** = 7250 ; **IIc/Ic** = 37.5%

I(1000 **v** + 500 **m**) = **II** 1500 **c**

доп. **I v** = $-1/C^2$ = $-1/25$; доп. **II v** = $-1/C^2$ = $-1/9$

доп. кап-л **I** 500 **m** = 404 **c** + 96 **v**

I(4000 **c** + 404 **c**) + (1000 **v** + 96 **v**) = 4404 **c** + 1096 **v**

II(1500 **c** + 96 **c**) + (750 **v** + 43 **v**) = 1596 **c** + 793 **v**

I 4404 **c** + 1096 **v** + 500 **m** (потребителен фонд) = 6000

II 1596 **c** + 793 **v** + 311 **m** (потребителен фонд) = 2700

(c+v+m)I = Ic + IIc [= 6000]; (c+v+m)II = (v+m) [= 2700]
общ потребителен фонд = 811 **m**

———— . ———— . ———— . ———— . ———— . ———— . ———— . ————

Година 2-ра
I 4404 **c** + 1096 **v** + 1100 **m** = 6600
II 1596 **c** + 793 **v** + 478 **m** = 2867

I c/v = 4.02:1;　　**I v/C** = 19.93% ≈1/5;
II c/v = 2.01:1;　　**II v/C** = 33.19% ≈1/3;　　　　**a′ = 51%**

Δv = Δ(v+m) [= 108%];
p′ = 20%;　**Im′** = 100.36%; **IIm′** = 60.28%;
Δ(c+v) = 109% ;　　продукт = 9467;
(c+v) = 7889; **IIc/Ic** = 36.24%;

I(1096 **v** + 540 **m**) = **II** 1636 **c**
доп. **Iv** ≈ −1/25; доп. **IIv** ≈ −1/9

доп. кап-л **I** 560 **m** = 452 **c** + 108 **v**
доп. кап-л **II** 214 **m** = (40 **c** + 18 **v**) + (108 **c** + 48 **v**)

I(4404 **c** + 452 **c**) + (1096 **v** + 108 **v**) = 4856 **c** + 1204 **v**
II(1596 **c** + 40 **c** + 108 **c**) + (793 **v** + 18 **v** + 48 **v**) = 1744 **c** + 859 **v**

I 4856 **c** + 1204 **v** + 540 **m** (потребителен фонд) = 6600
II 1744 **c** + 859 **v** + 264 **m** (потребителен фонд) = 2867

(c+v+m)I = Ic + IIc [= 6600]; (c+v+m)II = (v+m) [= 2867]
общ потребителен фонд = 804 **m**

———— . ———— . ———— . ———— . ———— . ———— . ————

Година 3-та
I 4856 c + 1204 v + 1212 m = 7272
II 1744 c + 859 v + 520 m = 3123

I c/v = 4.03:1;   I v/C = 19.87% ≈1/5;
II c/v = 2.03:1;   II v/C = 33% =1/3; $\underline{a' = 52\%}$

$\Delta v = \Delta(v+m)$ [= 109%];
p′ = 20%;   I m′ = 100.66%; II m′ = 60.54%;
$\Delta(c+v) = 110\%$;   продукт = 10395;
(c+v) = 8663; IIc/Ic = 35.9%;

I (1204 v + 582 m) = II 1786 c

доп. Iv ≈ −1/25; доп. IIv = −1/9

доп. кап-л I 630 m = 509 c + 121 v
доп. кап-л II 236 m = (42 c + 19 v) + (121 c + 54 v)

I (4856 c + 509 c) + (1204 v + 121 v) = 5365 c + 1325 v
II (1744 c + 42 c + 121 c) + (859 v + 19 v + 54 v) = 1907 c + 932 v

I 5365 c + 1325 v + 582 m (потребителен фонд) = 7272
II 1907 c + 932 v + 284 m (потребителен фонд) = 3123

(c+v+m)I = Ic + IIc [= 7272]; (c+v+m)II = (v+m) [= 3123]
общ потребителен фонд = 866 m

———. ———. ———. ———. ———. ———. ———

Година 4-та
I 5365 c + 1325 v + 1338 m = 8028
II 1907 c + 932 v + 568 m = 3407

$\mathbf{I}\ \mathbf{c/v} = 4.05{:}1;\qquad \mathbf{I}\ \mathbf{v/C} = 19.8\% \approx 1/5;$

$\mathbf{II}\ \mathbf{c/v} = 2.05{:}1;\qquad \mathbf{II}\ \mathbf{v/C} = 32.83\% \approx 1/3;\qquad\qquad \underline{\mathbf{a'} = 53\%}$

$\Delta\mathbf{v} = \Delta(\mathbf{v+m})\ [= 109\%];$

$\mathbf{p'} = 20\%;\quad \mathbf{I}\ \mathbf{m'} = 101\%;\ \mathbf{II}\ \mathbf{m'} = 61\%;$

$\Delta(\mathbf{c+v}) = 110\%;\qquad$ продукт $= 11435;$

$(\mathbf{c+v}) = 9529;\ \mathbf{IIc/Ic} = 35.55\%;$

В края на годината:

$\mathbf{I}\ 5938\ \mathbf{c} + 1461\ \mathbf{v} + 629\ \mathbf{m}$ (потребителен фонд) $= 8028$

$\mathbf{II}\ 2090\ \mathbf{c} + 1013\ \mathbf{v} + 304\ \mathbf{m}$ (потребителен фонд) $= 3407$

$(\mathbf{c+v+m})\mathbf{I} = \mathbf{Ic} + \mathbf{IIc}\ [= 8028];\ (\mathbf{c+v+m})\mathbf{II} = (\mathbf{v+m})\ [= 3407]$

общ потребителен фонд $= 933\ \mathbf{m}$

———. ———. ———. ———. ———. ———.

Година 5-та

$\mathbf{I}\ 5938\ \mathbf{c} + 1461\ \mathbf{v} + 1470\ \mathbf{m} = 8869$

$\mathbf{II}\ 2090\ \mathbf{c} + 1013\ \mathbf{v} + 620\ \mathbf{m} = 3723$

$\mathbf{I}\ \mathbf{c/v} = 4.06{:}1;\qquad \mathbf{I}\ \mathbf{v/C} = 19.75\% \approx 1/5;$

$\mathbf{II}\ \mathbf{c/v} = 2.06{:}1;\qquad \mathbf{II}\ \mathbf{v/C} = 32.65\% \approx 1/3;\qquad\qquad \underline{\mathbf{a'} = 54\%}$

$\Delta\mathbf{v} = \Delta(\mathbf{v+m})\ [= 109.6\%];$

$\mathbf{p'} \approx 20\%;\quad \mathbf{I}\ \mathbf{m'} = 100.6\%;\ \mathbf{II}\ \mathbf{m'} = 61.2\%;\ \mathbf{IIc/Ic} = 35.2\%;$

$\Delta(\mathbf{c+v}) = 110\%;\qquad$ продукт $= 12592;\ (\mathbf{c+v}) = 10502;$

В края на годината:

$\mathbf{I}\ 6579\ \mathbf{c} + 1614\ \mathbf{v} + 676\ \mathbf{m}$ (потребителен фонд) $= 8869$

$\mathbf{II}\ 2290\ \mathbf{c} + 1102\ \mathbf{v} + 331\ \mathbf{m}$ (потребителен фонд) $= 3723$

$(c+v+m)I = Ic + IIc$ [= 8869]; $(c+v+m)II = (v+m)$ [= 3723]
общ потребителен фонд = 1007 **m**

———. ———. ———. ———. ———. ———. ———

Година 6-та
I 6579 **c** + 1614 **v** + 1610 **m** = 9803
II 2290 **c** + 1102 **v** + 666 **m** = 4058

I c/v = 4.08:1;   **I v/C** = 19.7% ≈1/5;
II c/v = 2.08:1;   **II v/C** = 32.5% ≈1/3   **a′** = 55%

$\Delta v = \Delta(v+m)$ [= 109%];
p′ = 19.6%; **I m′** ≈ 100%; **II m′** = 60.4%; **IIc/Ic** = 34.8%;

$\Delta(c+v)$ = 110%;   продукт = 13861; **(c+v)** = 11585;

В края на годината:
I 7295 **c** + 1784 **v** + 724 **m** (потребителен фонд) = 9803
II 2508 **c** + 1198 **v** + 352 **m** (потребителен фонд) = 4058

$(c+v+m)I = Ic + IIc$ [= 9803]; $(c+v+m)II = (v+m)$ [= 4058]
общ потребителен фонд = 1076 **m**

———. ———. ———. ———. ———. ———. ——

Година 7-ма
I. 7295 **c** + 1784 **v** + 1780 **m** = 10859
II. 2508 **c** + 1198 **v** + 726 **m** = 4432

I c/v = 4.09:1;   **I v/C** = 19.65%;
II c/v = 2.09:1;   **II v/C** = 32.3%   **a′** = 56%

$\Delta v = \Delta(v+m)$ [≈ 110%];

$\mathbf{p'} = 19.6\%$; $\mathbf{I\ m'} \approx 100\%$; $\mathbf{II\ m'} = 60.6\%$; $\mathbf{IIc/Ic} = 34.4\%$;

$\mathbf{\Delta(c+v)} = 110\%$;   продукт $= 15291$; $(\mathbf{c+v}) = 12785$;

и така нататък.

Сега нека направим сравнителен анализ между тези два примера на схемата с еднаква норма на печалба; първият е с постоянна норма на натрупване, вторият е с увеличаваща се такава. И така, какво виждаме?

Преди всичко, обща характерна особеност е, че още в третата, но особено в четвъртата и петата години, и в двата примера се усеща напрежение между нормата на печалба и нормите на принадена стойност в **I** и **II** подразделения, едно нарастващо напрежение. Като резултат от натрупването на капитала и нарастването на органичния състав на капитала, както и за да поддържа нормите на принадена стойност неизменни, нормата на печалба трябва да спадне и тя действително спада от 20% в първата година на 19.5%, съответно 19.6%, в седмата година. Друг общ факт е, че тази схема и в двата си примера дава икономически ръст със завидни темпове средно 10% годишно! Оттук нататък започват разликите. След един равен старт, в началото на седмата година можем да видим следните резултати при увеличаваща се норма на натрупване **а′** в сравнение с постоянна такава:

съвкупен обществен продукт: 15291 > 15041, т.е., 250 единици или 1.66% повече; за целия срок ръст ≈ 176%;

а) *продукт на подразделение* **I**: 10859 > 10575, т.е., 2.69% повече продукт и с тенденция на повишаващи се темпове; за целия срок забележителен ръст от ≈ 181%;

б) *продукт на подразделение* **II**: 4432 < 4466, т.е., 0.77% по-малко продукт, но с ясно изразена тенденция на бързо заличаване на разликите и предстоящо изпреварване; за целия срок ръст от > 164%;

обществен капитал: 12785 > 12581, т.е., 204 единици или 1.62% повече; за целия срок ръст > 176%;

а) *нарастване на постоянния капитал*: в подразделение **I**: $\mathbf{\Delta c} =$ 7295 (182.4%) > 7112 (177.8%), т.е., 2.57% повече, но като нарастване на първоначална база е 4.6% повече; в подразделение **II**: **Δc** = 2508 (167.2%) < 2528 (168.5%), т.е., незначителна отрицателна разлика и като нарастване от 0.8%, и като нарастване на първоначална база 1.3%. С други думи, тук е ясно изразено изпреварващото натрупване на подразделение **I** над подразделение **II**; но въпреки това има предстояща тенденция на заличаване на разликите;

б) *нарастване на органичния състав*: в подразделение **I**: от първоначалната обща база от 4:1 до 4.09:1 срещу 4.1:1, т.е., почти еднакъв ръст; в подразделение **II**: от 2:1 до 2.09:1 срещу 2.09:1, т.е., напълно еднакъв ръст. Изпреварващото натрупване на подразделение **I** над **II** е по-ясно изразено в случая с увеличаваща се норма на натрупване – например, ако отношението **IIc/Ic** в първата година като обща база е 37.5%, в седмата година то е 34.38% срещу 35.55% (последният резултат от 35.55% се постига в първия случай още на четвъртата година). Ако разгледаме реципрочното отношение **Ic/IIc**, ще видим, че изпреварващото натрупване на постоянния капитал в **I** пред **II** подразделение е по-силно изразено в случая на увеличаваща се норма на натрупване отколкото при постоянна норма: 291% срещу 281% при обща първоначална база от 267%.

обществен потребителен фонд: 1076 < 1154, т.е., 7.25% по-малко; за целия срок ръст от 133% срещу 142%; този факт изразява намаляващия дял на държавните разходи и отмирането на държавата;

нарастване на националния доход и средната работна заплата – тези два показателя са мощни резултати от комбинираното действие на изпреварващото натрупване в подразделение **I** пред **II** и увеличаващата се норма на натрупване;

а) *нарастване на националния доход*: националният доход отбелязва по-високи темпове на нарастване при схемата с увеличаваща се норма на натрупване. Тази тенденция ясно се забелязва от четвъртата година насетне. Ето илюстрация на случаите (в квадратни скоби са поставени превишаващите абсолютни разлики и техните относителни изрази в сравнение със схемата с постоянна норма на натрупване):

1) 3200 = 3200;

2) 3467 = 3467;

3) 3795 < 3797; [–2; –0.05%];

4) 4163 > 4147 [16, 0.39%];

5) 4564 > 4544 [20, 0.44%];

6) 4992 > 4965 [27, 0.54%];

7) 5488 > 5401 [87, 1.61%].

Ясно се забелязва резкия скок в седмата година дори след ускореното развитие в предходните три години, а това значи, че в следващите години производството на национален доход ще се увеличава с още по-високи темпове и тази разлика ще става все по-забележителна.

б) *нарастване на средната работна заплата*:

1) 1750 = 1750;

2) 1889 = 1889;

3) 2063 < 2064; [–1; –0.048%];

4) 2257 > 2247 [10, 0.44%];

5) 2474 > 2459 [15, 0.61%];

6) 2716 > 2691 [25, 0.93%];

7) 2982 > 2941 [41, 1.39%].

Тук отново, темповете на нарастване на средната работна заплата от четвъртата година насетне все повече се ускоряват.

Както се вижда, случаят с увеличаваща се норма на натрупване е много по-добър и прави схемата необикновено мощна. Така, в заключение, имаме схема не само с теоретично, но и с практическо значение; една динамична схема вместо статичната схема на Маркс; една ускорена схема, но не екстремната схема на Ленин; една работеща схема на разширеното възпроизводство на социализма.

Нормата на натрупване не може да остава неизменна, както я приемат Маркс и Ленин. Тя трябва да нараства всяка година. Масата за натрупване е частта от принадената стойност, предназначена само за натрупване; другата част от нея, т.е. потребителният фонд, представлява отчисленията за държавния бюджет като данък върху печалбата. За обществения капитал масата и нормата на натрупване се определят от условието $I(v+m/x) = IIc$. Тъй като натрупването има приоритет, от това равенство, както вече видяхме, първо се определя **m** – масата на принадена стойност за обществено натрупване, а след това и **x** – масата на принадена стойност за обществено потребление. Потребителният фонд в **I** подразделение изразява съвкупния данък върху печалбата, осигуряващ неговия дял в държавния бюджет. Можем да означим този фонд, тази маса на принадена стойност за обществено потребление **x** с t_p (данък върху печалбата), а масата за натрупване **m** с *a*; и тъй като нарастването на данъка върху печалбата с отмирането на държавата във времето клони постепенно към нула, т.е. $\Delta t_p \rightarrow 0$, то нормата на натрупване трябва непрекъснато да се увеличава като границата ѝ е равна на единица:

$$\lim_{\Delta t_p \rightarrow 0} a = \frac{\Delta a}{\Delta t_p} = 1$$

Както всяка норма, и нормата на натрупване е също производна – на същата функция (принадена стойност), както и **m′** или **p′**, но с друг аргумент – не **v** или **C**, променливия или целия капитал, а t_p, данъка върху печалбата. Всяка година ръстът на относителния дял на данъка върху печалбата предназначен за бюджета вътре в цялата произведена принадена стойност трябва да намалява, изразявайки се в тенденцията $\Delta t_p \rightarrow 0$. Това означава, че все повече и повече маса принадена стойност във времето отива за натрупване, а все по-малко за държавни разходи, докато цялата маса стане само за натрупване – в граничния преход, когато държавата отмре. Ясно е, че както нормата на печалба, и нормата на натрупване не може да бъде повече от 100%. Нормата на натрупване все пак следва и зависи от нормата на принадената стойност – както за обществения, така и за всеки индивидуален капитал. Нормата на натрупване, като резултат от нормата на принадената стойност, се изразява в следната пряка зависимост:

$$a' = m' \frac{v}{t_p}$$

Чрез новите производствени отношения всяко предприятие добива възможността да се развива самостоятелно, без никакъв монопол да му изземва средствата – бил той "висшестояща организация", фирма-майка или други подобни. Точно това е тъй желаната у нас някога икономическа самостоятелност с възможността за самофинансиране и самоуправление на всеки икономически субект, толкова предъвквана тогава. Свободно развитие без ураджийство и т.нар. "щурмовщина", без чужда намеса отгоре, отстрани и отдолу, без покровители и опекуни, без благодетели и благотворителност. И нито стотинка не може да отиде в повече за потребление или за натрупване. Защото ако потребностите са необходимост, то възможностите не са случайност! Всички парични средства съвсем точно се разпределят по местата си, благодарение на прецизния механизъм на схемите на Маркс – тази красива игра на човешката мисъл. Досега те бяха смятани само за теоретичен модел, просто научна абстракция, лишена от практически смисъл. Но знаем, че няма нищо по-практично от добрата теория. Марксовите схеми бяха невъзможни досега, защото се градят върху неизменна норма на принадена стойност – нещо, което наистина е невъзможно практически за капитала и неговия възпроизводствен процес. Но ето, че има начин m' да бъде – да се положи и поддържа – постоянна. И схемите стават реалност.

Върху предварително установените по този начин пропорции на разширеното възпроизводство вече може да се изгражда точно определен конкретен план – на предприятието, на бригадата, на работника. Планът е в същност определянето на тези именно пропорции. Плановост може да има едва след като има пропорционалност. **Гаранция** за изпълнението на плана са направените вече пропорции. Те са основата, при която планът не може да не бъде изпълнен в нормални условия. Едва тогава той е реален план, а не се корегира, "актуализира" непрекъснато след приемането му – позната порочна практика някога у нас. Всеки план е план за нарастването на определена стойност и с него трябва да се установят пропорциите при създаването на тази стойност, които не допускат в себе си непредвидени допълнителен труд и разход на средства.

ГЛАВА ШЕСТА

ДАНЪЧНА ПОЛИТИКА

След като веднъж е определена нормата на натрупване на обществения капитал и след като схемата на натрупването на капитала е осъществена, се определя съвкупната принадена стойност за обществено и държавно потребление, което представлява разгледания в глава пета в схемите на разширено възпроизводство и натрупване *общ потребителен фонд* и в двете подразделения, изпълващи със съдържание съвкупния данък върху печалбата, $T_p = I\ t_p + II\ t_p$. Освен свободните професии, всички хора незаети в материалното производство трябва да получават своите доходи от държавния бюджет. За тази цел всички предприятия се облагат с данък.

Такава е неизбежната роля на фиска на държавата. Той изисква да се отделя процент от масата на принадената стойност като данък върху печалбата. С течение на времето обаче този процент клони към нула, т.е. той намалява и се стопява с отмирането на държавата. Освен този единствен данък върху печалбата, който трябва да бъде пропорционален, а не прогресивен, всякакви други данъци на предприятието – данък върху оборота, рентен данък, акцизи и пр. – стават излишни и несъстоятелни. Производителните работници пък, както вече отбелязах, трябва да бъдат освободени от всякакви данъци върху работната заплата.

Само данъчната политика на социализма в съвременния свят може строго да спазва четирите класически принципа на данъка, формулирани от Адам Смит – равномерност, определеност, удобство и рентабилност. Четвъртият принцип на данъка, например, най-добре се спазва при опростени и малък брой данъчни закони и издържане на минимален данъчен апарат – точно това се постига в пъти по-добре при социалистическа в сравнение с капиталистическа система.

Постулатът на Адам Смит обаче за държавен бюджет от 10% от брутния вътрешен продукт се спазва до края на XIX век – до края на класическия капитализъм, до краха на свободната конкуренция. След това вече държавата, както традицията, не е това, което беше. Задълбочаването на срастването на държавата с монополите в съвременния високо развит държавно-монополистически капитализъм, задълбочаването на етатизма в световната капиталистическа система, нарастването на ролята на държавата в икономиката като жива действителност в остър контраст с масирано налагания от тях пропаганден мит, че това е пазарна икономика, проличава категорично от непрекъснато растящия относителен дял на данъците, одържавяващи все по-голяма част от брутния вътрешен продукт в страните със "западна демокрация" – ако през 1970 год. за държавите с "пазарна икономика" той е бил между 20 и 40%, то през 1991 год. той е вече между 40 и 60% [182] (!), когато се заговори за още по-„пазарна" икономика, т.е. разминаването между пропаганда и действителност в наше време нараства и става все по-хиперболично. А държавно-монополистическият капитализъм в така наречения "социалистически блок" (или "комунистически режим") беше доведен до още по-голяма степен, до своята последна степен – там държавата получаваше до 80% от брутния вътрешен продукт[183]!!! Този държавно-монополистически капитализъм със своята 100% държавна собственост разви една сама себе си отричаща икономическа система, система на абсурда. От една страна тя налагаше убийствения данък печалба до 80%, а от друга – безумната система на дотации, стигащи до 1/3 от общите бюджетни разходи[184]! Крайно неефективна икономическа система, при която наистина държавата бе едноличен капиталист – с едната си ръка (чрез данъка) тя отнема почти цялата печалба на икономическия субект, която се оказва недостатъчна за собственото му развитие, та се налага да се дотира с другата ръка (като милостиня за този субект), за да продължи и завърши той разширеното си възпроизводство.

Но извън остарелите икономически форми на съветския „комунизъм" и американската „пазарна икономика", дори и най-новият мащабен проект на анархо-пазарната идея на неолиберазлизма – роденият в 1993 година чрез изнудване, заплахи

---

[182] Велчо Стоянов и Величко Адамов, *Теория на финансите*, 43-44
[183] Стоянов и др. *Теория на финансите*, 8
[184] Пак там, 122

и насилие Европейски съюз не прави изключение със своята данъчна политика. След двадесет и четири години това странно и набързо стъкмено образувание е пред пълен срив и сигурен разпад, който ще се случи от 2017 до 2023 година. {Между другото, аз предрекох пълния разпад на Европейския съюз още в 2002 година във второто издание на тази книга, когато този срив беше извън всяко допускане изобщо и когато се лееше Одата на радостта! В 2014 година самите водачи на този „съюз" потвърдиха тази моя прогноза като вече започнаха да говорят за това предстоящо събитие! В 2015 година се стигна до критично равнище на Grexit, в 2016 – до действителен Brexit, началото на края!} Тази поредна абсурдна система на капитализма с административно-командната си структура и методи, с корпоративния си и лобистки паразитизъм, изисква все повече и по-тежки данъци за своето съществуване. Това е поредната антипазарна, корпоративна, държавно-монополистическа икономика, представяна в своя антиподна форма, в която най-едрия глобален капитал съвсем по административен начин във всяка от новозавладените си колонии, като България например, втълпява от най-високо място на потиснатия в нея народ официалното публично „признание", че колонията е „пазарна икономика"; един акт сам по себе си дълбоко административен, но коварно измислен за колонията да заеме тя слугинското си положение сред своите завоеватели с телешки оптимизъм! Въпреки че след 1990г. тази свръходържавена икономическа система – „комунистическият блок" – рухна и в Европа бе наложен хаоса и анархията на неолиберализма, данъчното бреме така и не падна от европейските народи заедно с унищожените им национални държави! След повече от 20 години либерализация и дерегулация в европейската обща „пазарна" икономика, данъците върху народите съвсем не са изчезнали заедно с изчезването на националните им държави! Напротив, в уж пазарната икономика тенденцията в годините 2011, 2013 и 2015 е към постепенно повишаване на данъчната тежест! Точно като вид нео-„комунистическа" държавна система! Както можем да видим в Таблица 2, в старите и богати членове на Европейския съюз подоходният данък е между 40 и 60%, т.е., той е същият както в 1991г. в същите тези страни с „пазарна икономика"! В тази непазарна, а напълно корпоративна икономика половината от личните доходи се отнемат като данъци! И това е без да се считат косвените данъци! В същото време корпоративният подоходен данък обхваща между 20 и 30% (освен във Франция и Белгия), средно 23%! (Виж Таблица 3). Както ясно се вижда, данъчното бреме върху гражданите е тежко и нарастващо, докато върху корпорациите то е два пъти по-леко и намаляващо!

Таблица 2   ЛИЧНИ ПОДОХОДНИ ДАНЪЦИ
в ЕС, %

	2011	2013	2015		2011	2013	2015
ЕС 28	**38.4**	**39.4**	**39.3**	ФРАНЦИЯ	**46.6**	**50.3**	**50.3**
ЕА 19	**40.6**	**42.3**	**42.1**	ИТАЛИЯ	**47.3**	**47.3**	**48.9**
БЕЛГИЯ	**53.7**	**53.8**	**53.8**	ХОЛАНДИЯ	**52.0**	**52.0**	**52.0**
ДАНИЯ	**55.4**	**55.6**	**55.8**	АВСТРИЯ	**50.0**	**50.0**	**50.0**
ГЕРМАНИЯ	**47.5**	**47.5**	**47.5**	ШВЕЦИЯ	**56.6**	**56.7**	**57.0**
ГЪРЦИЯ	**49.0**	**46.0**	**48.0**	ВЕЛИКОБРИТ	**50.0**	**45.0**	**45.0**
ИСПАНИЯ	**45.0**	**52.0**	**46.0**	ПОРТУГАЛИЯ	**50.0**	**56.5**	**56.5**

Таблица 3 КОРПОРАТИВНИ ПОДОХОДНИ ДАНЪЦИ
в ЕС,%

	2011	2013	2015		2011	2013	2015
ЕС 28	**23.0**	**23.2**	**22.8**	АВСТРИЯ	**25.0**	**25.0**	**25.0**
ЕА 19	**24.4**	**25.0**	**24.6**	ШВЕЦИЯ	**26.3**	**22.0**	**22.0**
БЕЛГИЯ	**34.0**	**34.0**	**34.0**	ВЕЛИКОБРИТ	**26.0**	**23.0**	**20.0**
ДАНИЯ	**25.0**	**25.0**	**23.5**	ХОЛАНДИЯ	**25.0**	**25.0**	**25.0**

185

При капиталистически начин на производство приходите в държавния бюджет идват преди всичко от доходите на физическите лица, т.е. от населението – чрез тежки и омразни данъци (в САЩ за 1985г. 46% данък върху доходите, 36% -- ДОО, 5% акцизи)[186], а едва 10% (!!!) са приходите от печалбите на корпорациите – с голяма степен на несъбираемост! При

---

[185] Източник: Eurostat, Taxation trends in the European Union, 2015 edition; http://ec.europa.eu/eurostat

[186] Стоянов и др. *Теория на финансите*, 39

социалистически начин на производство е обратно – държавната хазна се пълни изключително от доходите на юридическите лица, т.е. от печалбите на предприятията, и с незначителен дял – от доходите на населението!

Имущественият данък, широко използван в капиталистическата система, е в същност облагане на реализиран доход втори път. А при съществуването и на оборотен данък доходът се облага и трети път! Всичко това не само че е несправедливо, то е и излишно при социалистически начин на производство, т.е. освен подоходните данъци всички други са излишни – както имуществените, така и оборотните. Освен това, една голяма част от подоходните данъци също отпада – данъците върху работната заплата на промишлените работници в града и селото. В социалистическото общество отпадат веднага някои данъци върху имуществото, като рентния данък, тъй като няма рента, а други – с течение на времето, например данък сгради, данък наследства. В това общество веднага отпадат и редица други групи данъци според предмета (обекта) на облагане – анахроничните данъци върху физическата личност, но също и съвременните данъци върху продажбите (потреблението) като данъка върху оборота и ДДС! Заедно с данък занятие, който е представител на данъците върху определена стопанска дейност, данъкът върху оборота или ДДС може да бъдат запазени само в преходния период към социализъм, но в своя чист вид социалистическият начин на производство изключва съществуването им. Така че при развития социализъм остава да съществува само една група данъци – подоходните: за физическите лица като данък върху хонорарите, за юридическите лица като данък върху печалбата.

Данъкът върху печалбата трябва да бъде пропорционален, а не прогресивен, защото неговата процентна ставка се запазва неизменна при облагане на дохода (печалбата) на предприятието. А това ще рече, че и съотношенията между печалбите, изразени към своите капитали, ще останат също неизменни, каквито те трябва да бъдат при неизменна обща норма на печалбата. Така че частта, която се изземва от печалбата като данък за държавата, ще бъде еднаква в относителен израз за всички участници в процеса на нарастване на стойността. По този начин съотношението на печалбите към своите вложени капитали **преди** и **след** тяхното данъчно облагане ще се запази същото, ще бъде неизменно. А това е в пълен синхрон с изискването на еднаквата обща норма на печалба (еднаквото отношение на **m** към **С** за всички капитали), което се нарушава от идеалния си вид именно заради необходимостта от отделяне на част от печалбата **m** за държавата като данък. А равномерното присвояване на **m** спрямо вложените капитали е изискването за обществена собственост върху средствата за производство! Така че данъчното задължение да бъде пропорционално на данъчната основа не само че е справедливо, то е и икономически изгодно за **юридически лица** при тази икономическа система. Прогресивното данъчно облагане е по-справедливо от пропорционалното в капиталистическа система при облагане на доходите на **физически лица**. Но за юридически лица при еднаквата обща норма на печалба се прилага пропорционално облагане поради посочени вече причини, а справедливостта е вече изяснена по-рано – кога, как и защо съществува социална справедливост в социалистическата система. Прогресивното облагане трябва да се запази само за физически лица с т.нар. свободни професии. За тях именно са подоходните данъци, каквито липсват у производствените работници.

Защо обаче няма данък върху оборота (ДО) – брутен и нетен – и акцизи при социализма?

Защото:

1.) оборотите на капитала вече са подчинени на законите

$$p' = \text{const}; \ M' = \text{const} \ \text{и} \ \frac{v}{c+v} = \text{const}.$$ Броят на оборотите на

един капитал **n** (който влиза в годишната норма на принадена стойност **M′**), във всеки нов годишен цикъл се изравнява в носенето на принадена стойност със същия на всички други капитали при действието на тези закони. Смисълът на данъка върху оборота при капиталистически начин на производство е именно този – капиталите с по-бърз оборот да бъдат облагани от държавата с по-голям ДО, защото по-бързият оборот при равни други условия носи и по-голяма маса принадена стойност. Но при социалистически начин на производство точно затова оборотите, заедно с различното техническо равнище на капиталите, при всеки нов стартов момент със закона $p' = \text{const}$ са впрегнати общо към целта в обществото да се произвежда и присвоява относително равен дял маса принадена стойност, т.е. макар че не се отчислява в случая за държавата, условно може да се каже, че техния ДО по този начин е вече един вид приспаднат. При същата условност можем да допълним, че той (данъкът върху оборота или акцизът) вместо от цената на стоката, тук вече е взет направо от работната заплата на потребителя, тъй както е с подоходния данък в същия момент с $\mathbf{m'}$ по формулата $\mathbf{p'=n.v.m'/C}$. Така че данъкът върху оборота, а с него и акцизът, са напълно излишни;

2.) цената съвпада със стойността, а не варира около нея. При капиталистически начин на производство данъкът върху оборота и акцизът са косвени данъци, които служат само за допълнително ограбване на потребителя. Те са фактори на инфлацията, лостове на държавномонополистическото регулиране, които служат за косвена, непряка експлоатация в обръщението, тъй като влизат, включват се в цената на стоките и по този начин само спомагат за увеличаване на ръста на инфлацията. Но при положение, че цената съвпада със стойността, данъкът върху оборота и акцизът просто няма къде да се вместят между цената и стойността. Това се отнася за всички видове данъци върху продажбите.

Доводите, че ДО е напълно излишен при социалистически начин на производство, се отнасят с още по-голяма сила и за данъка върху добавената стойност (ДДС) – усъвършенстваният му приемник, широкоразпространен в съвременните най-развити капиталистически страни, т.е. причините, отхвърлящи брутния, отхвърлят и нетния ДО. Именно тяхната разлика помежду им дава допълнителното основание за неговото още по-категорично отхвърляне. Тъй като ДДС е данък само върху новосъздадената стойност, без да обхваща и т.нар. „предварителни обороти", т.е. стойността на миналия труд, той в съвсем чист вид се представя в онова $\mathbf{n}$ – оборота на променливия капитал, което имаме тук предвид. Оборотът на постоянния капитал – основен и оборотен – не се облага с ДДС и този модел на данъка е най-добрата илюстрация на неговата несъвместимост в нашата система, т.е. ДДС в още по-чист вид от ДО доказва своята несъстоятелност при еднаква норма на печалбата. ДДС прави излишен ДО, а еднаквата норма на печалба прави излишен ДДС. Еднаквата норма на печалба премахва едновременно и предимствата на ДДС, и недостатъците на ДО, като премахва и двата данъка заедно. Недостатъкът на ДО – двойно облагане на едни и никакво облагане на други стоки, тази явна несправедливост е преодоляна с ДДС – **всички** стоки се облагат! Еднаквата норма на печалба решава въпроса по друг начин – всички стоки да не се облагат! Освен това, така отпада не само възможността за спекула чрез различни схеми на източване на ДДС от държавния бюджет, но и цялата сложност на данъчния кредит – лесен и прост на теория, но труден при възстановяването му на практика, тъй като държавата лесно взема, но трудно дава. Предимствата на ДДС спрямо ДО до някаква степен пък се неутрализират от недостатъците на съпътстващите ги акцизи – ако при ДО акцизът е различен от него в облагането си данък, то при ДДС акцизът е един от трите кита (акциз, мито, оборот), върху които лежи този данък, защото служи за основа при начисляването на ДДС, ако акцизът съществува. Така че тук лъсва пък скритата справедливост на ДДС – да се начислява данък върху данък!

Данъкът върху оборота се появява в началото на XX век, в навечерието на Първата световна война и се налага в развития свят между двете световни войни като „дете на нуждата или бедата"[187], т.е. в отговор на все по-нарастващите апетити на държавата – тогава, когато Държавата започва да добива съвременното си значение на империалистическа държава, погребвайки класическия капитализъм, т.е. „повече държава" – повече данъци! По-късно ДДС се появява само като рафиниран, нетен данък върху оборота.

Данъкът върху продажбите, такъв като данъка върху оборота, ДДС, данъка употреба (use tax) и подобните, е данък върху разходите на потребителя, данък върху покупките – един безсмислен данък! Данък, лишен от смисъл, защото има нещо мазохистично да плащаш данък за това, че си купуваш стока за лично потребление – купувачът трябва да е благодарен на продавача за благоволението на втория да сключи сделка с него за покупко-продажба! Вместо да е обратното. Данъкът върху оборота (и ДДС) е нов данък дишхак, при който нагостеният обилно разюздан османлия иска в края на обяда от уплашената безправна рая-домакин данък за това, че си е похабил зъбите! Чрез ДО, ДДС или друг данък върху продажбите държавата спрямо потребителя е в ролята на изпечен османлия-садист! Данъкът върху продажбите е толкова безобразен, че дори отвратителен тип като Калигула го е

---

[187] Стоянов и др. *Теория на финансите*, 146

премахнал напълно в Римската империя! Явно съвременният свят е прогнил повече от Римската империя в своя упадък!

Данъците върху продажбите заедно с подоходните данъци са данъци и върху доходите, и върху разходите на безгласното общество – доказан начин за разиграване, изнервяне или съсипване на това общество! Например, с данък върху работната заплата и ДДС доходът на работника се облага два пъти – веднъж като приход, втори път – като разход! Същото е с данъка върху работната заплата и данъка върху лихвата – отново двойно облагане на дохода на вложителя! Пиявична система – това е съвременната капиталистическа симбиоза между данъчна и банкова система!

Разбира се, тук става дума за стоки от местно производство (и вътрешна търговия). При стоки от внос, т.е. ако вземем предвид външната търговия, данъкът върху оборота (брутен или нетен) и акцизът може да се запазят при различни икономически системи, т.е. при внос на стоки от капиталистическа в социалистическа страна. Но за внос при международна или световна социалистическа система твърденията горе остават в сила, т.е. запазват се търговските отношения без никакви данъци върху продажбите поради двете вече посочени условия. Същото се отнася и за митата. Няма никакви косвени данъци при социализма като световна (или поне международна) система – нито мита, нито акцизи, нито данъци върху оборота – брутен и нетен, нито фискални монополи. Съществуването на косвени данъци винаги е в противоречие и нарушение със Закона за стойността! Косвените данъци, т.е. данъците върху разходите, се отхвърлят икономически, логически, исторически и етически. При международна или световна социалистическа система отпада нерешимия сега проблем *износ на косвени данъци* в международните икономически отношения, тъй като такива в нея няма. Липсата на косвени данъци (включително мита) е извънредно важна предпоставка за мощна международна и световна икономическа и политическа интеграция, много по-голяма от днешната (например Европейския съюз), както и свободно движение на стоки и хора. Всяка икономическа интеграция налага по-плътно доближаване до Закона за стойността, когато преди това той е бил нарушен от икономическите агенти – уеднаквяване на данъчните системи, единство на данъка, премахване на митата и др.под. Но това е само някакво приближение до закона, докато точно съвпадане с него може да има само когато икономическата интеграция е подчинена изцяло на този закон.

ГЛАВА СЕДМА

ОБРЪЩЕНИЕТО И КРЪГООБОРОТА

Капиталистическият начин на производство е такъв, при който се използват производителните сили като средство така, че целта е да нараства стойността. Социалистическият начин на производство е такъв, при който се използва стойността като средство така, че целта е да се развиват производителните сили. Нарастването на стойността е самоцел за капитала, казва Маркс, „мотив и цел на производството"[188], „изходен и краен пункт"[189]. „Средството — безусловното развитие на обществените производителни сили — влиза в постоянен конфликт с ограничената цел — увеличаване на стойността на съществуващия капитал."[190]

Цел и средство при социализма са разменени. Увеличаването на стойността вече не е фанатизъм, не е самоцел, не се произвежда заради самото производство, а целта е „пълното и свободно развитие на всеки индивид"[191]. Целта е постоянното и неограничено развитие на производителните сили, а средството за това е увеличаването на стойността. С други думи, процесът на самонарастване на стойността е подчинен на трудовия процес, докато при капитала е обратно — трудовият процес е подчинен на процеса на самонарастване на стойността. Но кога и как процесът на самонарастване на стойността може да бъде подчинен? Кога може да се овладее силата на парите, превърнала се днес във фетиш?

Всемогъщата власт на парите се детронира, само когато се отсече корена на капитала — действието му в производството, там, откъдето той смуче сокове, жизнени сили, откъдето черпи енергия. Едва тогава спира и функционирането на парите като подкупно средство.

---

[188] Маркс, *Капиталът*, 3:291
[189] Пак там
[190] Пак там, 292
[191] Пак там, 1:653

Превръщането на парите в капитал става в обръщението по формулата **П-С-П′**. След като работната сила не влиза от производството в обръщението като стока, то още в първата фаза, **П-С**, покупката, звеното **С** се прекъсва, защото работната сила вече не е стока при обществената собственост върху средствата за производство. По този начин парите не могат да се превърнат в стока.

След това става невъзможна вече и втората фаза, **С-П′**, продажбата, т.е. стоката да се превърне отново в пари и то нарастнали пари. Или, първо няма покупка на работната сила, за да има след това и необходимост от продажба на тази работна сила. Така че, понеже работната сила не е стока, тъкмо тя спира превръщането на парите в капитал. „Следователно,” казва Маркс, „изменението трябва да се извършва в самата стока, която се купува в първия акт **П-С**, а не в нейната стойност ...”[192]

Тези думи на Маркс са едно тежко доказателство, че за да не бъде стока работната сила трябва не да се твърди, че тя няма стойност, както това правеше бившата псевдонаука политическа икономия на социализма, а изменението да се търси в акта **П-С** кога и как покупката ѝ не е възможна. И след като работната сила не е стока, от формулата за кръгооборота на **производителния** капитал можем да изведем формулата за кръгооборота на общественото производство при социализма в своята производителна форма:

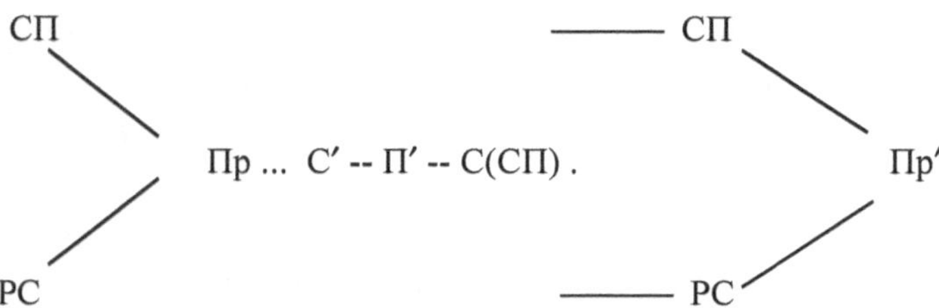

Този кръгооборот, както е известно от Маркс, означава възпроизводство – „не само производство, но и периодично възпроизводство на принадена стойност”[193].

---

[192] Маркс, *Капиталът*, 1:192
[193] Пак там, 2:76

Това че работната сила не е стока, че е вън от обръщението, в тази формула не може да се покаже, не може да се означи явно, а го отбелязваме като изрично посочим само коя е стоката – само средствата за производство, които затова ги поставям в скоби. Работната сила обаче сме длъжни да я дадем като елемент, съставна част на производството, като един от факторите на обществения производствен процес, защото „в производствения процес влизат стойности, които не влизат в процеса на обръщението"[194].

По същия начин от общата формула за кръгооборота на **стоковия** капитал извеждаме валидната за социализма:

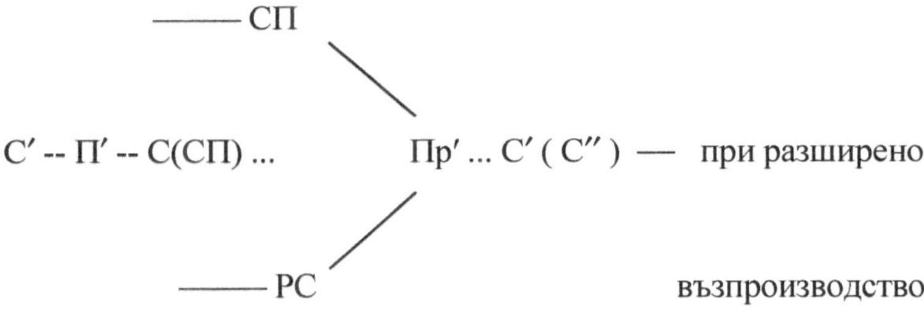

Кръгооборотът на **паричния** капитал при обществена собственост се извършва по формулата, видоизменена от общия си вид:

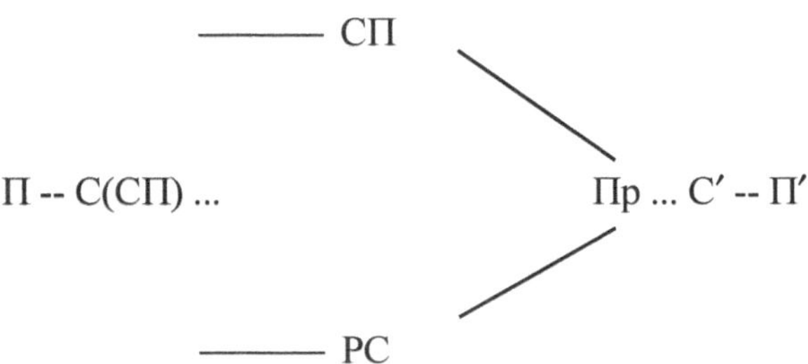

---

[194] Маркс, *Капиталът*, 2:76

„Що се отнася до самия процес на образуване на съкровище, той е общ за всяко стоково производство"[195], т.е. включително и при социализма. И тук също образуването на „паричния фонд на натрупването служи като резервен фонд, за да изглажда нарушаванията на кръгооборота"[196].

Тази формула обаче не изразява пълния процес на паричните отношения, а само неговата производствена страна. Тъй като работната сила като стока отсъствува от сферата на обръщението, формулата скрива някои парични отношения – например заплащането на работната сила. Това е така, защото тук ударението пада върху паричната форма на социалистическото производство. Актът **П-РС** вече не означава **П-С**, което е едно и също за капитала – купуване на стока работна сила, привличане на наемен работник. От своя страна актът **П-РС** изключва акта **РС-П**, продажбата на работна сила.

В крайна сметка цялостната, разгънатата формула на кръгооборота на **промишления** капитал при социализма изглежда така:

$$
\begin{array}{c}
\longleftarrow\!\!\!-----------------\!\!\!\longrightarrow \\[4pt]
\text{СП} \qquad\qquad \text{СП} \qquad\qquad \text{СП} \\
\diagdown \qquad\qquad \diagdown \qquad\qquad \diagdown \\
\text{П-С(СП)} \ldots \text{Пр} \ldots \text{С}'\text{-П}'. \ \text{П-С(СП)} \ldots \text{Пр} \ldots \text{С}'\text{-П}'. \ \text{П-С(СП)} \ldots \text{Пр} \\
\diagup \qquad\qquad \diagup \qquad\qquad \diagup \\
\text{РС} \qquad\qquad \text{РС} \qquad\qquad \text{РС}
\end{array}
$$

И така, актът на заплащане на работната сила не може да се изрази в тези формули, но самите формули ясно показват, че работната сила не е стока, не подлежи на размяна, не е обект на търговия, не намира място в стадиите на обръщението, т.е. работната сила не подлежи нито на покупка, нито на продажба. По

---

[195] Маркс, *Капиталът*, 2:98
[196] Пак там, 100

този начин работната сила вече не идва обратно и в производството като стока от обръщението.

Друг въпрос е заплащането на работната сила в самото обръщение, на заетите в обръщението работници. Как ще изглежда работната заплата в търговията, как би трябвало да се заплаща на търговските работници?

Затруднението идва наистина от факта, че те не създават, а само реализират стойност. С други думи, те не могат да се подчиняват на закона $M' = \textbf{const}$, просто защото не произвеждат нова, включваща и принадената стойност. Освен това, търговските работници не са еднородни в своята дейност и квалификация, а изпълняват различни функции по реализацията на продукцията. Търговският труд по непосредствената реализация на стоковата продукция е един, а труда по обработката, товаренето, съхраняването ѝ – съвсем друг. Работниците по товаро-разтоварната дейност, например, подобно на промишлените работници, работят при някаква определена производителност на труда. А работната заплата и производителността на труда в промишлеността се свързват в пряка зависимост със закона $p' = \textbf{const}$. Тогава, според техническото ниво на търговския труд, се определя и индивидуалната работна заплата като основна заплата. Повишаването или намаляването й след това може да се обвърже в пряка зависимост или с оборота, или с търговската печалба с определен коефициент към тях. Също както и при промишлените работници, научно-техническият прогрес и в търговията води до революционни промени в производителността на труда. Вече са факт първите безлюдни складове на едро, хранилища и магазини на дребно. Ето защо дотогава, докато се осъществява ускорено натрупване на средства за производство, трябва да се намали съответно и работното време на работниците според закона

$$\frac{v}{c+v} = \textbf{const},$$ докато това бъде необходимо.

По друг начин стои работата с търговските работници, пряко заети с реализацията на стоките. Тяхната работна заплата, нейното увеличение или намаление, зависи само от тази реализация, т.е. от стокооборота. Тъй като работната заплата и в търговията се определя от стойността на работната сила, то основната работна заплата на търговския работник не може да е по-различна в това отношение от тази на промишления. Обаче нейното конкретно движение нагоре или надолу зависи вече не от нормата на печалба или нормата на принадена стойност, каквито за този работник няма, а от величината на разходите по обръщението, както и от времето на оборота. Колкото повече работникът съкращава разходите по обръщението, а също и времето на оборота, толкова по-висока ще е, толкова повече ще нараства неговата работна заплата и обратно. Така че нарастването на работната заплата на търговския работник е най-удачно, както винаги е било, да се обвърже като процент от стокооборота.

ГЛАВА ОСМА

ПАЗАРЪТ

В том **III** на "Капиталът" в глава **XXVII**, както и навсякъде другаде впрочем, в кратък анализ в скоби на малко повече от страница прозира не само гения, но и неподражаемата научна скромност на великия Енгелс – учен, богоравен на Маркс! Там с вещина и прецизност той отбелязва икономическия конфликт на нашето време – рязкото нарастване на промишленото производство и неадекватната мудност на разширяване на пазара. „Това, което промишлеността създава в месеци, пазарът едва може да консумира в няколко години."[197] Обективните икономически закони на капитализма създават такива обществени условия, при които „разширяването на пазарите не може да върви в крак с разширяването на производството. Колизията става неизбежна"[198]. Този конфликт в рамките на капиталистическия начин на производство съвременният капитал като държавно-монополистически капитал се опитва да разреши чрез държавно-монополистическо регулиране на производството и пазара чрез количеството произведени стоки от няколко могъщи концерна и съгласуването, регулирането на техните цени помежду им. И това е най-явното доказателство за банкрута на „много отдавна прославената свобода на конкуренцията"[199].

Бавното разширяване на пазара, неговата ленивост в дълбок разрез с разширяването на производството, се дължи преди всичко на изоставащото, а някъде и липсващото, платежоспособно търсене на огромната маса потребители в една страна, както на средства за живот, каквито са всички хора на наемния труд, така и на средства за производство най-вече от промишлените дребни потребители, т.е. пазарът се стеснява от ниските доходи на мнозинството потребители, резултат на регулираната "политика на

---

[197] Маркс, *Капиталът*, 3:506
[198] Енгелс, *Развитието на социализма от утопия в наука*, 1:140
[199] Маркс, *Капиталът*, 3:506

доходите", от една страна, както и от високата централизация на капитала в **I** подразделение на общественото производство, от друга. Ето защо производството бълва продукция, а пазара не може да я консумира. Това е „едно само себе си унищожаващо противоречие"[200]. Но когато търсенето, както на средства за живот, така и на средства за производство, стане постоянно платежоспособно, което се постига само чрез точно определени икономически закони, то пазарът ще може да усвоява цялата промишлена продукция за много по-кратко време, отколкото това става при капиталистически начин на производство – в срокове, много близки до които се произвежда, т.е. тогава производство и пазар ще бъдат в синхрон и единство.

„За да може **пазарната цена** на идентични стоки, всяка от които обаче е произвеждана при условия с различен индивидуален колорит, **да съответствува на пазарната стойност, да не се отклонява от нея нито нагоре, нито надолу,** нужно е натискът, оказван от различните продавачи един на друг, да бъде достатъчно голям, за да изкара на пазара такава маса от стоки, която да отговаря на обществената потребност, т.е. такова количество от тях, за което обществото **е в състояние да заплати** пазарната стойност."[201]

Ако натискът на конкуренцията е слаб и продавачите не могат да изнесат тази маса стоки на пазара – те трябва да бъдат продадени **над** тяхната пазарна стойност. Ако натискът е много силен, т.е. масата на продуктите превишава тази обществена потребност – стоките се продават **под** тяхната пазарна стойност. И Маркс допълва, че под "обществена потребност" трябва да се разбира платежоспособната обществена потребност, т.е. платежоспособното обществено търсене. Така че за да съответствува пазарната цена на пазарната стойност, а не да се отклонява нагоре или надолу около нея, трябва масата стоки на пазара да отговаря на общественото търсене. Точно това се получава, например за средствата за живот, когато в обществен мащаб $\Delta v = \Delta(v+m)$, или още по-ясно се вижда и от израза след натрупването $(v+m) = (c+v+m)II$ – масата на стоките нито превишава, нито изостава, а съвпада с тяхното обществено

---

[200] Маркс, *Капиталът*, 3:507
[201] Пак там, 212 (удебеленият шрифт е мой – Т.Б.)

търсене, т.е. платежоспособната обществена потребност, платежоспособното обществено търсене $(v+m)$ съвпада с масата стоки на пазара $(c+v+m)II$ и натискът на продавачите нито е по-силен, нито е по-слаб от необходимото. А това е първото условие, според Маркс, за да могат стоките да се продават **по** техните стойности – пазарната цена да съвпада с пазарната стойност.

Маркс отбелязва, „че 'обществената потребност', т.е. онова, което регулира принципа на търсенето", се определя „от отношението на цялата принадена стойност към работната заплата"[202], т.е. от средната норма на принадена стойност, която трябва да бъде неизменна, за да може тази обществена потребност да съвпада с общественото предлагане – масата стоки на пазара.

Маркс ни учи, че когато търсене и предлагане взаимно се покриват, тогава пазарните цени съвпадат с производствените цени на стоките. Когато цената се разминава със стойността, ако търсенето значително превишава предлагането, то пазарната цена се определя от стоките, произведени при най-лоши условия. Обратно, ако предлагането значително превишава търсенето, пазарната цена се определя от стоките, произведени при най-благоприятни условия. Ето защо целта на еднаквата норма на печалба е именно тази – да постави всички производители при еднакви производствени условия и пазарната цена да съвпада по този начин с производствената цена, а предлагането винаги да съответства на търсенето. Така че пазарните цени в общия случай съвпадат с производствените, защото търсене и предлагане винаги се покриват помежду си. А търсене и предлагане винаги се покриват, защото цена и стойност винаги съвпадат, т.е. покупната цена и произведената стойност са едно и също нещо.

Пазарната цена съвпада с производствената цена на стоката и поради това, че с еднаквата норма на печалба всички производствени условия са изравнени, т.е. няма стоки, произведени при най-лоши и най-добри условия – те са произведени при еднакви условия, т.е. пазарната стойност и цена не се определят вече от стоки, произведени при различни, а от стоки, произведени при еднакви производствени условия, с което пазарната цена съвпада с производствената. С еднаквата норма на печалба, приемана в производството, се изравняват всички

---

[202] Маркс, *Капиталът*, 3:213

условия, при които се произвеждат стоките – по отношение на цени, данъци, обороти, технически възможности – вместо да останат те при най-лоши или при най-благоприятни условия, влияейки по този начин по-късно върху пазарната им стойност и пазарната им цена.

Когато индивидуалната стойност на дадена стока е по-ниска от пазарната, при средната обща норма на печалба се реализира добавъчна печалба. Това става при нововъведения в производството. „Капиталистът, който прилага усъвършенствани, но още невлезли във всеобща употреба начини за производство, продава по цена по-ниска от пазарната, но по-висока от неговата индивидуална производствена цена; по такъв начин нормата на печалба за него се повишава, докато конкуренцията не я изравни ...“[203]

При еднаква обща норма на печалба прилагането на нови, усъвършенствани методи за производство преди да са станали всеобщи, налага също да се продава по цена различна (по-ниска) от пазарната, но не по-висока от индивидуалната производствена цена, защото тя съвпада със своята стойност, изразяващо се във факта, че нормата на печалба в случая не се повишава, а си остава същата, т.е. добавъчна печалба няма. По-ниската от пазарната индивидуална производствена цена ще гарантира само по-бърз оборот, докато се изравни с нея пазарната цена, и нищо повече. Добавъчна печалба за промишлените капиталисти има, когато произвеждат при по-благоприятни условия от средните. Но с еднаквата норма на печалба производствените условия са еднакво благоприятни за всички. Тогава, тъй като всички производители работят не само при най-благоприятни, но при еднакви условия, то не съществува точно затова добавъчна печалба да идва от разликата от индивидуалната производствена цена до пазарната цена.

Пазарната цена на стоката може да се повиши над производствената цена, но не повече от границата на собствената си произведена стойност (при капиталистически начин на производство). Ето защо пазарната цена не може да превишава производствената цена, когато стойност и цена съвпадат – няма я субстанцията (т.е. стойността), позволяваща на цената да расте над

---

[203] Маркс, *Капиталът*, 3:269

нея. Цената може да расте само защото и само когато има стойност над нея. Цените, например при инфлацията, се покачват, защото стоките имат стойност, която те, цените, догонват. Ако нямаше стойност над тях, цените не биха се покачвали.

Производствената цена е регулиращата цена, около която се колебаят пазарните цени при средната норма на печалба. При еднаквата норма на печалба производствената цена пак е регулираща, но и пределна, максимална цена, под и до която пулсират пазарните цени. Пазарните цени при еднаквата норма на печалба могат да бъдат по-ниски или равни, но никога по-високи от производствените цени на стоките. Само в един-единствен случай пазарната цена може да бъде по-голяма от производствената цена – когато в обръщението търговецът е вложил добавъчен капитал, който трябва да се възстанови чрез цената. Но това изобщо не значи, че цената е по-голяма от стойността. Напротив, тя пак съвпада с нея.

Пазарната цена може да бъде по-малка или равна на производствената цена. Ако търсенето превиши трайно предлагането и с това пазарната цена стане за дълго време по-голяма от производствената, значи някъде има сериозно нарушение, разстройство в целия възпроизводствен процес на социализма, довело до разминаване на стойност и цена. Тогава общата норма на печалба е престанала да бъде еднаква и се е превърнала в средна, а социализмът се е превърнал в капитализъм!

Причината за разминаването на стойност и цена е средната норма на печалба, т.е. изравняването на общата норма на печалба чрез конкуренцията, т.е., усредняването на различните стойности в обща производствена цена. Разминаването между стойност и цена съществува и при конкуренцията, и при монопола, резултат и в двата случая на усредняването на печалбата – по-силно изявено в първия случай, и по-слабо – във втория. Именно конкуренцията прави това изравняване на стойностите в средна производствена цена, докато монополът го постига по друг начин – монополно високата цена над стойността в един случай се компенсира с монополно ниска цена под стойността в друг случай в създадената съвкупна стойност. Така че и в двата случая цените се колебаят около техните стойности. А с еднаквата обща норма на печалба цена и стойност съвпадат вече не само за среден, но и за всякакъв състав на капитала. От своя страна, единството на цена и стойност установява равновесие между търсене и предлагане, което пък води до съвпадане на пазарната с производствената цена. А „равновесието между търсене и предлагане ... премахва влиянието на конкуренцията"[204]. Така че **единствено** равновесието между търсене и предлагане при свободен пазар (т.е. без монополизъм) може да отстрани конкуренцията и нищо друго, никакъв административен акт. Но трябва това равновесие да се поддържа непрекъснато, за да може и конкуренцията да се отстрани трайно и завинаги, а с нея и отклоненията между стойност и цена. И монополът премахва конкуренцията, но не отстранява противоречията между стойност и цена, напротив – задълбочава ги. От двете злини на капитализма монополът е по-голямата – той е пълно отрицание, окови на собствения си начин на производство. Монополът е голо отрицание на конкуренцията и не е решение на острите противоречия на капитализма. Ето защо конкуренцията е въздигана в култ от апологетите на тази система и, както е винаги при капитализма, „конкуренцията трябва да обяснява всички безсмислици на икономистите, докато икономистите – напротив, бяха длъжни да обяснят конкуренцията"[205]. В наше време конкуренцията отново е въздигана в теорията като панацея от търсещите намордник за монополизма, но неговото ограничаване на практика се свежда само до антимонополно законодателство без изобщо да бъде изкоренен из основи. Но под конкуренция и днес, както и преди, се разбира единствено нейната позитивна роля като известен двигател на прогреса и се изпуска из очи нейната негативна страна, а именно, че преливането на капитали от една сфера на производство в друга, както и в една и съща сфера, се съпровожда от огромно разпиляване и разхищаване на обществен труд и средства, от излишен и ненужен разход и дори разсипничество на обществено работно време, вместо икономията му, на известно спиране или забавяне на развитието на производителните сили, въпреки общия тласък като цяло на движението им напред. Ето тази именно негативна страна на конкуренцията премахва еднаквата обща норма на печалба, отстранявайки конкуренцията между **капиталите**. Но конкуренцията на производството, т.е. нейната позитивна страна, се запазва под друга форма – като конкуренция на **работната сила**,

---

[204] Маркс, *Капиталът*, 3:974
[205] Пак там, 978

като конкуренция за увеличаване на доходите, а именно — работната заплата. Точно тя, работната заплата, насърчава, поощрява непрекъснатото и бурно внедряване на нови технологии, които ще носят нови и все по-високи доходи на реализиращите ги работници. А отстранявайки конкуренцията между капиталите, се спира пилеенето на обществен труд, постига се икономия на работно време, което пък дава по-висока ефективност на икономическата система от тази на капиталистическата.

Непрекъснатият стремеж към максимална печалба води до това, че различните норми на печалба непрекъснато се усредняват в обща норма на печалба стихийно от конкуренцията, т.е. общата норма на печалба като средна търси такова равнище, че в крайна сметка само най-едрият капитал успява да се наложи в конкуренцията и да желае да наложи на всичките си конкуренти своя собствена норма на печалба, която вече не е средна, а монополна. Така, с развитието на концентрацията и особено на централизацията на капитала, се стига до неизбежен банкрут на свободната конкуренция, слага се край на капитализма на свободния пазар и през монополистическия се стига до държавномонополистическия капитализъм, какъвто е съвременния капитализъм вече над сто години от Първата световна война насам. Така че конкуренцията, възхвалявана и възвеличавана при средната обща норма на печалба, е наследствено обременена, генетично заложена към своето себеотричане и крах. **Стихийното** усредняване на различните норми на печалба в обща норма на печалба е именно бумерангът на свободната конкуренция, който се връща срещу нея, за да я убие. При капитализма на свободния пазар примамката, стръвта за миграцията на капиталите между различните отрасли на производството не е стойността, а производствената цена, която се различава от нея. Ето защо при тяхното съвпадане, което става само с еднаквата норма на печалба, тази миграция спира, тя става излишна — дали ще търси цената или стойността един капитал в дадена сфера, това е едно и също нещо. При различни норми на печалба миграцията на капиталите в крайна сметка завършва, когато условията на присвояване на печалбата се уеднаквят. А при еднаква норма на печалба, когато условията на присвояване поначало са уеднаквени, миграцията на капитали изобщо и не започва. Тази миграция, това преливане на капитали, изобщо не е необходимо, защото с еднаквата норма на печалба всички производители са поставени не само в еднакви, те са поставени в най-благоприятни производствени условия и затова не е необходимо търсенето на максимална изгода в друга сфера, в друг отрасъл на производството.

При средната обща норма на печалба само при капиталите със среден състав цената съвпада със стойността на стоката. „Всички други капитали, безразлично какъв е техният състав, се стремят под натиска на конкуренцията да се изравнят с капиталите със среден състав."[206] Значи, така или иначе, има, съществува такава тенденция производствените цени да станат превърната форма на стойността. Вместо това да става мъчително от конкуренцията и никога да не може да се осъществи, с еднаквата норма на печалба резултатът се получава веднага. Конкуренцията се стреми за различни капитали по органичен състав, но с еднаква маса, да се отвоюват еднакви дялове от съвкупната маса принадена стойност, произведена от целия обществен капитал, стреми се към разпределяне на цялата принадена стойност пропорционално на масата на капитала. Това, което конкуренцията не може, еднаквата норма на печалба може! С което конкуренцията отпада като необходима сила за тази цел, става излишна като урегулиращ производството и пазара фактор.

Защо с конкуренцията се създават превратни представи на повърхността на икономическия живот? Защото тя, чиято задача е да усреднява различните норми на печалба, с действието си непрекъснато отклонява цените от техните стойности и точно затова нещата са обърнати постоянно с главата надолу, наопаки, и „по такъв начин в конкуренцията всичко се явява изопачено"[207], т.е. изглежда като че ли стойността не се определя от работното време, както и природата на принадената стойност сякаш не е от незаплатен принаден труд. А с еднаквата обща норма на печалба всичко идва на мястото си след като се отстранява влиянието на конкуренцията точно в това отношение — в определянето на общата норма на печалба. Конкуренцията изопачава представите, казва Маркс, и казва истината. А монополът пък направо ги подменя или отстранява.

---

[206] Маркс, *Капиталът*, 3:204
[207] Пак там, 243

Тъй като с еднаквата обща норма на печалба всички стоки се произвеждат в еднакви най-благоприятни условия, то те не се продават нито под, нито над своите индивидуални стойности, а точно **по** техните стойности. И това е само предварителна предпоставка, която, ако не съществуваше риска на пазара, щеше да бъде абсолютно изпълнима. Поради наличието на известен праг на непредвидимост на пазара обаче действителните индивидуални норми на печалба ще зависят от реализацията им на него и без да бъдат задължителни да са еднакви, те ще се стремят да бъдат такива. След приемането на общата норма на печалба за еднаква всеки производител има интерес действително да се изравни с нея, да реализира своята индивидуална норма на печалба до размера на общата, след като са му създадени предпоставките за това. Самите работници имат най-голям интерес от това, от еднаквата норма на печалба, защото така и само така те могат да получават възможния максимум, а не възможния минимум на своята работна заплата за даден производствен цикъл. Еднаквата норма на печалба е цел, минимална задача, която трябва да се изпълни на пазара, а не гарантирана норма на печалба, която със сигурност ще се получи дори и да е губещо предприятието. Напротив. Не се насърчават по никакъв начин изоставащите производства чрез гарантиране на сигурна норма на печалба. Нищо подобно. Всяка норма на печалба трябва да бъде действително реализирана на пазара при нормални икономически условия. Всяко нарастване на индивидуалната норма на печалба над общата е позволено, което веднага обаче се изравнява до общата норма на печалба чрез увеличаване на работната заплата. Никой никого не принуждава насила да има по-голяма норма на печалба, отколкото може да реализира. Нито пък се гарантира получаването на печалба без усилия. Това, което се гарантира, това, което се постига с еднаквата норма на печалба, е подготовката за продажбата, за реализацията на стоката на всеки производител при максимално добри условия – създадена от предпоставката, че в цената на стоката именно е включена реализацията ѝ при най-добри производствени условия.

Оттук нататък, ако при тези създадени предварително оптимални, възможно най-добри условия, отделният производител не успее да получи норма на печалба равна на общата, а по-ниска, той може да упреква само себе си, защото получената печалба няма да е достатъчна за нормалното възпроизводство на предприятието. Ако е реализирана по-ниска норма на печалба от общата, въпреки че в цената на стоката е разчетена по-висока, това остава проблем само за този производител. Така че неговата цел е достигането на общата норма на печалба. Ясно е, че е възможно в подобни случаи да има временни нарушения, частични флуктуации между пазарна цена и стойност, но те би трябвало да бъдат само изключения – редки и случайни. Видно е, че пазарът не изключва възможността да се получи разлика между нормата на печалба, която предварително е включена в цената на стоката (общата норма на печалба), и тази норма на печалба, която действително е реализирана след това в същинския възпроизводствен процес. Пазарът ще покаже не дали може да има еднаква норма на печалба, а че не може да има на него по-голяма индивидуална норма на печалба от общата, приета за еднаква в производството. Това са противоречия между производство и обръщение, между промишленост и пазар. Еднаква норма на печалба в производството, но на пазара тя може да се случи и да бъде различна (по-ниска), *само по изключение*!

Ако индивидуалната норма на печалба при неизменна производителност на труда след престоя си на пазара спадне под общата, това значи, че не е реализирана една част от принадената стойност, която иначе е била начислена в цената на стоката с общата норма на печалба, но бавният оборот, например, поради стеснен пазар, не е възстановил цялата стойност на стоката в процеса на реализацията ѝ. Значи ли това, че цената (пазарната) в такъв случай трябва да падне под стойността на стоката, за да има все пак някаква реализация и някаква принадена стойност? – Така е, но загубата си остава загуба или по-точно – пропусната полза! Тя може да се компенсира от следващ по-бърз оборот или поредица обороти, които, създавайки повече маса принадена стойност, да изравнят дадената норма на печалба с общата. Този анализ показва, че при неизменна производителност на труда, *по изключение*, **понижение** на цените може да има, но повишение – никога! Преграда за това е общата норма на печалба, приета за еднаква и постоянна величина за всички производители. При повишена производителност на труда цените стават по-ниски, но не са понижени, т.е. те пак съвпадат със стойността на стоките, а не падат под нея.

Ако в производството на дадена стокова продукция има авансиран капитал 100 единици ($C = 85c+15v$) при обща норма на печалба $p' = 20$ % и норма на принадена стойност $m' = 133$ %, това означава, че тази продукция трябва да се продаде по цена 120 единици. Ако обаче пазарът не е одобрил тази продукция и след даден оборот тя не се е реализирала цялата, а реализираната стойност, която се е върнала обратно е, например, 115 единици, то 5 единици от предварително начислената печалба недостигат за по-нататъшното нормално възпроизводство. Сумата 115 възстановява напълно авансирания капитал, но печалбата в нея е недостатъчна за по-сетнешното възпроизводство и действителната норма на печалба спада на 15%. Така че обемът на стоковата продукция трябва да обхване авансирания капитал + печалбата, която предварително се гони като цел, защото в противен случай трябва след това да се търси компенсация за пропуснати ползи.

В дадения изолиран случай пазарната цена може да падне под производствената цена, а това значи и под стойността. Но обратният случай дори като изключение не е възможен, т.е. пазарна цена над производствената цена, пазарна цена над стойността, тъй като производствената цена е пределна цена — общата норма на печалба не е средна, за да се търси компенсация в колебанията около стойността, т.е. няма нищо произведено над стойността, за да може и цената да се покачва над нея, за да може пазарната цена да превишава производствената. Ако обаче, в обратния случай, от по-бърз оборот производителят реализира стокова продукция за 125 единици вместо 120, това означава, че оборотът е доставил 5 единици новосъздадена стойност повече от нормално разчетените 120. Тогава тези 5 единици трябва да се разпределят така, че нормата на печалба да остане еднаква с общата, т.е. за да остане $p' = 20$ %, трябва една част от тези $5(v+m)$ да се превърнат в работна заплата, в случая — $4v$ ($+1m$). А това значи повишената с оборота норма на принадена стойност да се понижи до такова равнище, че нарастването на работната заплата да остави неизменна нормата на печалба, след което и тя (нормата на принадената стойност) да остане отново неизменна. В случая m' спада от повишението си от 167% на 111%, т.е. спада дори по-ниско от първоначалното си ниво от 133%. Ясно е, че ако това повишение е еднократен акт, то и спадането на m' е еднократно. Това е допълнително заплащане на работната сила, допълнителна работна заплата (26.7%), освен вече възстановената авансирана работна заплата от 15v, която трябва отново да се авансира за следващия цикъл от производствения процес. А това 1m пък е допълнително заплащане на управленския екип, на административния персонал за неговия успешен маркетинг по реализацията на продукцията. С други думи, всяка подобрена организация на труда в производството, реализираща се на пазара, при неизменна производителност на труда, вместо да повишава нормата на печалба, която остава неизменна, повишава работната заплата чрез противоположно движение на нормата на принадена стойност – m' спада така, че нарастването Δv да отнеме нарастването $\Delta p'$. Така повишаването на нормата на печалба (което може да става по различни начини) се свежда пак до неизменна и еднаква норма на печалба – именно чрез m'. Всяко повишаване на нормата на печалба при други (капиталистически) условия означава тук повишаване на работната заплата при тези (социалистически) условия със запазването на p' на същото равнище. В противен случай, ако тези 5$(v+m)$ останат като 5m, като принадена стойност, те ще бъдат присвоени частно, с което нормата на печалба ще се повиши, а няма да остане еднаква.

ГЛАВА ДЕВЕТА

РЕНТАТА

Въпреки че у нас при "социализма" нямаше частна поземлена собственост, рента съществуваше, защото собственик на земята бе държавата. Рентата е такъв данък, който изстисква работната сила на селскостопанския работник, като го отчуждава от земята. Капиталът, като „дълготрайна помпа за изсмукване на принаден труд"[208], тук, на село, снижава работната заплата под стойността на работната сила дори повече, отколкото на един промишлен работник.

„Но много по-разпространен и по-важен факт е намаляването на работната заплата на същинските земеделски работници под нормалното средно равнище, така че част от работната заплата се отнема на работника, образува съставна част на арендата и така под маската на поземлена рента отива в джоба на поземления собственик" (у нас и СССР до 1990г. – държавата) "вместо на работника."[209]

Когато държавата е собственик на земята, тогава „рента и данък съвпадат"[210], т.е. рентата е данък и данъкът е рента. Когато държавата е собственик и даде в аренда „цялата, годна за земеделие земя ... , то не би имало земя, която да не носи рента"[211]. Тогава поземлената собственост за непосредствения производител като абсолютна граница за труда и капитала му престава да действа, но като относителна граница продължава действието си и след това, казва Маркс. Така че пълната държавна собственост върху земята е относителна, докато частната собственост е абсолютна граница за земеделското производство. Абсолютната граница на поземлената собственост е достъпът до земята, допускането до обработването й от нейния собственик след

---

[208] Маркс, *Капиталът*, 3:928
[209] Пак там, 716
[210] Пак там, 893
[211] Пак там, 863

заплащане на определения ѝ данък. Ето защо и държавната, и частната поземлена собственост – едра и дребна – се явяват „като граница и пречка за земеделието"[212]. В том **III** на "Капиталът" в отдела за рентата Маркс подлага на остра, жигосваща, блестяща критика, компютърно прецизна оценка и логична присъда дребната и едра частна собственост върху земята. Исполинът Маркс! Критика, оценка и присъда, които важат и днес, 150 години по-късно, и ще важат винаги, докато има капитализъм! Дисекция на това общество и диагноза, която е валидна със същата сила и днес – това е "Капиталът"! Всяка дума от анализа му е актуална и днес със същата сила и няма нищо остаряло в него. Един безподобен Маркс! "Капиталът" – ето това е вечна книга! "Капиталът" е капитален труд, който труд не стана капитал, но в който капитала се разбира само чрез труда, става ясно, че в основата на капитала е труда; капитален труд, разделящ капитал срещу труд в антиномията капитал и труд! Капитален труд, който излъчва познанието, че съдбата на капитала се решава от труда!

Рентата в наше време е анахронизъм, а при обществена собственост върху средствата за производство тя е абсурд, тя просто няма място. Това е така, защото „поземлената собственост се различава от другите видове собственост с това, че на известно равнище на развитие тя изглежда излишна и вредна дори от гледището на капиталистическия начин на производство"[213].

Добавъчната печалба – източникът на рента на село – се получава за отделния промишлен (вложен в промишлеността или селското стопанство) и търговски капитал, работещ при по-благоприятни условия от средните. Съществуват два вида добавъчна печалба: първи, създадена от функциониращия капитал в производството, и втори, създадена от естествена природна сила. Тази добавъчна печалба е премахната от еднаквата норма на печалба, където всяко различие над нея се изравнява чрез увеличаване на работната заплата на принципа на скачените съдове, каквито са v и m, т.е. всяка норма на печалба над общата трябва да се понижи до общата чрез увеличаване на работната заплата. Така, с премахването на добавъчната печалба, в промишлеността не може да се прояви общественото отношение

---

[212] Маркс, *Капиталът*, 3:917
[213] Пак там, 711

капитал, а в селското стопанство – и общественото отношение **рента**.

При обществена собственост върху средствата за производство не може да съществува поземлена рента, тъй като не съществува добавъчна печалба, която да се превръща в рента. Рента не може да има, защото обществената собственост изключва както частната, така и държавната поземлена собственост, а с това и монополизирането на отделни участъци земя. Просто няма отделен от земята собственик, който да получава рента от обработващите я стопани. Собственик и владелец са едно и също юридическо лице. Точно затова при обществена собственост върху средствата за производство не може да има цена на земята. Не само защото земята няма стойност. Земята като средство за производство не може да подлежи на покупко-продажба, тя няма разменна стойност. Земята няма цена, защото не съществува рента, която именно определя тази цена чрез превръщането ѝ в капитал, носещ на собственика ѝ доход под формата на лихвен процент. Земята при обществена собственост няма разменна стойност и е първата стока от всички възможни, престанала да бъде стока и по двете условия, които я определят – стойност и разменна стойност.

Нормата на печалба в селското стопанство може и трябва да бъде еднаква, но за база тук трябва да се вземе при равни други условия най-лошата земя по плодородие (или местоположение) така, че доходите на земеделските работници от земите с най-голяма плодородност, които в обикновения случай са по-високи, да бъдат получавани по същия начин, както и промишлените работници, сами повишаващи собствената си производителност на труда. С други думи, ако от най-добрите земи земеделските работници са получили два или три пъти повече реализирана продукция в сравнение с тези, заети при най-лошите земи, това се отразява непосредствено върху увеличаването на техните работни заплати по същия начин, както това би станало в кой да е завод за работници, реализирали при равни условия различна по количество продукция – повишаването на работната заплата е точно толкова, че да се запази еднаквата норма на печалба. Така че това, което при други отношения би означавало диференциална рента (I или II), доход, получаван от поземления собственик-паразит, сега е доход, допълнително получаван от непосредствения земеделец-производител.

С еднаквата норма на печалба от по-богатата, по-плодородната почва селскостопанските работници ще получават по-високи доходи като работна заплата, но не и диференциална рента за когото и да било. При еднаква норма на печалба и еднакви вложени капитали производствената цена е еднаква за продукция и от най-лошите, и от най-добрите земи, независимо от естественото им плодородие. Различната плодородност на почвите при еднаква цена ще дава различни доходи на земеделските работници и нищо повече. Това е аналогия на капиталовложенията в промишлеността, където на еднакви – 100 единици, капитал могат да отговарят различни равнища на производителност на труда. Обаче тук, на село, един и същ органичен състав, даващ една и съща производителност на труда, може да дава различна продукция поради различното плодородие на земите. Един и същ комбайнер с един и същ комбайн за едно и също време успява да ожъне един и същ по размер участък земя, но в един географски район на България – в Добруджа, с добив 500 кг/декар, а в друг неин район – в Македония, с добив 200 кг/декар! Една и съща производителност на труда дава различни резултати и различни доходи! Така че това природно неравенство не би могло да се компенсира кой знае как и колко, освен с по-рационално земеделие и по-висока производителност на труда. „Доколкото се касае за развитието на производителността, ... повишаването на абсолютната плодородност на цялата земеделска площ не премахва това неравенство, а или го засилва, или го оставя същото, или само го намалява.“[214]

Ако не се вземе предвид свободния внос на дадената култура, „производствената цена от най-лошата земя ... винаги е регулиращата пазарна цена ... “[215]. Така че общата норма на печалба като елемент, участващ в образуването на производствената цена с тази цел се включва към производствените разходи, вложени в най-лошата земя – за да стане тя регулираща пазарна цена за всички производители на този вид селскостопанска стока. Оттук производствената цена е постоянна, ако пазарната цена се определя през дадения период от капитала, вложен в най-лошата земя.

---

[214] Маркс, *Капиталът*, 3:751
[215] Пак там, 750

При намаляваща плодородност на последователни капиталовложения на един и същ участък земя, която иначе би дала основа за диференциална рента II, става излишно и затова – спряно, производството от най-бедната земя и така производствената цена **намалява**, определяща се вече от друга, по-плодородна до момента земя, но приемаща вече от този момент регулиращата роля на най-лоша земя. „**Повишаване** на производствената цена и абсолютно намаляване на производителността" може да има, казва Маркс, "ако тези капиталовложения биха могли да бъдат извършени само в най-лошата земя"[216]. Но този случай е по-скоро изключение, докато правилото е непрекъснато подобряване на естествената плодородност на една и съща земя, т.е. увеличаване на доходите на селскостопанските работници с интензивна, вместо с екстензивна обработка на земите. При неизменни производствени цени допълнителната работна заплата се увеличава, ако земеделието е интензивно, а не екстензивно. Намаляване на допълнителната работна заплата може да има при спадане на производствената цена при неизменна производителност на допълнителните капиталовложения, при който случай най-бедната земя отпада като регулираща пазарната цена земя (виж „Капиталът", том **III**, диференциална рента II, втори случай). Навсякъде вместо рента, при социалистически начин на производство трябва да се разбира допълнителна работна заплата за земеделските работници. Повишаване на производствената цена може да има при намаляване на производителността на най-лошата земя, както и от свободен внос на културата. Увеличилото се предлагане от по-добрите земи може да направи излишно и да спре производството от най-лошата земя. Тогава се променя и производствената цена. Тя се понижава.

Поземлената собственост като обществена, а не частна собственост, вече не е „бариерата, която не допуска ново капиталовложение в необработена досега ... земя"[217]. Напротив, обществената собственост върху земята насърчава грижливото отношение и доброто стопанисване на старите и новите капиталовложения в необработените така, както и в обработваемите земи.

---

[216] Маркс, *Капиталът*, 3:773 (удебеленият шрифт е мой – Т.Б.)
[217] Пак там, 860

Що се отнася до абсолютната рента, не може да има в никакъв случай такава при социалистически начин на производство, тъй като тя е рента, „възникваща от излишъка на стойността над производствената цена"[218]. А такъв излишък при еднаквата норма на печалба просто няма. И отчужден от производителя поземлен собственик също няма. Всичко това прави безпредметна абсолютната рента.

Приемайки предпоставката, че стойността на стоката се разминава с нейната производствена цена и че земеделието има нисък органичен състав на капитала, Маркс извежда абсолютната рента, при която земеделските продукти имат стойност по-голяма от производствената им цена. Това е валидно „за тази форма на рентата ... , която може да се получи само при тази предпоставка"[219]. Абсолютната рента – това е рента, която влиза в производствената цена, за разлика от диференциалната рента, която е рента извън цената. В капиталистическата система, където цената се колебае около стойността на стоката, производствената цена „само като изключение съвпада с нейната стойност"[220]. Това, което там е изключение, тук е закон! С други думи, когато стойността съвпада с цената, заедно с горната предпоставка и абсолютната рента отпада. „Където отпада тази хипотеза, там отпада и съответната ѝ форма на рентата"[221]. Абсолютната рента, която е данък, добавен в цената, при обществена собственост е излишна, защото първо, няма поземлен собственик, който да получава този данък, и второ, цената съвпада със стойността и така дори за земеделските продукти стойността не може да е по-висока от цената им. Абсолютната рента води до поскъпване на земеделските продукти. А когато тя не съществува, няма го и това поскъпване. Липсата на абсолютна рента е сериозна причина цените на селскостопанските стоки да бъдат по-ниски и с това тези стоки -- по-евтини, в сравнение със случая, когато тя съществува. Липсата на рента изобщо означава по-висока индивидуална норма на печалба, отколкото ако тя съществува. Рентата, като част от принадената стойност, само намалява дела на печалбата в нея. А

---

[218] Маркс, *Капиталът*, 3:863
[219] Пак там, 858
[220] Пак там, 856
[221] Пак там, 858-859

когато рентата отсъства, цялата принадена стойност се изразява в печалбата, която остава в ръцете на своите производители.

Рентата – диференциална и абсолютна – е излишна тежест, баласт, който трябва да се изхвърли, за да може корабът на икономиката да плава три фута под кила и с по-голяма скорост. „Тези две форми на рентата са единствено нормалните. Извън тези форми рентата може да се основава само на същинската монополна цена, която се определя не от производствената цена и не от стойността на стоките, а от потребността и платежоспособността на купувачите."[222] Така че третият вид рента – монополната рента, „почиваща на същинската монополна цена"[223], – също отпада, заедно с отпадането на монопола като начин на производство.

Обществената собственост върху средствата за производство, едно от които е земята, не допуска поземлената рента под никаква форма върху т.нар. "земеделски земи", т.е. земите за обработване, както и върху всички останали природни богатства на земята – гори, рудници, езера и др.под. Но за един-единствен вид строителни цели – жилищните, земята не може да бъде обществена, защото строителството на частни жилищни домове предполага нейното монополизиране на участъци. Оттук – рента за общината или гражданина като собственици, ergo – и цена на земята, само на тази земя, земята за жилищно строителство!

Що се отнася до финансовата рента, анюитета, то е ясно, че такава рента може да съществува само като платежен поток, например, на вноски за погасяване на кредит или подобни финансови операции, но не и плащания, чийто произход е акционерен капитал, тъй като такъв в тази система просто не съществува.

---

[222] Маркс, *Капиталът*, 3:863
[223] Пак там, 864

ГЛАВА ДЕСЕТА

КРЕДИТЪТ

Централизацията и концентрацията на капитала

Когато Маркс говори за ролята на кредита в капиталистическото производство, той ясно посочва, че образуването на акционерни дружества, т.е. централизацията на капитала, създаваща монополизация на производството, това представлява „отменяване на капитала като частна собственост в границите на самия капиталистически начин на производство"[224]. С други думи, монополизирането на производството е отменяване на капитала като частна собственост, но не и като **капитал**! Ето това не са разбрали Ленин и всички социалисти и комунисти до ден днешен. Капиталът във формата на акционерен капитал „получава тук непосредствено формата на обществен капитал ... в противоположност на частния капитал" (но е все пак и преди всичко капитал!), „а неговите предприятия се явяват като обществени предприятия – в противоположност на частните предприятия"[225]. Обществените предприятия на акционерния капитал в противовес на частните предприятия на капитала обаче съвсем не означават **обществена собственост** на тези предприятия, след като са предприятия на капитала! Ето тук е ключът, разковничето за разбирането и за заблудата на въпроса за собствеността и капитала.

Развитието на централизацията на капитала изобщо не зависи от големината на обществения капитал. Въпросът е дали големината на обществения капитал зависи от централизацията? – Също не! Големината на обществения капитал зависи от натрупването, т.е. от концентрацията, но не и от централизацията на капитала. Въпреки заблудата, „все пак напредъкът на централизацията никак не зависи от положителния растеж на величината на обществения капитал. И това специално различава

---

[224] Маркс, *Капиталът*, 3:504
[225] Пак там

централизацията от концентрацията, която е само друг израз за възпроизводството в разширен мащаб"[226]. Централизацията на капитала е причина за монополизацията на целия негов възпроизводствен процес – от производството до потреблението! Докато концентрацията е натрупването на капитала в разширеното възпроизводство. И ако централизацията е пагубен за обществото процес, въпреки първоначалните й изгоди, и може да се отстрани, то концентрацията на капитала е неизбежен и жизнено необходим процес за по-нататъшното развитие на обществения капитал и увеличаване на общественото богатство. Ако централизацията е злокачествен тумор за развитото стоково производство, който може при обществен начин на производство да се изреже и изхвърли, то концентрацията на капитала е жизнена необходимост, без която не може при всяко високоразвито стоково производство, т.е. и при социализма. Концентрацията – това е уедряването на капитала със собствени средства и в това още няма нищо лошо. Лошото идва с централизацията – това е уедряване на капитала, но за чужда сметка! Така че това е една голяма заблуда, една голяма грешка в теорията – смяната на полюсите за произхода на злото, а именно, че то идва от концентрацията, а не от централизацията на капитала и оттук плъзват всички беди за социализма като практика! А злото за бедната класа идва от капитала като такъв, първо, и от централизацията му, второ. Макар че концентрацията наистина долива масло в адския огън на двете, съчетана с тях. Според всеобщия Закон за капиталистическото натрупване концентрацията на капитала е удавнически камък на врата на бедния, само защото общественото богатство е в частни ръце и затова се натрупва като **капитал**, т.е. за богатия. Значи концентрацията може да бъде допълнителна, странична, но не и основна причина за обедняването на наемната класа на труда.

Централизацията – това е „привличането на капитал от капитал"[227]. Точно това привличане, тази гравитация между силни и слаби капитали се овладява и отстранява с еднаквата норма на печалба, т.е. отстранява се централизацията. Докато концентрацията, т.е. последователното разширяване на производството, трябва да остане и не може да не остане. Без централизация на капитала може, без концентрация – не може! Не

---

[226] Маркс, *Капиталът*, 1:692
[227] Пак там, 691

може да няма концентрация и при социалистически начин на производство, защото не може да няма възпроизводство в разширен мащаб.

Грамадните маси капитал могат да бъдат добити или от последователно и постепенно натрупване на един капитал чрез концентрация (и в това при обществен начин на производство няма нищо лошо), или чрез изтръгване от много отделни дребни вече съществуващи капитали, които принудително се сливат в един-единствен капитал чрез централизация (в определена форма на монопол). Централизацията се извършва по два пътя – или чрез насилствено привличане на разбити, фалирали капитали от един гравитационен център, или чрез "доброволно" сливане в акционерен капитал. И двата пътя водят до монопол. И двата са еднакво немислими при социалистически начин на производство. Ето защо – поради монопола – централизацията е недопустима като процес при социализма. Също толкова, колкото и конкуренцията.

От друга страна, концентрацията е твърде бавен процес спрямо централизацията.

„Споените набързо по пътя на централизацията маси капитал се възпроизвеждат и умножават, както и другите, само че по-бързо, и с това стават нови могъщи лостове на общественото натрупване. Следователно, когато става дума за напредъка на общественото натрупване, в днешно време под това мълчаливо се подразбират и въздействията на централизацията."[228]

Централизацията довършва делото на капиталистическото натрупване като го усилва и ускорява до деня на Страшния съд, който настъпва винаги с началото на всяка криза. Това усилено натрупване с помощта на централизацията носи със себе си заедно с успеха – и краха, заедно с възхода – и падението. И причината за това е един от „двата най-могъщи лоста на централизацията"[229] – кредитът, който е източник на просперитета, но и „един от най-мощните лостове за кризите и мошеничеството"[230].

---

[228] Маркс, *Капиталът*, 1:693
[229] Пак там, 692
[230] Пак там, 3:695

Голямата полза на обществото от централизацията на капитала това е ускореното развитие в тесните капиталистически рамки на научно-техническия прогрес.

„Светът още щеше да бъде без железници, ако трябваше да чака, докато натрупването доведе някои отделни капитали до такива размери, че те да могат да се справят със строежа на една железопътна линия."[231]

***

Кооперацията

Ясно е, както казва Маркс, че натрупването е „твърде бавен процес в сравнение с централизацията"[232]. Но чрез схемата за разширено възпроизводство с увеличаваща се норма на натрупване при социалистически начин на производство (виж глава пета), ускореното натрупване вече не е твърде бавен процес, а напротив – достатъчно бърз даже и в сравнение с централизацията, каквато липсва при този начин на производство. Освен това, нищо не пречи и при социализма сдружаването на няколко едри производства за постигането на някаква обща цел – по начин, подобен на акционерния капитал, но без да бъде той акционерен, т.е. фиктивен капитал, а напълно реален. Обединяването на едри предприятия може да става в консорциуми (в банковото дело – за крупни строителни обекти) или под някаква форма на кооперация, но под никаква форма на централизация! Кооперацията е една от най-добрите форми на сдружаване в съвременния свят. Може би тази е причината за появата на последното научно течение в наши дни на привържениците на „кооп-капитализма". Съгласно тяхната идея за „нов капитализъм" – това е кооперативния капитализъм, трябва да бъде кооперативния капитализъм, защото това е справедливия капитализъм, капитализъм на социалната справедливост, според професор Хърст. Тя, която е работила в Световната банка, е видяла от високо, че съвременния капитализъм е лош и затова в безизходицата си е решила, че кооп-капитализма е решението на проблема „капитализъм"; нейн колега пък приема, че кооператива е „божествената частица", дългоочакваното чудо за

---

[231] Маркс, *Капиталът*, 1:693
[232] Пак там

спасяване на болното капиталистическо общество, придаваща му повече енергия. Наистина, тъй като съвременният капитализъм е некачествен капитализъм, последната вълна икономисти отчаяно търсят лечение на неговите недъзи. За тази цел те измислиха поредната „нова" идея за поредния „нов" капитализъм – това е идеята за спасяването на съвременния капитализъм чрез един „нов" капитализъм под формата на „кооперативен капитализъм". Обаче тази панацея не е нова; преди около тридесет години и повече, същата идея беше за спасяване тогава на „социализма" – кооперацията като форма на социализъм. Но това е лутане в мрака. Кооперативът е само подсистема на системата *капитализъм* и е невъзможно подсистемата да преобразува, да реформира поне и в никакъв случай да революционизира главната система, на чиито закони е подчинена. „Обаче онези представители на господстващите класи – и то немалко, – които са достатъчно умни, за да разберат, че сегашната система не може дълго да съществува – станаха натрапчиви и кресливи апостоли на кооперативното производство."[233] Тази нова вълна „натрапчиви и кресливи апостоли на кооперативното производство" обаче услужливо е забравила героичните, но печални опити на великия утопист Робърт Оуен, рицаря Робърт Голямото сърце, по време на кооперативния капитализъм преди 200 години (!), т.е., във времена, когато кооперативния капитализъм беше много повече възможен! Той беше пионерът на кооп-капитализма, който също се опита да го направи справедлив капитализъм, но беше съсипан и смачкан от цялата класа настръхнали срещу него капиталисти. В условията на капитализма той създаде първите кооперативи – производителни и потребителни, първите работнически тързища, но се сблъска с мощта на цялата обединена класа на капиталистическата система! „Кооперацията остава основната форма на капиталистическия начин на производство, макар че в своя прост вид тя се явява като особена форма наред с другите, по-развити нейни форми"[234], както Маркс писа преди много време. Маркс даде вярна и точна оценка на значението на кооперативното движение в капиталистически условия, но новата вълна икономисти-апостоли на това движение я пренебрегват. „Говорим за кооперативното движение и особено за кооперативните фабрики, основани без всякаква подкрепа с

---

[233] Маркс, *Гражданската война във Франция*, 3:313
[234] Маркс, *Капиталът*, 1:375

усилията на не много смели 'ръце'. Значението на тези велики социални опити не може да бъде надценено."[235] Добросъвестният до педантичност учен Маркс обясни по най-добрия начин, че причината за тази невъзможност на кооператива да действа самостоятелно при капитализма е самия капиталистически начин на производство, а именно монополизма му. Точно монополът е главната причина, която не позволява на кооператива да действа самостоятелно като основна форма на капиталистическата система. Великият Маркс обясни, че:

„опитът от периода 1848 – 1864г. несъмнено доказа, че **колкото и превъзходен да е по принцип и колкото и полезен да е на практика кооперативният труд, никога няма да бъде в състояние нито да спре растежа на монопола, който се извършва в геометрична прогресия, нито да освободи масите, нито дори осезателно да облекчи бремето на тяхната мизерия**, докато не излезе от тесния кръг на **случайните усилия на отделни работници**. Именно затова вероятно благонамерени аристократи, буржоазни дърдорковци-филантропи и дори педантични икономисти – всички като един неочаквано започнаха да сипят предизвикващи отвращение похвали за същата тази система на кооперативен труд, която те напразно се стараеха да погубят в зародиш, която те осмиваха като утопия на мечтатели или клеймяха като кощунство на социалистите. За да освободи трудещите се маси, кооперативният труд трябва да се развива в общонационален мащаб и следователно с общонационални средства. Но магнатите на земята и магнатите на капитала винаги ще използват своите политически привилегии за защита и увековечаване на своите икономически монополи. Те не само няма да съдействат за освобождението на труда, но, напротив, и в бъдеще ще издигнат всевъзможни препятствия по неговия път."[236]

Тъй рече Маркс. Нищо ново не предлага тази нова научна школа в наши дни. Ето защо ще затворим тази тема с извода на Маркс, че „кооперативните фабрики на самите работници ... навсякъде в тяхната действителна организация възпроизвеждат ...

---

[235] Карл Маркс, *Учредителен манифест на Международното работническо дружество*, 1:316
[236] Маркс, *Учредителен манифест*, 1:317 (удебеленият шрифт е мой - Т.Б.)

всички недостатъци на съществуващата система"[237]. Докато съществуващата система е капитализъм.

***

Основният лихвен процент

Кредитът е могъщ щит, носещ върху себе си капиталистическото производство и е основа за неговия обществен характер. „Този обществен характер на капитала се опосредствува и се осъществява напълно само чрез пълно развитие на кредитната и банковата система ... Тя премахва по този начин частния характер на капитала и съдържа в себе си, но именно само в себе си, премахването на самия капитал."[238] Така че кредитът, създаващ обществен характер на капитала, е необходим и при обществена собственост върху този капитал. Тогава, при еднаква обща норма на печалба, основният лихвен процент има тенденция към спадане с развитие на кредитната система, която оказва натиск върху него, както се изразява Маркс. Заедно с това, трябва да има **постоянно** отношение между лихвата и цялата печалба, за да бъде в състояние всеки производител да си плаща лихвата, независимо дали тя е висока или ниска според равнището на общата норма на печалба. Тъй като конкуренцията не оказва абсолютно никакво влияние върху размера на лихвения процент, ние сме улеснени и от този факт, макар че такава конкуренция (между капиталите) просто няма в нашата система. Конкуренцията, има ли я или не, не определя лихвения процент. „Пазарната норма на лихвата ... се определя пряко и непосредствено от отношението между търсенето и предлагането"[239] на паричен капитал.

Ясно е, че при $p' = \text{const}$, т.е. когато общата норма на печалба е неизменна, то и основният лихвен процент ще си остава неизменен, доколкото в по-продължителни периоди той зависи от нея. Тук трябва да отбележим специално, че основният лихвен процент не може да се повишава от такова нарастване на средната работна заплата, което оставя общата норма на печалба неизменна. Той може да се повиши само от нарастване на средната работна

---

[237] Маркс, *Капиталът*, 3:509
[238] Пак там, 695
[239] Пак там, 425

заплата, което снижава общата норма на печалба. Повишаването на основния лихвен процент може да идва от повишаване на търсенето на работна сила в обществен мащаб. Но когато работната сила не е стока такива колебания на цената около стойността й просто няма, за да могат да влияят те върху основния лихвен процент, съответно върху неговото покачване. Така че самонарастващата работна заплата не води нито до нарастване, нито до самонарастване на основния лихвен процент, просто защото няма повишено търсене на паричен капитал за променлив капитал. Самонарастващата работна заплата не създава по-голямо търсене на паричен капитал за работна заплата, защото общата норма на печалба си остава неизменна.

Освен това, основният лихвен процент при неизменна обща норма на печалба се влияе благоприятно и от освободения и лек обратен приток на капитали поради неизменната стойност на парите и разширяването на кредита. „Лесният и равномерен обратен приток на капитали, свързан с разширяването на търговския кредит ... пречи на повишаването на равнището на лихвения процент.“[240]

***

Отмиране на кредита

Обаче възниква на пръв поглед странен, но фундаментален въпрос – трябва ли да има изобщо лихва при социализма? Така, както отпада рентата, не трябва ли да отпадне и лихвата? Въпрос, не без основания. Нещо повече – колкото и да е странно, съществува екстравагантната и наивна анархистична идея банките и парите, точно както държавата, да бъдат премахнати за един ден! За съжаление, парите (и банките) не могат да бъдат премахнати, те могат само да отмрат.

Така че след като собствеността е обществена, това не би ли значело, че заемането на пари за влагане в разширеното възпроизводство би трябвало да бъде безлихвено, като частен случай на привилегирован заем, какъвто е кредита на ислямските банки, например?! С други думи, заемане и връщане само на главница, но не и на лихва? Или не е ли обществената собственост

---

[240] Маркс, *Капиталът*, 3:565

основа на такова заемане – "справедливо" и нелихварско? Не е. Защото обществената собственост не е държавна, но не е и ничия собственост. Тя е конкретна собственост на дадено юридическо лице и само затова е обществена, защото общата норма на печалба е еднаква в цялото общество, т.е. собствеността е обществена, само защото при производствена дейност със собствени (а не заемни) средства, реализираната норма на печалба остава в същото, в еднакво отношение с всички други производители в обществото, в еднакви отношения на присвояване. Но тъй като икономическият живот налага различни ситуации във възпроизводствения процес, нерядко се случва да се прибегне до използването на чужди, а не на собствени парични средства като **паричен** капитал, макар и собствеността върху средствата за производство като **промишлен** капитал по определен начин да е обществена. Тя е обществена, но не обща!!! А за да се насърчава заемодаването в такива случаи, няма друг начин освен с лихвата и лихвения процент! Не може да няма лихва и да не се насърчава чрез нея предлагането на пари, когато в обществото има обективно търсене на такива. Не може да има без лихва и лихвен процент и развитие на кредита, който е най-съвременната форма на разплащане и ще заема все по-важна роля в развитието на обществото, като измества всички други остарели форми на стоково-паричните отношения. Кредитът, който е свидетелство за мощта на едно общество и който ще стане Атлас на бъдещето, носещ на плещите си планините на едрото производство в мега и гига размери, не може без лихва и лихвен процент. Действително, ако в една икономика 100% всички фирми работят само със свои собствени парични средства, лихва няма и не може да има, $I\% = 0$, защото цялата печалба остава за собствена употреба. Това в крайна сметка е и целта и когато това стане, лихвата ще бъде ненужна, тя сама ще отпадне от бита и начина на производство.

„Не подлежи, най-после, на никакво съмнение, че кредитната система ще послужи като мощен лост през време на прехода от капиталистическия начин на производство към начина на производство на асоциирания труд – обаче само като елемент във връзка с други велики органични преврати в самия начин на производство. Напротив, илюзиите относно чудодейната сила на кредитното и банковото дело в социалистически смисъл произтичат от пълното неразбиране на капиталистическия начин на производство и на кредитното дело като една от неговите форми. Щом средствата за производство престанат да се превръщат в капитал (което означава и ликвидиране на частната поземлена собственост), кредитът като такъв няма вече никакъв смисъл ...”[241]

Както посочва Маркс, кредитът ще бъде необходим в преходния период към начина на производство на асоциирания труд, след което “кредитът като такъв няма вече никакъв смисъл”. С други думи, кредитът ще бъде необходим в началото на социалистическия начин на производство и доста време след това – докато 100% всички стопански обекти заработят само със свои собствени парични средства. И ако не беше пазарът със своите неизбежни деформации върху реализацията на продукта, която определя състоянието, лика на всяко предприятие, т.е. ако съществуваше само производство без пазар, както е при комунистически начин на производство, то кредитът би отпаднал още от първия ден на социализма. Но тъй като съществува обръщение, тъй като пазарът допуска вероятността не само за печеливши, но дори и за губещи предприятия, особено в ранния стадий на социализма, кредитът остава като необходим, докато икономическите условия не наложат неговото отпадане от само себе си. Това означава отпадане и на лихвата и лихвения процент. Тогава печалбата вече няма да има на какво да се разпада, защото рентата, първо, и лихвата, след това, ще бъдат забравени като понятия. Тази разлика между рента и лихва и тяхното различно отмиране във времето, въпреки сходството в съдържанието им, идва от разликата между промишлен и паричен капитал, чиито проявления са те. Отмирането на кредита означава, че сферата на обръщението все повече ще се свива относително, разширявайки се абсолютно, т.е. относителният дял на сферата на обръщението ще намалява в сравнение с дела на производствената сфера, въпреки колосалното си абсолютно развитие сама по себе си. По този начин отмирането на кредита ще бъде следствие от отмирането на всички фактори, които прекъсват производството и налагат да се взема заем докато се реализира произведената вече продукция. Това значи, че ще отмре сезонният характер на всяко производство, особено от селското стопанство, а и самото селско стопанство ще отмре с развитието на биотехнологиите. Все повече

---

[241] Маркс, *Капиталът*, 3:695-696

пазарът, както в търговията на дребно, така и в търговията на едро, ще се заличава и изчезва в този си вид и все повече ще се видоизменя той като пазар на поръчката, като пазар, работещ все повече на поръчка и по този начин се овладее и напълно прекрати неговата стихийност и ентропия, неговата неопределеност и хаотичност, неизвестността и страха, които крие за всеки производител. Употребата на кешовите пари, т.е. книжните пари в брой, ще бъде изместена изцяло точно така, както преди това те са изместили металните пари. Това може да стане само при изключително високо развитие на кредита и то тогава, когато не само едно богато малцинство, а когато цялото общество, когато всеки, абсолютно всеки негов гражданин разполага с банкова текуща сметка за своите разплащания, тогава чековете „биха станали единственото средство за обръщение"[242]. В едно богато общество без класово деление със съвършено развита кредитна система, единствените пари, които ще останат да циркулират в обръщение, ще бъдат чековете и дебитните карти. И вероятно дебитните карти ще бъдат последната веществена форма на парите преди тяхното окончателно кремиране.

Между другото, изглежда този процес на изместване на книжните пари е вече започнал от 2009 година насам. Само за осем години, въпреки спорното си съществуване, новата електронна валута Биткоин (Bitcoin, BTC) настъпва по света с широка крачка, завладявайки сериозни пространства в САЩ, Германия, Индия, а и навсякъде другаде. Правителствата в посочените държави следят внимателно тази валута, защото засега тя съществува главно като валута на гешефта, като валута за финансови пирамидни схеми и пране на пари, но в близко бъдеще би могла да бъде равностойно платежно средство на едрия бизнес, ако след законови регулации тя поеме цялото световно стоково обращение. Крайната стойност на биткойна обаче, предварително определена още в своето създаване, налага неговия характер по-скоро на стока, отколкото на пари, същност по-скоро на недвижим имот, отколкото на валута. Точно това се оказа след катастрофалния срив на тази „валута" в началото на 2018 година.

---

[242]Маркс, *Капиталът*, 3:469

ГЛАВА ЕДИНАДЕСЕТА

СТОКАТА РАБОТНА СИЛА

Капиталът представлява процес на нарастване на стойността. И именно защото е **процес**, защото е движение на самонарастваща стойност, можем да проследим това движение, в което съдържащата в себе си стойност работна сила се проявява като стока, има поведението на стока. Самонарастващата стойност е капитал, само защото работната сила е стока, само когато тя е принудена да се държи като стока, т.е. от поведението на работната сила зависи дали общественото отношение на нарастване на стойността ще бъде капитал или не. А работната сила става стока в производството, макар че се реализира като такава в обръщението. От обръщението изобщо не можем да разберем природата на стоката и механизма на превръщането на работната сила в стока. Това става само в производството. Ето защо Маркс започна своето изследване не случайно първо от процеса на производството, като посвети на него целия първи том на "Капиталът". Работната сила като стока е **същност** в производствения процес, а е **явление** в процеса на обръщение. Природата на стоката и капитала може да бъде разгледана и разбрана само когато те се проследят там, откъдето възникват, откъдето водят произхода си — в производството. Тази е причината аз също да изследвам първо производствения процес — там, където работната сила може и трябва да престане да бъде стока.

Ние вече видяхме, че при обществена собственост върху средствата за производство не само един отделен процес, а цялостният кръгов производствен процес изключва работната сила като стока, макар че това се постига и при всеки един отделно взет единичен процес. Второто условие, за да бъде работната сила стока — да е лишена от средствата за производство — става невалидно със законите $p' = \text{const}$ и $\dfrac{v}{c+v} = \text{const}$, чрез които средствата за производство стават обществена собственост. Тези закони, освен това, поддържат неизменна нормата на принадена стойност, която, от своя страна, вече не обработва в производствения процес работната сила в стокова форма.

До "преустройството" теорията, имаща себе си за марксическа, допускаше, че работната сила е изключена от стоковия свят. Но само толкова. **Как, кога** и **защо** – това не се изясняваше. Успоредно с това се изтъкваше очевидния факт, че работната заплата (а с нея и работната сила!) влиза в стоковите отношения!... Евтин хумор! Безсилието на тази "политическа икономия" на социализма бе в това да обясни своите собствени твърдения. Цели десетилетия зубрашки се повтаряше научната парадигма, че работната сила не е стока. Но защо? Това никой нито казваше, нито доказваше. Тази "политическа икономия" на социализма беше скалъпен учебен предмет, но не и наука политическа икономия.

По време на "преустройството" – точно обратното, отиде се на другия полюс. Чуха се отделни гласове, които настояха да се приеме, че работната сила е стока и при социализма(!), за да се премине към т.нар. "пазарна икономика" или „пазарен социализъм". Действително, при съветския "социализъм" до 1990г. това обективно беше така – работната сила беше стока. Което само доказва, че не беше социализъм. Точно това обаче се приема за вечното й състояние и днес от всички икономисти, т.е. те не виждат, че работната сила може и да не бъде стока.

Работната сила става стока не толкова с производството и присвояването на принадена стойност, колкото с отнемането от работната й заплата, с непрекъснатото снижаване на работната заплата под стойността на работната сила. Защото принадената стойност е обект на частно или обществено присвояване, но отнемането от работната заплата е типично само капиталистически закон, т.е. отношението на принадения към необходимия труд е онова, което прави работната сила стока. Работната сила се произвежда във вид на стока в производствения процес поради безконтролното действие на фактора m' -- норма на принадената стойност. Именно тя е причината за изстискването на все повече стойност от съдържащата в себе си стойност работна сила като я превръща в капиталова стойност. Така че поради хаотичното действие на m' работната заплата никога не съответства на стойността на работната сила и варира винаги около нея като цена на тази работна сила. Работната сила е стока, когато нормата на принадена стойност е променлива величина. Но когато тя бъде фиксирана като постоянна величина, когато е котирана като **const**, тогава отношението между принаден и необходим труд не се изменя, т.е. не се изменя и нейното действие върху работната сила. Иначе казано, стойността, която се изземва от създадената от работната сила нова стойност, остава неизменна във времето. А това ще рече, че нарастването на работната заплата винаги съответствува точно на нарастването на стойността на работната сила. Стойността на работната сила относително намалява, но абсолютно непрекъснато нараства във времето и ако на това обективно нарастване не съответствува в същия размер нарастване и на работната заплата, тогава работната заплата изостава, снижавайки се под стойността на работната сила, с което се нарушава нормалното ѝ възпроизводство. Ето защо работната заплата като паричен еквивалент на стойността на работната сила трябва винаги да нараства съответно в същата степен на нарастването на стойността на работната сила. Стойността на работната сила непрекъснато расте с нарастването на средната работна заплата, не защото обществено необходимото работно време расте, а защото обществената производителна сила на труда расте. Тя – производителността на труда – непрекъснато скъсява необходимото работно време, но позволява все повече стоки – средства за живот – да влизат и оформят стойността на работната сила с тяхното постоянно поевтиняване, които стават достъпни само с постоянното нарастване на средната работна заплата в степента на нарастване на обществената производителност на труда. Така нарастването на средната работна заплата винаги отговаря, винаги съответствува на нарастването на стойността на работната сила. Когато работната заплата съответствува на стойността на работната сила тя практически съответствува на необходимото работно време, което променливата норма на принадена стойност се стреми винаги да съкрати. Защото стойността на работната сила – това е стойността на средствата за живот, съответствуваща на необходимото работно време на средния работник. С фиксирането на нормата на принадена стойност като постоянна величина се запазва именно необходимото работно време на работника, т.е., времето, необходимо за нормалното възпроизводство на работната сила на работника. А когато се краде от необходимото за увеличаване на принаденото работно време „чрез отбив от работната заплата"[243],* тогава тя – работната заплата – пада под стойността на работната сила, което я и превръща в стока.

Така че след като работната сила не излиза от производството като стока, тя не влиза и в обръщението като такава, т.е. тя не подлежи на покупко-продажба. Когато притежателят на работна сила не е притежател и на средства за производство, тогава той е лишен от възможността да продава стоки, защото няма средства за производството на такива стоки. Липсата на собствени средства за производство принуждава работника, притежателя на работната сила, да продава единствената своя стока, която има – собствената си работна сила. Но при обществена собственост върху средствата за производство, когато работникът притежава собствени средства за производство, отпада необходимостта от покупка на неговата работна сила, т.е. отпада актът **П-С**. Този първи акт – актът на непокупка, прави невъзможен и втория – продажбата, акта **С-П**. Щом няма покупка, не може да има и продажба. По този начин целият процес на покупко-продажбата на работната сила **П-С-П′** става недействителен. Така работната сила остава извън обръщението, тя е изключена от пазара. Работната сила вече не подлежи на размяна, което означава, че тя няма разменна стойност. Разменната стойност е достатъчно условие продуктът да бъде стока, дори той и да няма стойност. Защото, ако продуктът има стойност, но не подлежи на размяна, тогава той не е стока. Продуктът може да няма стойност, но да е обект на размяна и тогава той ще бъде стока – например земята при капитализма. За да отпадне продуктът като стока трябва да отпаднат **и двете** условия, както достатъчното, така и необходимото – и разменната стойност, и стойността. Докато за да отпадне работната сила като стока е необходимо да отпадне само достатъчното условие – разменната стойност. Това е така, защото работната сила е специфична стока, особена стока.

Работната сила при социализма няма стойност! Така ни уверяваше някога учената мисъл – работната сила няма стойност, защото няма цена! А няма цена, защото не е стока. А не е стока, защото няма стойност! И така в един омагьосан кръг. Работната сила няма стойност – само с този фокус, само с този трик

---

[243] Маркс, *Капиталът*, 1:741

Марксовата политическа икономия се обръща в буржоазна, т.е. с главата надолу. Той се е родил от жалката логика, че щом при социализма работната сила не трябва да бъде стока, то работната заплата не трябва да бъде цена на тази стока. А щом няма цена, тя няма и стойност! Готово! Фокусът е направен и наивниците вярват. А с какво се възпроизвежда тази работна сила, от какво живее работникът? Нима средствата за живот нямат стойност? Нима количеството стоки, които съставляват тези средства за живот и които определят стойността на работната сила, нямат стойност? Изглежда тя живее само от въздух, на фотосинтеза!

Наистина, с тази скандално ниска работна заплата, с тази „мизерно ниска, гладна работна заплата"[244], работната сила у нас бе толкова евтина, че, според горната "теория", тя почти нямаше стойност. Държавният монопол на капитала в България (и СССР) извлече колосални, астрономически печалби на гърба на крещящо евтината, но пък в замяна високо квалифицирана работна сила, продавана и купувана на безценица. Ето защо не е случаен фактът, че милионерите в България в 1990 година се бяха увеличили над 15 пъти (!) за 45 години "социализъм" – в сравнение с 1944г., т.е. преди "социализма"! Те са само продукт на онези икономически закони, които господствуваха у нас и нашата система тогава – капиталистическите. Същите тези хора, "комунисти", продължиха да управляват и след това много години до днес просто като смениха "социализма", вече неизгоден за тях, с "демокрация", в която да узаконят заграбените пари като ги превърнат в частни капитали.

Работната заплата у нас беше (и още е!) в същност социална помощ за бедни, несвързана обективно с количеството труд, което влагаше работната сила, т.е. изобщо несвързана с това, което ни учеше бившата "политическа икономия" на социализма, че е основен закон на благополучието. Работната заплата беше монополно ниска цена на работната сила, цена, далеч под нейната стойност. България имаше (и в началото на новия век продължава да има) колониално евтина работна сила – в обиден контраст и за подигравка с нейното качество и квалификация. Работното време се състоеше почти изцяло от принадено, а необходимото бе сведено почти до нула.

---

[244] Маркс, *Работна заплата, цена и печалба*, 7:63

„Принаденият труд изобщо, като труд над размера на дадените потребности, трябва винаги да съществува. Но при капиталистическата, както и при робската система и т.н., той има само антагонистична форма и се допълва от пълното бездействие на известна част от обществото.“[245]

При социализма работната сила има стойност, но не е стока – тя няма разменна стойност. Всяка стока е представена двояко, всяка стока има стойност и разменна стойност. Всяка стока има стойност, докато стойността на работната сила може и да не бъде стока. Работната заплата като превърнат израз на стойността вече не е цена на работната сила. Работната заплата е еквивалент на стойността на работната сила, който винаги съвпада с нея. Работната сила няма цена не защото няма стойност, а защото няма разменна стойност, защото изобщо не се подлага на покупко-продажба. Работната заплата не е цена на работната сила, но тя пак е превърната форма на стойността на тази работна сила. Едва когато работната заплата съответствува на стойността на работната сила, едва тогава тя отговаря на възможностите и задоволява потребностите на работника.

Работната сила вече не се купува с променлив капитал, изразходван за работна заплата, макар че тя пак е променлива величина. Стоката работна сила действува като променлив капитал „едва в ръцете на купувача, капиталиста“[246]. Но когато го няма купувача, т.е. капиталиста, нито работната сила е стока, нито пък тя действа като променлив капитал. Като стойност парите, авансирани за заплащане на работна сила, „само потенциално са променлив капитал“[247]. Така че парите за работна сила са само потенция, само възможност за променлив капитал, която може и да не се състои.

Възможно е обаче да възникне следното недоразумение, което да наведе мисълта към заблуди. Става дума за факта, че след като работната заплата винаги съвпада със стойността на работната сила, не значи ли това, че както всички други стоки при социализма и работната сила също се продава и купува винаги **по** нейната стойност, т.е. че работната сила пак е стока, чиято цена –

---

[245]Маркс, *Капиталът*, 3:925
[246] Пак там, 2:495
[247] Пак там, 497

работната заплата – както всяка друга цена, просто винаги съвпада с нейната стойност. Това би могло да бъде само хитра уловка на спекулативния ум. Защото горното впечатление би могло да се създаде само при повърхностно наблюдение. Действително, поради участието на работната сила в стоково-паричните отношения, на пръв поглед това изглежда така. Такова привидно впечатление се създава поради факта, че работната сила има стойност, който би бил достатъчно основание тя да има и разменна стойност, която в случая да съвпада с нея. Но кое налага работната сила да има разменна стойност, изразяваща се в работната заплата? С други думи, едва при какви условия работната сила стига до пазара като стока, кога и защо тя присъства в обръщението, кое налага работната сила да се появи на трудовата борса, където да бъде оценявана като стока в пари, имащи вида на работна заплата?

Такива условия налага производството. Един производствен процес върху капиталистическа основа винаги отнема средствата за производство от непосредствения производител. А само тогава работната сила става стока, която се появява на пазара. Работната сила стига до обръщението като стока, само когато работникът е лишен от средствата за производство, които пък го лишават и от средства за живот. Тогава, за да си набави, за да си купи от пазара тези средства за живот, той е принуден да продава на този пазар само това, което има – работната си сила, като я разменя за стоките, които са необходими за съществуването му. А тях той може да получи само чрез работната си заплата, давана му от капиталиста. Ето защо в този случай работната заплата представлява разменна стойност на работната сила – тя е стойността, по която се разменя една стока – работната сила, срещу други стоки – средствата за живот.

Целият възпроизводствен процес при социалистически начин на производство обаче отрича възможността работната сила дори само за миг да изпадне в положението на стока, тъй като тя притежава средства за производство във всеки даден момент. С целия икономически механизъм „произведените условия за труд и продуктите на труда изобщо"[248]* вече не противостоят на непосредствените производители като **капитал**. Работната сила си набавя средства за живот без да се разменя срещу тях като стока.

---

[248] Маркс, *Капиталът*, 1:626

Тя купува стоки без да се продава като стока. Ето защо работната заплата вече не се явява разменна стойност на работната сила – защото не се оценява на пазар нейната стойност, разменяна срещу друга стойност. Така, само при точно определени условия, посочени по-рано, работната сила, намираща се в океана на стоковите отношения, може и да не бъде стока. При обществена собственост тя не е стока, въпреки че, както и когато е стока, тя пак е стойност, която произвежда по-висока стойност.

Работната заплата на работниците може да бъде самонарастваща стойност. Но възниква въпрос – а как ще изглежда заплащането на неработниците? Какви ще бъдат доходите на хората на интелектуалния труд – в администрацията, образованието, здравеопазването? Особена трудност представляват свободните професии, изкуствата ...

Ясно е, че там, където е възможен, доходът като работна заплата – най-вече в образованието и здравеопазването – тя ще бъде работна заплата по време, а не на парче, което означава, че нейната величина трябва да се определя преди всичко от интензивността на работното време при еднаква негова продължителност. Данъкът върху печалбата затова се и прибира от държавата – за да може да издържа именно тази част от обществото, която не се занимава с производителен труд. В противен случай той би бил излишен. Работната заплата на тези социални групи се определя също от закона $p' = \mathbf{const}$, по-точно тя се приравнява към съответния вид високоинтелектуален, да речем инженерен труд, и то така, че работната заплата (или хонорарът) да не може да бъде по-голяма, да не надвишава годишната работна заплата на инженерен работник при $p' = \mathbf{const}$. Това се прави с цел да не бъде нарушено социалното равенство. Данък върху работната заплата на производителните работници няма, но данък върху хонорарите за свободните професии трябва да има, за да се регулират доходите в полза на социалното равенство и социалната справедливост. Защото един художник не влага повече творчество и идеи, и съответно труд, в работно време, отколкото един инженер-конструктор. Доказателство за това е гениалният Леонардо да Винчи, събрал в себе си и двамата. Общоизвестно е, че първо е бил велик инженер, а след това велик художник!

Обаче тук възниква казус – ако писател или музикант, например, продаде милиони копия от своя успешна творба и така получи приходи много, много пъти над годишния максимум на доходите в обществото, тогава какво следва? В този случай авторът има три възможности да изразходи приходите си: като доход, капитал или дарение – поотделно или заедно. Ако авторът реши да похарчи приходите като доход, той има законното право на максимален годишен доход не само в текущата година, но и в няколко следващи години при съответните данъчни ограничения, разбира се. Но ако авторът реши да бъде полезен на обществото, той може да инвестира приходите като капитал, но само като попечител или дарител, никога като собственик!

Що се отнася до производствената администрация, чиновниците в предприятията, то тяхното заплащане ще става непосредствено от печалбата на предприятието по предварително сключен договор между тях и съвета не на директорите, а на работниците. Те имат пълната свобода на равноправно договаряне без ограничения. След сключването на този договор никоя от двете страни не може да натрапва прерогативи над другата – работниците поемат задължението да произведат определена стокова продукция, а администрацията – да я реализира. Така че отговорността при завършването на един производствен цикъл винаги е лична и пряка и се търси на изхода на "черната кутия", т.е. по свършената работа от всеки участник в края на цикъла.

ГЛАВА ДВАНАДЕСЕТА

ИНФЛАЦИЯТА

Работната сила при социализма не е стока, която се продава и купува по нейната стойност, макар че привидно изглежда така. Но фактът, че работната заплата съвпада винаги със стойността на работната сила, както и цената – със стойността на стоката, говори за нещо друго. Едва сега се получава точно и пълно съответствие между цени и заплати, което пък именно съответствие изключва всяка възможност за съществуването на явлението **инфлация** – защото цената и работната заплата винаги отговарят, точно отразяват стойността, първата – на стоката, втората – на работната сила. Те са точно копие, снимка, действителни образи на стойността, а не изкривени такива от кривото огледало на конкуренцията или монопола. Източникът на инфлацията на съвременния капитализъм, резултат от държавно-монополистическото регулиране, е именно този – че цената и работната заплата са откъснати не само и не толкова от златото (книжнокредитните пари), колкото от стойността. Разминаването между стойност и цена за всички стоки, включително и за стоката работна сила, е необходимо условие за появата на инфлация, то е *condicio sine qua non*, съществуващо още и в домонополистическия капитализъм. Достатъчното условие – това е намесата на монополите и държавата във възпроизводствения процес така, че това разминаване се изражда в конфликт.

Още Маркс подлага на разорителна критика принципите на "паричната школа" за абсолютната погрешност на теорията и пагубната й практика в Англия в средата на XIX век. Но и до днес инфлацията се обяснява от тази школа с нереалния и въображаем "принцип на паричното обръщение", макар опарени веднъж днешните английски банкери да не се опитват втори път да въвеждат банковия акт от 1844 година. Но тъй като "умерената инфлация" е изгодно, доходно нещо за едрия капитал при държавно-монополистическия капитализъм, в теорията разни платени агенти могат свободно да се упражняват в красноречие за обяснение на инфлацията, докато на практика се търсят всевъзможни начини за нейното увековечаване. И днес потомците на лорд Овърстоун от двете страни на Океана продължават да обясняват, че „стоките са прекалено скъпи, защото в страната има твърде много пари"[249]. И до днес така глупаво, но със сигурност нарочно (!), продължава да се смесва стойността на стоката със ... стойността на парите! Че цената на стоката е едно, а цената на парите (лихвеният процент) съвсем друго нещо – тази букварна истина едва ли се нуждае от коментар, ако върху нея не бе изградена цяла система от лъжи и заблуди. Всеки професор от този академичен елит (Милтън Фридман, например,) като бивш студент е бил задръстван в главата си, зазубряйки тази откровена лъжа, и след това от височината на своя пост я тиражира, размножава я върху поколения нови млади прозелити с изгладени мозъци, чиято цел е кариерата! Така се прави наука!

Съвременната парична школа през целия XX век беше същата както старата без никакво развитие. Точно както липсата на мисъл у лорд Овърстоун в XIX век, Милтън Фридман в XX век още продължава да обяснява, „че равнището на цените зависи от това колко пари има – колко парчета хартия със съответните купюри са налице"[250]. Ето това е монетаризмът! По детски наивно „обяснение", ако не беше умишлена манипулация и очевидна нелепост. Цели поколения съвременни икономисти повтарят в транс досега на Милтън Фридман „централната теза: че инфлацията винаги и навсякъде е *монетарно* явление"[251]. Този мисловен кастрат преминава като червена нишка през целия монетаризъм и е дълбоко залегнал в импотентността на цялата съвременна икономическа наука, ампутирана срещу всяко научно обяснение на явлението инфлация. Какво означава, че инфлацията е монетарно явление? Според този фалшив гуру „*инфлацията винаги и навсякъде е монетарно явление* в смисъл, че тя възниква и може да възникне единствено когато количеството пари нараства по-бързо от продукцията"[252]. Това е чиста глупост, чиста метафизика! Това е обратно извикване на флогистона в теорията,

---

[249] Маркс, *Капиталът*, 3:636

[250] Милтън Фридман, *Немирството на парите*, 41

[251] Фридман, *Немирството на парите*, 12

[252] Пак там, 64-65

но този път в икономиката от двадесети век вместо в химията от осемнадесети. Обаче тази догма като папска или болшевишка непогрешимост обосновава цялото съвременно монетаристко вероучение, особено след 1990г. Това е несъмнено грешна представа, но заблудения Фридман самонадеяно си въобразява, че „в икономиката няма друго толкова неоспоримо твърдение"[253]. Защото това твърдение е една доста плоска измама! Очевидно е, че Фридман никога не е чувал за Марксовия Закон за паричното обращение, нито пък знае какво представляват парите като цяло. Макар и да знае, разбира се, прочутото „уравнение на обмена" на Ървин Фишер, което описва непълно общественото търсене на пари. Наистина, какво да кажем за учен, който в 1992 година, точно 125 години (!) след появата на първия том на „Капиталът", продължава още да пита „какво определя кой конкретен предмет да се използва като пари"[254] и продължава да няма „отговор на този прост въпрос"[255]. Фридман никога не е чувал за петте функции на парите и оттук свързаните с тях различни икономически явления. Ето защо този монетарен колос върху глинени крака обяснява обективните икономически закони с лишен от смисъл субективизъм. Според него след 1971 година е прекъсната всяка връзка на парите със стоките и поради това оттогава насетне паричната маса зависи от „бюрократичните потребности на властите, личните убеждения и ценности на отговорните длъжностни лица, текущите или очакваните събития в икономиката, политическия натиск върху властите и т.н."[256], и т.н., и прочие идиотизми на Фридман – едно свободно съчинение, в което той е пропуснал да добави изгрева и залеза, както и половия живот на голите охлюви като причини за наличната парична маса! Колкото до прекъснатата връзка на парите със стоките: с отпадането на златото по Бретън-Уудските задължения и превръщането на щатския долар в книжни пари в 1971 година не се прекъсва връзката между пари и стоки, а връзката между стоково обращение и парично обращение и то не от 1971г. и не от президента Никсън, а от много по-рано с появата на развития кредит. Но за Фридман парите имат свой собствен паралелен

---

[253] Фридман, *Немирството на парите*, 222

[254] Пак там, 26

[255] Пак там

[256] Пак там, 30

живот спрямо нашия и извън всякакви обективни икономически закони.

Опитвайки се да обясни инфлацията, Фридман въвежда божественото начало – хеликоптер в небето! *Deus ex machina!* Страхотно, това е наука! Ето как се появява инфлацията – „един ден над хипотетичното ни, отдавна статично общество прелита хеликоптер и пуска от небето допълнителни пари, равни на количеството, което вече е в обращение …"[257] Гений! Роден с Нобел! И тогава научаваме, че всички хора, просто всеки поотделно, събират своите налични пари. След въображаемото увеличаване на наличните пари следва хората да се освободят от това бреме: „опитите на хората да намалят запасите си от налични пари ще означава просто по-нататъшно надуване на цените и дохода"[258]. С други думи, стопявайки си спестяванията след изтеглянето им от банките, хората си намалят запасите от налични пари (очевидно Фридман има предвид само физическите, но не и юридическите лица!) и това действие по някаква абсурдна логика надува цените! Уникално обяснение на инфлацията за профани! А в същото време, неизвестно защо и как, след като си намалят наличните пари, тия съшите хора са щастливи, защото … им се надува дохода! Това е шизофрения! Това е сериозно нарушение на мисловните процеси, объркано мислене и фалшиви убеждения! Фридман дава слабоумно обяснение на инфлацията, в което постоянно „от небето валят пари"[259], пари в брой, разбира се, защото няма други! Това е твърде ниско интелектуално ниво, твърде ниско.

За всички тия и подобни монетарни глупости Милтън Фридман получи Нобелова награда за 1976 година! Продукт на капиталистическата пропаганда, този баща на съвременната парична школа обаче има съвсем недоразвито познание за стоката и парите. Фридман, в целия си монетаристки подход, разглежда функционирането на парите винаги само като доход и никога като капитал! А в същност тяхното основно движение е превръщането на парите в капитал. Превръщането на парите в доход е вторично и съпътстващо движение на първото, в което именно капитала е причинителя на инфлацията. Капиталът, а не дохода е причината за

---

[257] Фридман, *Немирството на парите*, 42
[258] Пак там, 48
[259] Пак там, 47

инфлация! Освен това, за Фридман не съществуват юридически лица, компаниите, за него единствения виновник за инфлацията са физическите лица, потребителите. Тази именно е главната монетарна концепция на Фридман – потреблението, че потреблението е решаващия фактор в съвременната икономика. Според този носител на Нобелова награда „натрупването на актив изисква спестяване, т.е., въздържане от потребление"[260]. Това означава, че натрупването на капитала се дължи на спестовността на капиталиста и той увеличава богатството си само с ... аскетизъм, с въздържане от потребление! Да, онзи аскет самарянин, „онзи чудноват светец, онзи рицар на печалния образ – 'въздържащия се' капиталист"[261], е известен герой от буржоазната митология отпреди много дълго време. Това не е ново схващане и нормалният човек се чуди как е възможно такива наивни обяснения от XVIII и XIX век да се разпространяват и налагат в XX и XXI век! Нещо повече – тази идеологема се поглъща, попива се от хиляди съвременни икономисти безкритично през всичките години досега. Въздържането от потребление обаче, освен като „причина" за натрупването на капитала, се препоръчва и като монетаристки „цяр", „единственият цяр срещу инфлацията"[262] – намаляването на ръста на паричната маса чрез „щастливо въздържание"[263]. Щастливо въздържание – това е формулата, това е крайната цел! Останалото е движение! Щастливо въздържание – щастие за богатия, въздържание – за бедния! Щастливо въздържание – паричен фетишизъм за първия, стоково воайорство за втория!

Бидейки безкрайно далеч от действителното разбиране за съвременната световна икономическа система в нейните две главни форми, Фридман прави стряскащи изводи, навярно открития за него самия. Първото шокиращо заключение е, че „инфлацията не е капиталистическо явление"[264]! Тук оставаме смазани от тежестта на този извод! След това фундаментално откритие, Фридман хвърля публиката в смут чрез гениалното

---

[260] Фридман, *Немирството на парите*, 37

[261] Маркс, *Капиталът*, 1:660

[262] Фридман, *Немирството на парите*, 243

[263] Пак там, 253

[264] Пак там, 221

прозрение: „Но инфлацията не е и комунистическо явление"[265]! Просто комунизмът му е най-силната страна и най-ясната идея! И тогава този колос на паричната мисъл ни заковава с последния си фундаментален извод: „В съвременния свят инфлацията е печатно явление"[266]! Гениално! Това е същото като печатането на вестник, картичка и комикс! Парите и инфлацията като печатно явление – точно така си мисли всеки пъпчив тийнейджър или хванат от улицата мислител, камо ли един нобелист!

Съвременната парична школа точно като своята предшественичка от XIX век дава повърхностни знания за реалната икономика. Монетаризмът е сциолизъм. В монетаризма всичко е с главата надолу – стойността е фикция, а фикцията е стойност! Монетаризмът е теория на обратните представи. Монетаризмът е опростенчески, обратен, сбъркан модел. Монетарната теория е една мътеница, блудкава каша, една спекулация в науката, която от всичките пет функции на парите се занимава по най-плоския и превратен начин само с една от тях – функцията *средство за обращение*, което е пълно осакатяване на въпроса, едно напълно осакатено обяснение не само на инфлацията, но и на същността на парите като цяло!

Съвременната икономическа наука нерядко отбягва да се нарича политическа икономия, а и тя самата не е такава. Съвременната икономическа наука от Кейнс насам съвсем съзнателно е скъсала с класическата политическа икономия, като в нея е заличена всяка следа и изтръгната всяка представа за генезиса на печалбата и производственото отношение капитал-труд. Съвременната икономическа наука вече се занимава само с най-безопасната за нея област – паричния капитал, това, което се вижда само на повърхността на икономическия живот. Финанси, кредит, лихвени проценти, ценни книжа – това е кредото ѝ днес. Но след Маркс буржоазната политическа икономия друго не може и да направи. Кейнс се опита и се провали. Монетаристите с Фридман начело направиха същото. Съвременната икономическа наука Маркс би нарекъл вулгарна политическа икономия. Съвсем очевидно е, че след Маркс буржоазната политическа икономия не може да роди икономист от ранга на Смит и Рикардо, а произвежда

---

[265] Фридман, *Немирството на парите*, 221
[266] Пак там

масово такива, които бълват само лъжи и заблуди. Кейнс е един от тях. Явно поради липса на по-добра мътеница, академичните среди избраха неговата. Почти век досега много поколения икономисти бяха обучавани в абстрактния и безполезен кейнсиански ISLM модел и неговите производни, които не могат да обяснят изобщо действителните икономически процеси в съвременния свят. Само под хипнотичното въздействие на лихвата и парите човек може да напише, а десетки хиляди след него да повтарят в транс икономическите сури от Корана на Кейнс!

Инфлацията като явление се наблюдава поради остро или хронично нарушение на Закона за паричното обръщение. Този закон, както всеки закон при капитализма, затова съществува, за да бъде нарушаван! В тази система законите е по-изгодно да се нарушават, отколкото да се спазват, както вече се е изказал Маркс. Така е и с инфлацията и Закона за паричното обръщение – по-изгодно е той, законът, по кейнсиански да бъде нарушаван, за да съществува тя, инфлацията, като допълнителен извор на олигархическо богатство.

Според Закона за паричното обръщение количеството пари в обръщение се определя в обратна зависимост от скоростта на оборотите на паричната единица – колкото скоростта е по-голяма, толкова масата на необходимите пари в обръщение е по-малко и обратно, т.е. при забавен оборот на парите се увеличава тяхната маса. А това забавяне на оборота им се предизвиква включително и най-вече от повишаване на цените на стоките. „Илюзията, че става обратното, т.е. че стоковите цени се определят от масата на средствата за обръщение"[267] беше разбулена още от Маркс, още преди 150 години!

За да нараства количеството пари в обръщение, това означава, че скоростта на обръщение е забавена и ниска. Но тя е само следствие от действието на други причини – монополите и държавата на съвременния етап – върху две функции на парите: като *платежно средство* и като *средство за обръщение*, така че резултата е забавяне на разплащанията както на кредит, така и в брой, както в търговията на едро, така и в търговията на дребно. Изкуствената намеса на държавата и монополите в икономическите закони причинява трайно нарушение и

---

[267] Маркс, *Капиталът*, 1:146

деформации и на Закона за паричното обръщение така, че първо се повишават цените на стоките, а след това на тази основа – и количеството пари в обръщение. А не обратното! Повишаването на цените е причина, а не следствие на увеличената маса пари в обръщение. А основна роля за повишаването на цените има кредитът, когато той бележи спад, т.е. по време на криза.

„В периоди, когато преобладава кредитът, скоростта на паричното обръщение расте по-бързо, отколкото цените на стоките, докато при намаляване на кредита цените на стоките спадат по-бавно, отколкото скоростта на обръщението.”[268]

Структурното отношение на две от функциите на парите играе важна роля за съществуването на явлението инфлация – функциите платежно средство и средство за обръщение.

„Ако обръщението на парите като платежни средства би се увеличило в по-висока степен, отколкото то би се намалило като обръщение на покупателни средства, то цялото обръщение би нарастнало, макар че количеството на парите, функциониращи като покупателно средство, би се намалило значително.”[269]

И обратно, при криза, намаляването на обръщението на парите като платежни средства води до намаляване и на общото обръщение на парите, и на обръщението им като покупателни средства, което пък съответно води до увеличаване на количеството на последните значително, т.е. като една увеличена и обезценена маса пари в обръщение за широките маси от населението.

Така че инфлацията се дължи не на "печатането на пари" поради повишаване на заплатите, както наивно и демагогски се набива в главите на милиони трудови хора, както се внушава йезуитски на широката публика, а най-вече се дължи на внушителното увеличаване на обръщението на парите като платежно средство, която функция в относителен дял преобладава далеч над функцията им покупателно средство, увеличаване, дължащо се, особено и най-вече по време на криза, на затрудненията и забавянето на разплащанията по огромни финансови сделки. Това изключително превишаване на функцията платежно средство над функцията покупателно средство,

---

[268] Маркс, *Капиталът*, 3:518
[269] Пак там, 530

изразяващо високия дял на кредитните операции на едрия бизнес пред силно стесненото и намаляващо потребление на средства за живот с пари в брой от милионите дребни спестители – работниците, се оказва най-важният фактор за инфлацията, *видян от неговата чисто парична страна*, самият той обаче следствие от дейността на монополите и държавата, а не причина. Този дисбаланс между двете функции на парите се проявява слабо по време на разцвет, но особено силно по време на криза.

„И това действително настъпва в известни моменти на кризата, именно при пълно сгромолясване на кредита, когато става невъзможно не само да се продават стоките и ценните книжа, но и да се сконтират полиците, и когато не остава нищо друго, освен да се плаща в брой или, както казват търговците: каса."[270]

Именно поради съществуването на функцията платежно средство се появява и неизбежно разминаване между количеството пари в обръщение и количеството стоки в обръщение. Ако не беше кредитът, това не би било така, а би изглеждало много по-просто и ясно – като средство за обръщение парите винаги биха отговаряли точно, биха съответствували напълно на всички стоки в обръщение. Но това означава човешката цивилизация да си остане вечно на примитивно ниско развитие. Обаче с функцията платежно средство, която е функция на парите на високо развитото стоково стопанство, се разтрогват преките отношения между паричното обръщение и стоковото обръщение, и „паричната маса, която се намира в обръщение през даден период от време ... вече не се покрива с намиращата се в обръщение стокова маса. Намират се в обръщение пари, които представляват стоки, отдавна изтеглени от процеса на обръщението. Намират се в обръщение стоки, чийто паричен еквивалент ще се появи едва в бъдеще. От друга страна, сключваните всеки ден и погасяваните през същия ден платежи са изобщо несъизмерими величини"[271].

Разминаването между стоково и парично обръщение е първата предпоставка за едно евентуално общо покачване, при определени условия, на цените, т.е. потенциален фактор за инфлация. Но само толкова, само потенциален. Докато разминаването между стойност и цена е другият такъв фактор – основен и определящ. Защото дори

---

[270] Маркс, *Капиталът*, 3:530
[271] Пак там, 1:163

и да има несъответствие между стоково и парично обръщение, ако не съществува разминаване между стойност и цена, инфлация няма да има!

При съвременното високо развито капиталистическо производство кредитът е достигнал такива висоти, такова развитие, че в сравнение с неговото проявление на парите като платежно средство, функцията им на средство за обръщение е една незначителна величина. И точно затова тази функция – на платежно средство, поради своята относително голяма величина в паричните функции, е и основен потенциален фактор за инфлация, а не наличните пари в обръщение, които имат минимално значение и влияние върху нея, т.е. многократно повече кредитът в търговията на едро е възможна помпа за инфлация, отколкото продажбите в търговията на дребно; печатането на облигации и акции, а не „печатането на пари" поради увеличаване на работните заплати; едрите сделки по банкови преводи, а не дребните с пари в брой. Много е интересно какво обяснение на инфлацията биха дали икономистите от паричната школа, наследниците на Фридман, след 20 или 30 години, когато парите в брой напълно изчезнат?!

За кого е предназначена обаче тази теория с наивното обяснение на инфлацията като "печатане на пари" поради увеличаване на заплатите? – За бедните, за да им се внушава, че техните мизерни доходи са виновни за по-сетнешното им обратно стопяване като шагренова кожа на Балзак, че техните относително намаляващи работни заплати са причина за абсолютно увеличените стокови цени! Вменяване на вина на бедните, за които никога от небето не валят пари! Делът на работната заплата спрямо другите доходи в капиталистическото общество – печалба, рента и лихва – както и спрямо целия капитал, е толкова малък, че изобщо не би заслужавал внимание, ако тя, работната заплата, не бе нарочно набедена за фаталния източник на инфлацията. Дори и да има някакво влияние върху нея, работната заплата със сигурност заема последното място! Не печатането на пари за работни заплати, а печатането на акции за капиталовата борса е съвременната помпа за инфлация; не работната заплата, акционерният капитал е действителният източник на инфлация; не реалната работна заплата, а фиктивния капитал, не работника на улицата, а борсовия спекулант на Уолстрийт генерира денонощно инфлация!

Разминаването между стойност и цена съществува и при пазарния, домонополистическия капитализъм. Но поради господството на златния стандарт, още повече поради липсата на монополизъм като основен начин на производство, както и ролята на държавата, далеч от тази, която има тя сега, инфлация няма или е само спорадично явление. Напротив, статистиката ни дава постоянно спадане на общото равнище на цените в най-развитите капиталистически страни Великобритания и САЩ във втората половина на XIX век, цели 30 години – от 1865 до 1895 г.[272] Появата на монополистическия капитализъм от 1895г. насетне променя коренно нещата като слага край на свободната конкуренция, който край съвпада с появата на книжните пари и по-скоро самият монополистически капитализъм ги въвежда и налага като по-изгодни за себе си. Банкнотите при домонополистическия, класическия капитализъм на XIX век не се обезценяват, защото имат и златно обезпечение, освен кредитното. При монополистическия капитализъм в началото на XX век е отменен златния стандарт и банкнотите вече не се разменят срещу злато, като така те стават повече и значително повече от действителните потребности на стоковото обръщение. Така банкнотите се превръщат в книжни пари, а тяхното препълване в обръщението – в инфлация.

Днес, когато отдавна е отменен златния стандарт и господствуват книжните пари, ролята на световни пари вместо златото играе валутата на най-силната икономика – на раздела на два века и две епохи това е щатския долар. Но обезценяването на парите в големи размери следва същата схема, както и по-рано. По време на големи кризи винаги има отлив на злато (сега под формата на US долари) от дадената страна към чужбина. Вътрешното обръщение остава без съответното златно покритие в централната банка, което вместо да се съкращава, препълва с безличието си каналите на обръщението. Силата на парите като покупателно средство пада рязко, което е резултат от техния остър дефицит като платежно средство. Трескавото търсене на пари като платежно средство при крайно ограниченото им предлагане

---

[272] Фридман, *Немирството на парите*, 133

повишава основния лихвен процент до небесни височини поради рязкото, внезапно поевтиняване на парите, в чиято стойност вече се измерват по-малко, много по-малко стоки. Тогава „масата от книжни листчета”[273], ако реално замества два пъти по-малко стокова стойност, измерена в злато, то и цената на тази стокова стойност ще бъде съответно два пъти по-голяма. Този сценарий на криза в мирно време бе най-цветно илюстриран и многократно проигран в България от 1990 до 1997 година – в седемгодишната Валпургиева (съчетана и с Вартоломеева!) нощ, когато грабежът на богатите беше като отчаянието на бедните – безкраен! (Този грабеж в тази безкрайна нощ зловещо се повтаря и досега – 2017 година! Използвайки абсолютно същата схема, която срина до основи цялата банкова система на България през 1996г., осемнадесет години по-късно, в 2014г., беше ограбена с 3 (три) милиарда щатски долара Корпоративна Търговска Банка, една от най-мощните български банки до този момент. Безпомощността и беззаконието в обществото са просто отчайващи!)

Инфлацията, която на повърхността на икономическия живот се проявява като повишаване на цените на стоките при едновременното намаляване на покупателната сила на парите, е само външна проява на монополизацията на възпроизводствения процес. Ето защо при домонополистическия капитализъм инфлацията е случайно явление, само остър пристъп по време на криза, докато в съвременната епоха е хронична болест на умиращ организъм. Отначало монополът е бил кратковременно решение на острите противоречия на капитализма, едно от които е разминаването между стойност и цена. Това не е противоречие между I и III том на "Капиталът", не е противоречие у Маркс, а противоречие на капиталистическия начин на производство. И отначало монополът е бил негова временна мярка точно по време на криза. Монополът спира автоматичния механизъм на свободно определяне на цените от конкуренцията. По този начин – чрез монополните цени, едрият капитал печели и оцелява, а дребният капитал губи и загива. След преминаването на кризата обаче монополът става излишен, той става вече окови за свободното развитие на производителните сили. Но докато монополът действува, цените се определят не от средната (общата) норма на печалба като пазарни цени, а от една силно завишена монополна

---

[273] Маркс, *Капиталът*, 1:151

норма на печалба като монополни цени. При класическия капитализъм общото равнище на цените на стоките се определя от общата (средна) норма на печалба. Поради тенденцията ѝ към снижение общото равнище на цените проявява също тенденция към снижение. Ето защо при домонополистическия капитализъм инфлация има винаги точно и само по време на криза, след която свободната конкуренция налага дори тенденция към известно понижение на общото равнище на цените, резултат от тенденцията към снижение на общата норма на печалба. Но при монополистическия и особено при държавно-монополистическия капитализъм влиянието на общата (средна) норма на печалба е спряно с цел извличане на монополни свръхпечалби чрез монополни цени. Ако бъдат монополно високи цени, те са повишени поначало – като причина. А ако бъдат достатъчно дълго време, както в Източна Европа, особено в СССР и България – изкуствено задържани монополно ниски цени за редица стоки, те биват повишени по-късно по необходимост – налагат го общественонеобходимите разходи. Това общо повишаване на цените е възможно, само защото над монополно ниските производствени цени има резерв, излишък от съвкупната произведена стойност и така цените могат да догонват общата им стойност – причината е именно разминаването между стойност и цена за всички стоки.

В наше време, вече от 100 години насам, инфлацията е станала хронична. Хроничната инфлация е вътрешно присъща, иманентна само на държавно-монополистическия капитализъм, защото е продукт на държавно-монополистическата собственост, продукт на съвременната централизация и концентрация на капитала. Пазарният механизъм на свободната конкуренция никога не води до покачване на цените, дори обратно, докато държавно-монополистическият – винаги, поради изкуственото регулиране на пазара именно чрез цените му. Автоматизмът на пазарното ценообразуване е изместен от регулираното държавно-монополистическо ценообразуване.

Един от основните фактори за хроничната инфлация са монополите. Самостоятелното и обективно определяне на цените при свободната конкуренция е заменено от договаряне, съгласуване на цените между мощни монополни групи и обединения. Така, поради изкуствената намеса в икономическите процеси, монополите трайно нарушават и деформират действието на обективните икономически закони на капиталистическото стоково производство, което води до една трайна, продължителна, хронична криза на капиталистическото възпроизводство, чиято външна проява е инфлацията. Ето защо обяснението на инфлацията не се намира само в особеностите на паричната система, на паричното обръщение, на специфичността на книжнокредитните пари като причина, а те са само следствие от действието на цялата икономическа система на монополистическия, а за хроничната инфлация – на държавно-монополистическия капитализъм. Инфлацията се поражда като същност от цялостния възпроизводствен процес на монополистическия капитал с неговата експлоатация, от начина на производство, размяна и разпределение. Инфлацията е само форма на несправедливо разпределение на националния доход, т.е. форма на социална несправедливост в капиталистическото общество. С други думи, инфлацията е форма на експлоатация в това общество – тя е скрита, вторична, косвена, допълнителна експлоатация в обръщението, освен явната, първична, пряка, основна експлоатация в производството. Инфлацията е един от лостовете на държавно-монополистическото регулиране, което е основа на хуманната "политика на доходите" – регулиране на доходите в полза на богатите, в полза на монополистическата финансова олигархия, на държавно-монополистическата върхушка. Инфлацията е нахален и лицемерен начин за ограбване на работническата класа и обществото като цяло, тя е форма на относителното обедняване на работническата класа – когато $\Delta v <$ $\Delta(v+m)$. "Спиралата" цени-заплати е измислена от поръчкови идеолози за оправдание на допълнителната капиталистическа експлоатация в обръщението. Такъв мръснишки съвет за "умерена инфлация" за пръв път даде Кейнс и повторен като ехо от Фридман – растежа на цените постоянно да изпреварва растежа на заплатите и да се твърди обратното: с цел, първо, кредитиране на бюджетния дефицит на държавата и второ, за регулиране на конфликта капитал-наемен труд.

Точно Кейнс в прав текст писа, че инфлацията е удобен и изгоден начин за грабеж от реалните заплати на работниците без да могат те да се съпротивляват! Филистерът Кейнс видя, че обединения клан на капиталистите е много по-силен срещу работническата класа с общи действия чрез централизирано вдигане на цените, т.е., чрез държавно регулирана инфлация, отколкото чрез намаляването, орязването на номиналните заплати от всеки отделен капиталист на своите работници! „Докато работниците обикновено се съпротивляват на намаляване на номиналните заплати, не е практика те да оттеглят своя труд винаги когато има покачване на цената на стоките, купувани с работна заплата."[274] Този откровен цинизъм на Кейнс се превъзнася от неговата клика като висша наука вече век без да срещне достоен отпор! Неговият сборник от драсканици обаче служи като учебник за капиталистическата класа как да се справи с работническата класа! Съвсем безочливо Кейнс напътства своите богати покровители, поръчители, промоутъри и поддръжници, че за работниците:

„би било практически невъзможно те да се съпротивляват срещу всяко намаляване на реалните заплати, дължащо се на промяна в покупателната сила на парите, засягаща еднакво всички работници; и наистина, на намаляването на реалните заплати, възникващо по този начин, по правило не се оказва съпротива, освен ако то не стане прекалено силно."[275]

С други думи, за необезпокоявано тъпчене на работник и безработен, Кейнс препоръчва „умерена инфлация" и Фридман повтаря това заклинание по-късно. Но за разлика от Фридман, Кейнс невъзмутимо признава целта на инфлацията – лесно, бързо и сигурно забогатяване на капиталистическата класа чрез допълнително ограбване на другата класа, работническата – не само в завода, но и в магазина!

Ето защо един възпроизводствен процес върху обществена собственост на средствата за производство, лишен от експлоатация, процес с равноправни отношения в производството и разпределението, отрича възможността за инфлация. Този възпроизводствен процес създава онова обществено отношение на работната заплата като самонарастваща стойност, което именно определя равновесието между цени и заплати, недопускащо такова увеличаване на цените, което означава намаляване на заплатите,

---

[274] Джон Мейнард Кейнс, *Обща теория на заетостта, лихвата и парите*, 18

[275] Кейнс, *Обща теория на заетостта, лихвата и парите*, 24

т.е. инфлация. Непрекъснатото нарастване на работната заплата като самонарастваща стойност означава непрекъснато нарастване на покупателната способност на работническата класа, на широките маси от населението, което пък от своя страна изключва обезценяването на парите.

Освен това, при този възпроизводствен процес, при тези производствени отношения, не може да се появи и развие монопол, колкото и голяма, колкото и могъща да е дадена фирма, защото тя е принудена да присвоява принадена стойност спрямо своя капитал в същата степен, както и най-малката, най-слабата фирма. **Собствеността** не позволява на едрия бизнес да погълне дребния, т.е. вторият никога не може да фалира поради гравитацията на първия. Обществената собственост неутрализира именно тази гравитация, централизацията на капитала. Само конкуренцията на частната собственост създава централизацията на капитала, която води пък до монопола, т.е. монополът се ражда от частната собственост, макар че след това я поглъща, точно както Зевс — баща си.

Другият основен фактор за съществуването на хроничната инфлация е държавата с нейната намеса в дейността на монополите чрез непрекъснато растящите ѝ непроизводителни разходи. Като обичайна практика в наши дни, следвайки Кейнс, дефицитът в държавния бюджет е хроничен, постоянен, дължащ се най-вече на лавинообразно нарастващия паразитизъм и милитаризация на икономиката. И както бюджетният дефицит е спекулативно дело за финансиране на паразитните структури в обществото, така и държавния дълг е известно средновековно средство за „управляване на държавното имущество посредством борсата и в интерес на борсата"[276], широко прилаган още от зората на развития капитализъм, т.е., от началото на XIX век, за бърза, лесна и сигурна печалба на тайни и явни световни банкерски фамилии. „Нагиздените с национални титли големи банки са били още от самото си зараждане само дружества на частни спекуланти ..."[277] Обогатяването на тази световна финансова олигархия, на тази световна класа от рентиери, се дължи на факта, че във всяка страна държавният дълг, „държавната рента е най-важният предмет на

---

[276] Маркс, *Класовите борби във Франция*, 3:113
[277] Маркс, *Капиталът*, 1:823

спекулация и борсата е главният пазар за влагане на капитала … по непроизводителен начин."[278] В такава една страна управляващата класа е дълбоко корумпирана пасмина мошеници, защото „в такава страна безбройно множество хора от всички буржоазни и полубуржоазни класи непременно участват в държавния дълг, в борсовата игра и във финансите"[279]. Този дългов кръговрат е неизменен вече стотици години; новото е само поглъщането на все повече нови държави с техните държавни дългове. Тази система, „системата на обществения кредит, т.е., на държавните дългове, чиито зародиши откриваме още в средните векове в Генуа и Венеция, завладяла през манифактурния период цяла Европа"[280]. Но след като веднъж съществува, системата си остава „същата: постоянно увеличаване на дълговете, замаскиране на дефицита"[281]. Така всяко поколение потъва във водовъртеж от нови заеми, „всяко поколение оставя на следващото все повече дългове; всяко ново поколение започва живота си при все по-неблагоприятни и по-тежки условия"[282]. „Така гнусотиите на венецианската система на грабеж"[283] като източник на държавните дългове и световната кредитна система е довела до „модерната доктрина, че един народ става толкова по-богат, колкото повече затъва в дългове"[284] и тази доктрина е напълно последователна. „Държавният кредит става *верую* на капитала."[285] Капиталът завладява нови земи именно чрез държавния кредит. Както отбелязва Маркс, „държавният дълг става един от най-енергичните лостове на първоначалното натрупване"[286] на капитала, т.е., от първоначалното натрупване до наши дни гнусотиите на венецианската система на грабеж си остават същите! Това ще рече, че капитализъм и държавен дълг са синоними на самата тази система. „Държавният дълг, т.е., отчуждаването на държавата – била тя деспотична, конституционна или републиканска, – слага своя отпечатък върху

---

[278] Маркс, *Класовите борби във Франция*, 3:114

[279] Пак там,

[280] Маркс, Капиталът, 1:822

[281] Маркс, *Класовите борби във Франция*, 3:117

[282] Пак там, 121

[283] Маркс, *Капиталът*, 1:824

[284] Пак там, 822

[285] Пак там

[286] Пак там

капиталистическата ера."[287] С други думи, държавният дълг създаде съвременния капитализъм. Защото именно „държавният дълг създаде акционерните дружества, търговията с всевъзможни ценни книжа, ажиотажа, с една дума: борсовата игра и модерната банкокрация."[288] Въпросът за държавните дългове и модерната банкокрация в първите две десетилетия на XXI век е особено актуален, проблем на сегашния ден, тъй като няма нито една страна в света, която да не е обект на политическо и икономическо заробване чрез тежки държавни заеми от тази точно банкокрация. И колкото по-развита е една нация, толкова по-тежък е нейния национален дълг – съвсем според неговата модерна доктрина ... от XIX век! Това се отнася особено за убийствената задлъжнялост на Съединените щати и Европейския съюз, както и на Китай.

Така че едрият капитал и държавата и техните продукти – акционерния капитал и държавния дълг, т.е., модерната банкокрация, са именно модерните фактори за инфлация! „Печатането на пари" като че ли се ражда от нищото! „Държавните кредитори всъщност не дават нищо, защото дадената в заем сума се превръща в лесно прехвърлими облигации, които продължават да функционират в техните ръце точно както и наличните пари."[289] Ето го загадъчният произход на инфлацията – облигациите, ценните книжа, емитирани от държавата, които функционират на пазара наравно с наличните пари! Като в крайна сметка държавните кредитори, тази „класа от празноскитащи рентиери"[290], тези финансови алигатори „прибират тлъстия дял от всеки държавен заем като капитал, който им е паднал от небето"[291]!

Обаче държавният дълг трябва да се обезпечи. Как? С данъци, разбира се. Ето как ни описва това Маркс:

„Тъй като държавният дълг се опира на държавните приходи, които трябва да покриват годишните лихви и други платежи, **модерната данъчна система е** станала исторически необходимо **допълнение** на системата на държавните заеми. Заемите дават възможност на правителството да покрива извънредните разходи по такъв начин, че това да не бъде веднага почувствано от

---

[287] Маркс, *Капиталът*, 1:822

[288] Пак там, 823

[289] Пак там, 822

[290] Пак там

[291] Пак там, 823

данъкоплатците; но впоследствие тези заеми все пак изискват покачване на данъците. От друга страна, покачването на данъците, причинено от натрупването на последователно сключени дългове, принуждава **правителството** при нови извънредни разходи **постоянно да сключва нови заеми**. По този начин съвременната фискална система, чиято главна ос са **данъците върху предметите от първа необходимост** (а следователно и тяхното поскъпване), носи в себе си зародиша на автоматичното покачване на данъците. **Извънмерното данъчно облагане не е случайно явление, а по-скоро принцип на тази фискална система**. Затова в Холандия, където тази система е била най-напред въведена, големият патриот Де Вит я е възхвалил в своите „Максими" като най-добрата система, за да се направи наемния работник покорен, скромен, трудолюбив и … готов на прекомерен труд.[292]

Държавният дълг е най-лесният, бърз и сигурен начин за помпане на богатство за кредиторите чрез помпане на инфлация в обществото, създавайки впечатлението за богатство на обществото, а не на кредиторите! Постоянно увеличаващият се държавен дълг, създаващ инфлацията, който днес е станал само досадна неприятност за всеки правителствен екип, е характерен белег за все по-нарастващия паразитизъм, водещ до загниване на тази система. Но при една отмираща държава тази причина за хроничната инфлация – увеличаващите се държавните разходи – просто отпада. Защото вместо постоянно да търси различни начини да покрива разходите си, включително и чрез емисия на нови книжни пари, такава държава непрекъснато ще съкращава самите тези разходи. Отмиращата държава с намаляването на непроизводителните разходи, с недопускането на държавен дълг, както и на дефицит в държавния бюджет, със съкращаването на държавните поръчки, с облекчената си до максимум данъчна политика, ще влияе благоприятно върху стабилността на паричната единица, т.е. и държавата ще отпадне като фактор за поява на инфлация.

И така, основната причина за инфлацията при държавно-монополистическия капитализъм е изкуственото завишаване на общата норма на печалба – от монополите – с т.нар."целева норма на печалба", както и от държавата – в национализираните отрасли

---

[292] Маркс, *Капиталът*, 1:824 (удебеленият шрифт е мой – Т.Б.)

и производства, с цел увеличаване на приходите в държавния бюджет. С други думи, основните причинители за хроничната инфлация са два – монополите и държавата. При социализма не може да съществува инфлация, защото първо – няма почва да се развие монопола, тъй като общата норма на печалба е **const** и не може да бъде завишавана. Този закон – $\mathbf{p'} = \mathbf{const}$, не допуска монопола, тъй като не допуска частната собственост върху средствата за производство преди това, като по този начин не допуска по-нататък централизацията на капитала, а и капитала изобщо. И второ – държавата е отмираща, т.е. осъществява се перманентен процес на съкращаване на непроизводителните разходи.

Но при капиталистически производствени отношения и двата фактора със своето взаимно действие отделят, откъсват цената от действителната стойност на стоката, създавайки противоречие и дори напрежение между тях. Противоречието между стойност и цена води до нарушаване на възпроизводството на капитала, което се изразява най-добре по време на криза. Това противоречие, по-слабо при класическия и особено силно при държавно-монополистическия капитализъм, води до деформации на връзката между стоки и пари, между общото равнище на цените и масата пари в обръщение – противоречие, създаващо инфлация. Но когато цената съвпада със стойността, когато стойност и цена са в хармония, в съответствие, това противоречие просто отпада, а заедно с него – и явлението инфлация. Липсата на инфлация оказва изключително благотворно влияние върху стабилността на паричната единица, на доходите, на капитала, върху сигурността на инвестициите. При положение, че няма хронична инфлация, няма и постоянно поскъпване на средствата за производство, т.е. при неизменна стойност на парите постоянният капитал не поскъпва и тогава еднакъв стойностен състав на капитала няма да изразява различен органичен състав или пък еднакъв органичен състав да се изразява в различен стойностен състав и с това различна производителност на труда. Напротив. Но това става пак само при съвпадане на стойност и цена, постигано с еднаквата обща норма на печалба.

ГЛАВА ТРИНАДЕСЕТА

ТАКА НАРЕЧЕНОТО „ЗАПЛАЩАНЕ НА ТРУДА"

Това е термин, който идва още от домарксовата политическа икономия и е навлязал широко и във всекидневна употреба. Това е жаргон, а не научен език. "Заплащането на труда" – любим шлагер от буржоазния фолклор, доведе някога до безизходица в теорията, обърканост и неразрешими противоречия, които Маркс разсече с работната (си) сила. Едва Маркс въведе работника с неговата работна сила като фигура в политическата икономия и то като решаваща фигура. Едва тогава като основна категория, заедно с капитала, се наложи и работната заплата. И ако днес отново беше призната кризата в обществените науки и специално в политическата икономия, това се дължи отново на същата причина – че се заплаща какво? – Труда! А не работната сила!...

Тази заблуда доведе до лутане и препъване в лабиринтите на буржоазната политическа икономия от всички тогавашни и днешни учени. Защото със "заплащането на труда" се забулва, замъглява се същността на капитала и неговата експлоатация като се представя той в своя превърната форма и "тази обърканост, която цари сред теоретиците, показва най-добре как капиталистът-практик ... е изобщо неспособен зад привидността да разпознае вътрешната същност ..."[293]

Съвременната, вече "социалистическа", мисъл „под топлия летен дъжд на държавния социализъм"[294] изфабрикува този фалшификат в ранг на закон, валиден за социализма – "Закон за заплащането според количеството и качеството на труда". Така че горната главоблъсканица доби в наше време формата дори на закон! А в политическата икономия на социализма няма такъв закон, нито пък такъв социализъм изобщо!

---

[293] Маркс, *Капиталът*, 3:198
[294] Пак там, 2:16

Първо, заплащане според качеството на труда – това е венец на академичното невежеството. Защото стойността на една стока се определя само от количеството обществено необходим труд, съдържащ се в нея. Стойността на стоката, от която уж зависи и заплащането на работника в работна заплата, не се определя от качеството на труда, т.е. от конкретния труд, а само от количеството труд, от абстрактния труд. Качеството на труда, т.е. конкретният труд, определя не стойността, а **потребителната стойност** на стоката, от която обаче не се заплаща на работника, тъй като тя не взема никакво участие в процеса на нарастване на стойността.

Второ, що се отнася до заплащането според количеството на труда, трябва да подчертаем, че труда е само функция на работната сила, поради което се заплаща не труда, а работната сила на работника, не функцията, а нейния притежател, нейния носител. Работникът наистина влага определено количество труд за производството на дадена стока. Заплащането му обаче става не за това количество труд, което е вложил той сега, а като част от **минал** труд, от друг труд преди него. Точно затова капиталът е производствено отношение на господство на мъртъв труд над жив труд. Миналият труд е този, с който се купува и авансира работната сила на работника като потенциална сила, имаща съответните навици и способности да вложи определено количество труд по предварително определена от капиталиста трудова норма. Така че се заплаща не труда, а работната сила на работника като съвкупност от знания, умения, навици и т.н., т.е. като предлагана от работника стока! „Следователно, работната заплата не е дял на работника в произведената от него стока. Работната заплата е част от намиращи се вече в наличие стоки, с която капиталистът си купува определено количество производителна работна сила."[295] Бих препоръчал тук на бившите казионни професори, сега вече пазарни светила, да се обърнат по този въпрос, а и не само по него, към д-р Маркс, тъй като той отдавна го е разрешил. На такива непросветени теоретици, иначе "марксисти" доскоро, а сега политически ветропоказатели, съм длъжен да кажа, че борбата с капитала започва като борба с "Капиталът".

---

[295] Маркс, *Наемен труд и капитал*, 7:23

И днес, както и по времето на Маркс, работната заплата измамно изглежда, привидно се възприема „като определено количество пари, плащано за определено количество труд"[296], т.е. като цена на труда – както от широката публика, така и от академичната наука. А Маркс вече ни беше предупредил, че „класическата политическа икономия е заела без по-нататъшна критика от всекидневния живот категорията 'цена на труда'"[297].

„Трудът изобщо няма стойност. Като дейност, която създава стойност, той не може да има отделна стойност, както тежестта не може да има отделно тегло, топлината – отделна температура, електричеството – отделна сила на тока. Не трудът се купува и продава като стока, а работната сила"[298], т.е., трудът няма стойност, трудът няма цена, че да бъде той заплащан. „Трудът е субстанцията и иманентната мярка на стойностите, но сам той няма стойност."[299] Тази привидност за заплащане на труда идва от "факта", че работната сила при социализма нямала стойност. Не трудът е стоката, която продава работника, за да има той стойност и цена. "Заплащането на труда" води до стойност на труда и цена на труда. Защото заплащането на стойността на всяка стока става по цената на тази стока – в случая труда. Но „стойността на труда е само ирационален израз на стойността на работната сила."[300] А „и 'цената на труда' е също така ирационална както жълт логаритъм"[301]. „В израза 'стойност на труда' понятието стойност е не само напълно заличено, но дори и превърнато в негова противоположност. Това е имагинерен израз, като например стойност на земята."[302]

Работната заплата представлява минал труд, с който се авансира настоящия жив труд. Капиталистът не заплаща за това, че работника работи при дадена производителност на труда, а затова, че изобщо му работи. Това именно е съдържанието на т.нар. "фонд работна заплата" – на работника се заплаща с пари от реализиран минал труд, а не според количеството труд, вложен от него в

---

[296] Маркс, *Капиталът*, 1:588
[297] Пак там, 591
[298] Пак там, 2:24
[299] Пак там, 1:590
[300] Пак там, 593
[301] Пак там, 3:924
[302] Пак там, 1:590

настоящия момент. Заплаща се не труда, вложен сега от работника, а с труд, вложен преди, по-рано от друг работник. Работната сила, а не труда, е това, което прави работника потенциална стока. Работната сила, а не труда, е това, което работника продава като стока срещу заплащане. Ето защо и при социалистически производствени отношения трябва да изходим не от заплащане на труда, а от заплащане на работната сила, когато изследваме условията кога и как тя престава да бъде стока. За съжаление, господствуващото мнение, официалната мисъл беше и е дълбоко вкоренилото се "заплащане на труда", което бе заплело и преди, и сега политическата икономия „в неразрешими противоречия, давайки в същото време сигурна операционна база за баналностите на вулгарната политическа икономия, която по принцип признава само привидността на явленията"[303].

Този "закон" отрича сам себе си от собствените си системи на заплащане, въвеждани в различни периоди на изостряне на икономическите противоречия у нас. Така например разрядната система е отрицание на "заплащането според количеството труд". Разрядът е субективна оценка на работната заплата за професионален опит, а не за количество вложен труд и за производителност на труда. Млад работник с по-нисък разряд при равни други условия може да произвежда повече стойност за едно и също време, а да получава по-ниска работна заплата от по-възрастен работник с по-висок разряд, т.е. повече количество труд се заплаща по-малко! С други думи, "законът" не е валиден, а измислен, защото неговото проявление – разрядната система – не му съответствува и той не може да се прояви като такъв.

Ако разрядът е заплащане не според количеството вложен труд, където за еднакво количество труд се плаща различна работна заплата, то не бе по-добро положението с изместилия го "коефициент за трудово участие" (КТУ), където субективизмът бе доведен до още по-висока степен. Ако разрядът е постоянен, то КТУ е променлив субективизъм – на всеки месец. Тук се заплащаше не според количеството труд в тази „нова" система, а според послушанието, според покорството.

А т.нар. "квалификационни степени" – чираци, калфи и майстори – бе последният миши напън на нашата икономическа

---

[303] Маркс, *Капиталът*, 1: 592

мисъл до 1989г. да роди планина и представляваше опит за въвеждане на кастовите различия, съвсем далече от всякакво заплащане според труда. Напротив – заплащане според точките. Крайният субективизъм на тази лотарийна система с масонски привкус доведе до безброй "нарушения", което бе и повод тя да бъде спряна на много места. Накратко, при тези три „социалистически" системи на работна заплата заплащането беше за умения, знания и сръчност на работника, т.е., като заплащане на стока работна сила, а не според количеството труд, вложено от него в производството на стоката.

Нуждата от съживяване на агонизиращото ни селско стопанство извика на живот гръмко рекламираната в края на 80-те години на ХХ век "нова" форма на заплащане – акорда, открита с топовни гърмежи от нашите велики корифеи марксисти. Но да чуем Маркс по този въпрос:

„Но по-голямата свобода, която заплатата на парче дава на индивидуалността, цели да развие у работниците, от една страна, тяхната индивидуалност, а с това и чувството на свобода, самостоятелност и самоконтрол" (т.е."самоуправление"), „а от друга страна – взаимната конкуренция помежду им. Затова заплатата на парче има тенденция – с покачването на индивидуалните работни заплати над средното равнище да понижава самото това равнище."[304]

Именно защото у нас имаше "заплащане на труда", а не на работната сила, в условията на абсолютния държавно-монополистически капитализъм се прояви т.нар. "уравниловка". Уравниловката, възможна само при тази форма на капитализма, на повърхността на икономическия живот изглежда като получаване на еднаква работна заплата за различна продължителност на работното време, различна интензивност и различна производителност на труда, еднаква заплата за различно напрежение в трудовия процес. Но това е само явлението. Уравниловката в същност представлява монополно ниска цена на стоката работна сила. Освен това, тя е постоянна цена на работната сила, въпреки растящата й стойност. Или, уравниловката е изкуствено задържана постоянна монополно ниска цена на работната сила за извличане на монополна печалба. Монополът, и

---

[304] Маркс, *Капиталът*, 1:611

то абсолютният монопол на държавата, не позволява да се задейства пазарния механизъм, при който цената на стоката работна сила – работната заплата – да се влияе и определя от конкуренцията. Монополно ниската цена на стоката работна сила, заедно с монополно високите цени на множество други стоки – жилища, битова електроника, автомобили и др. – осигуряваха на финансовата партийна олигархия у нас, собственик на държавата и монополите, слети в едно, **огромни** и **сигурни** свръхпечалби. От една страна, разходите, които се правеха за закупуване на работна сила – променливият капитал – бяха незначителни, докато, от друга страна, приходите бяха гарантирани и високи, тъй като поради монопола тази работна сила нямаше право на избор и беше принудена да плаща по монополно високи цени за част от своите необходими средства за живот. Тази ножица на монополните цени позволяваше да се изсмукват наистина безсрамни печалби. Тази разлика между монополно ниската покупна цена на работната сила и монополно високите продажни цени на редица други стоки осигуряваше на шепа партийно-държавни магнати максимална монополна печалба.

Така че уравниловката не е характерна, вътрешно присъща на социалистическия начин на производство, а на егалитарния капитализъм, на висшата форма на държавно-монополистическия капитализъм, където повсеместно, тотално цената на работната сила стои далеч под нейната стойност.

Ако действаше споменатия по-горе "закон" и заплащането на работника ставаше според количеството и качеството на труда, не бихме били доведени тогава, в онова „социалистическо" време, до отчаяние от качеството на българските стоки за вътрешния пазар с посветени на него национални партийни конференции (!), а да не говорим и за тяхното количество – вечен дефицит!

Инфантилната икономическа мисъл у нас се преплиташе и спъваше в собствените си догми – отстранявайки едни, тя ги заместваше с други. Например, тя "скъса" теоретически с уравниловката като я замести със "стимулиране на труда" – пак продукт на "заплащането на труда".

Една от формите на "стимулиране" бяха премиите. Те бяха награди за "добра служба" на работника, въведени да го "стимулира" към ангария за държавата. Премиите за работника бяха само примамка в капан, бонбон за послушни деца, уловка за по-бързо изпомпване на принаден труд и бяха обикновено привилегия на едрия чиновник. Приемането на такива стимулатори даваше добри печалби за държавните капиталисти и лошо здраве за работника. ”Стимулирането на труда” е допинг, за който няма контрол.

От “заплащането на труда” се роди и икономическата категория “реални доходи”, въведена нарочно, за да отвлича вниманието на работника от основното място, където му изцеждаха труда, с цел да превърнат целия му живот в работно време. Тъй като заплатата от работното място не стигаше, затова работникът беше принуден да изчуква доходи от “странична дейност”. ”Реалните доходи” са узаконяване на спекулата, гешефта и водят след себе си т.нар. ”нетрудови доходи”. Под категорията “реални доходи” се прикрива умело същността на капиталистическата експлоатация, както и се принизява значението на работната заплата. Така наречените “реални доходи” са в същност превъплъщение, метаморфоза на известния, критикувания от Маркс Ласалов ”трудов доход”, самият той разпространявал се устойчиво и в наши дни. От него пък произлиза като термин и “нетрудов доход”. Трябва да подчертаем на нашите учени мъже, че в социалистическото общество всеки негов член трябва да живее само от една работна заплата и от никакви други “реални доходи”. (Относно доходите на свободните професии виж глава Единадесета). Работната заплата е единственият **реален** и единственият **трудов** доход. Защото този, който живее от “реални доходи”, той при всички случаи не живее от *реална* (!) работна заплата. Източниците на доходите при капиталистически начин на производство са три – **капитал** с доход печалба (лихва), **труд** с доход работна заплата и **земя** с доход рента. Така че в категорията “реални доходи”, ако доходите не са само в работна заплата, т.е. от труд, те са или от капитал като печалба (лихва), или от земя като рента. Или от спекула. Но при всички случаи не са само от труд или дори изобщо не са от труд. (Лихвата върху спестяванията на работниците в банките при социализма представлява вторичен доход от източника труд, а не от капитал!) Тези “реални доходи” бяха пряко узаконяване на търгашеството и печалбарството. Тази бе причината, че успоредно с официалния, съществуваше и втори – спекулативен, черен пазар. В политическата икономия на социализма не могат да съществуват една до друга такива две несъвместими, взаимноизключващи се категории – реална работна заплата и "реални доходи". "Реалните доходи" създават и оправдават условията за превръщането на парите в капитал. Наркобизнесът и проституцията също биха могли съвсем законно да влязат в тази категория – те също претендират за "реални доходи". "Реалните доходи" бяха реална почва за появата и развитието на дребния собственик, когото по-късно същата управляваща едра финансова олигархия превърна в дребен капиталист.

Така нареченото „заплащане на труда" е категория от домарксовата политическа икономия, която само трудовата теория на стойността на Маркс успя да отхвърли като научно несъстоятелна. Ето защо в безсилието си срещу неговите железни аргументи и факти, специално наети „разобличители" на Марксовата теория на стойността прибягват не до опит за оборване на тази теория по същество, детайлно по структура и понятия, а на едро, а priori, защото така е по-лесно, зачертавайки я цялата наведнъж. Просто ей-така, с голи думи. Такъв недорасъл „критик" на Марксовата теория на стойността, същността на марксизма, е Карл Попър. Тоя е толкова незначителен, че изобщо не си заслужава вниманието, ако не беше така масово тиражиран и така често преиздаван повече от 70 години насам; това позволи да се облъчват с кухите му излияния главите на милиони неподготвени в материята хора, с които излияния той си мисли, че неглижира и омаловажава **без доказателства** теорията на стойността на Маркс. (Продукт на това облъчване е един от неговите изявени клонинги – Джордж Сорос, „филантропът", съвременният Джаба Хътянина на световната икономика и политика, който е само вторичен източник на Попъровата философска интерференция). Явно Попър е или с ниска интелигентност, неразбиращ нищо лаик, зает с несвойствена за него дейност като размишлява върху творчеството на Маркс, или изпечен в науката мошеник, тиражиран в обществото от своите себеподобни. Марксовата теория на стойността била, според него, „твърде маловажна част от неговото творчество"[305], тя е „ненужен елемент в марксизма"[306], който пък Попър злослови даже и като „Марксовата вяра"[307]! В манипулативната си злоба за

---

[305] Карл Попър, *Отвореното общество и неговите врагове*, 2:185
[306] Пак там
[307] Пак там

принизяване на марксизма тоя създател на наукоподобна помия, (както един друг такъв – Милтън Фридман), лъже като циганин лековерните, че „теорията на стойността е напълно излишна в Марксовата теория на експлоатацията"[308]. Съвсем като долнопробен мошеник Попър клевети Маркс даже в плагиатство от Смит и Рикардо! Това е жалък и нескопосан начин да се отхвърли Марксовата теория. Енгелс отдавна писа, че „критиката на Марксовата система не може да се състои в нейното опровергаване ... а само в по-нататъшното ѝ развитие"[309]. Отново той съвсем точно обясни какво представляват този вид теоретици — че „както в XVI век, така и в нашето бурно време чисти теоретици в сферата на обществените интереси се срещат само на страната на реакцията и именно затова тези господа в действителност съвсем не са теоретици, а просто апологети на тази реакция"[310]. Човек просто си губи времето да отговаря на лишените от съдържание нападки на един недорасъл за Марксовата наука ум! Несъмнено е — неговата история няма смисъл.

---

[308] Карл Попър, *Отвореното общество*, 2:191
[309] Маркс, *Капиталът*, 3:1010
[310] Пак там, 8

ГЛАВА ЧЕТИРИНАДЕСЕТА

ОТМИРАНЕ НА СТОКАТА И ПАРИТЕ

Материалистическото разбиране за социална справедливост и социално равенство има конкретно икономическо значение. Социалното равенство намира своето съдържание в обществената собственост върху средствата за производство, а социалната справедливост – в производствения процес, лишен от експлоатация, както на човек от човека, така и на човек от държавата, което позволява справедливост в разпределителните отношения. Производственият процес при обществена собственост върху средствата за производство представлява процес на социална справедливост, който в своите гранични преходи е представен от две форми на социално равенство.

Не може да се говори в едно общество за социална справедливост, когато в него цари социално неравенство. В такова общество винаги се оказва, че разпределителните процеси са нарушени. В същност те никога не са били изправни. Капиталистическите разпределителни отношения са винаги нарушени, което позволява в капиталистическото общество винаги да се откриват "деформации", "отрицателни явления" и други подобни бисери от лексикона на буржоазния ум.

Социализмът е общество на социално равенство и социална справедливост, но все пак равенство и справедливост върху **стокови** отношения. Едва при комунистическото общество ще може да се говори за равенство и справедливост в абсолютен смисъл – тогава, когато нищо няма да се купува и продава, тогава, когато нито равенството, нито справедливостта ще имат за своя основа **парите**, както е при социализма. Ето защо възниква въпросът – а как ще изглежда преходът от стокови към нестокови производствени отношения, от един към качествено друг, нов начин на производство, от социализма към комунизма. Въпрос, който никога досега не е разглеждан, а е най-интересният и твърде важен въпрос на политическата икономия. Кога и как стоката ще отпадне, ще загуби своите свойства? Кога и как продуктът ще престане да бъде стока? Как ще отмрат стоковите отношения? А парите?

За тази цел трябва да си припомним двоякия характер на стоката.

Две характерни условия определят стоката: **необходимо** – стойност, и **достатъчно** – разменна стойност. Необходимото условие за един продукт да бъде стока е той да има стойност, т.е. въплътено в него количество човешки труд, а достатъчното – той да е предназначен за размяна, а не за собствена употреба.

Отмирането на стоката по необходимото условие – **производството**, е исторически предопределено от обективния ход на общата норма на печалба към снижение, т.е. от всеобщия икономически, почти природен процес на непрекъснато нарастване на обществената производителност на труда, от постепенното, но сигурно изчезване на човешки труд в производството на стоката, от факта, че $\dfrac{v}{c+v} \to \mathbf{0}$. В онзи момент, когато за цялото обществено производство във всички отрасли на световната икономика се изпълни равенството $\dfrac{v}{c+v} = \mathbf{0}$, т.е. когато живият труд в производството на обществения продукт напълно изчезне, *стойността ще отмре*. Защото в производството няма да има **труд**, който именно създава стойността. Според Закона за стойността само трудът може да създава стойност. Затова с отмирането на труда, отмира и стойността.

Отмирането на стойността означава, че производственият процес ще престане да се проявява не само като процес на производство и нарастване на стойността, но и като трудов процес. Човешният труд ще бъде такъв, че вече няма да създава стойност, защото ще бъде извън производствения процес, няма да участвува в производството на продукта. Трудовият процес няма да бъде производствен процес. Точно затова производственият процес няма да съществува нито като трудов, нито като процес на производство и нарастване на стойността. Това означава, че производственият процес, след като бъде напълно освободен от човешки труд, от присъствието на човека в него, ще продължи да се осъществява от **самовъзпроизвеждащи се** средства за производство.

Понастоящем световна практика е да се върви по линията на най-малкото съпротивление – тъй като производството непрекъснато изхвърля все повече "излишни" хора, резултат на обективната закономерност в него $\dfrac{v}{c+v} \rightarrow \mathbf{0}$, решението е те да бъдат настанявани в обръщението, в сферата на услугите и търговията, както и на синекури в държавата и издържането на огромни маси незаети хора на социални помощи. Всички тези практики, но собено последните две, забавят развитието на производителните сили и самото производство, развихряйки паразитизма в обществото като резултат на съвременната буржоазна политика на т.нар. „социална държава" („държава на всеобщото благоденствие"), предназначена за класов мир при капитализма. А последният писък на модата сега е съживяването на старата идея за „безусловен базов доход" – друга държавна политика за поддържане на бедните живи и лениви! А трябва и там, в обръщението, заетостта на работната сила да клони към нула. Защото, ако този обективен процес не се направлява, то дори и да стане $\dfrac{v}{c+v} = \mathbf{0}$, дори и да няма в продукта вложен труд, ако има размяна, ако съществува обръщение, то и тогава продуктът ще бъде стока, щом е предназначен за покупко-продажба. Наистина, той няма да има стойност, но пак ще бъде стока. Просто стоката ще бъде съвсем видоизменена. В обществото ще господствуват пак стокови, макар и не стойностни отношения. Размяната и нейното отражение – Държавата, ще останат, но може би не за дълго. Капиталът ще доведе до самоунищожение, до гибел на цивилизацията поради собствените си противоречия – независимо дали от избухване на социален конфликт, на световна война, или като социална левкемия – чрез морална деградация, израждане и потребителско разложение. Ето защо от жизнено значение за обществото е отмирането на размяната.

Отмирането на стоката по достатъчното условие – **размяната**, се обуславя също от обективния ход на нарастващата производителност на труда, но отмирането на разменната стойност трябва да върви заедно с отмирането на стойността и да съвпадне с него по време. Ето точно тук се доказва необходимостта от съвпадането на стойност и разменна стойност, тук – на Изхода. Само чрез еднаквата норма на печалба при социалистически начин на производство това може да стане – защото стойност и разменна стойност на стоката съвпадат предварително много преди този миг. И в никакъв друг случай. Само тогава стойност и разменна стойност могат да отмрат едновременно, да отпаднат в един и същ момент. В онзи момент, когато за цялото обществено производство във всички отрасли на световната икономика времето на обръщение бъде съкратено до нула, $t_{обр} = 0$, т.е. когато производственият процес стане процес, при който се работи само по поръчка, а не за пазара, който по този начин угасва като необходим, и разплащането става при доставката на продукта в необходимите на производителя средства за производство, т.е. в натура, а не в стойност, тогава размяната изчезва, разтваря се, стопява се в разпределение! Едва тогава продуктът, анулирал вече и двете си условия, престава да съществува като **стока**!!! Това е краят на битието на стоките, а заедно с тях и на тяхната всеобща еквивалентна форма – **парите**! В този момент производствените отношения престават да бъдат стокови, те стават комунистически. Това е такова високо развитие на производителните сили, когато самите те ще заличат характерните черти на стоката. Това означава пълно сливане на Човека с Природата! Пълно единство на живата природа, Шамбала, единна обмяна на веществата на живата планета Земя. Ще се стигне до такъв технологичен кръговрат, когато обществото и Природата ще представляват един организъм, когато средствата за производство ще бъдат жива, макар и не разумна материя, а работната сила ще бъде сивото вещество, мозъкът на тази материя.

Производственият процес няма да се извършва от прякото, непосредствено участие на работната сила в него. Трудът ще бъде коренно различен, неузнаваемо изменен, напълно кибернетичен труд, докато производственият процес ще бъде осъществяван от самовъзпроизвеждащи се средства за производство. Така че производственият процес ще протича като природен, а не като социален процес. Размяната, разтворена в разпределение, ще изчезне, а продуктът ще отпадне в опаковката си на стока. Разпределението ще бъде поток от продукти, насочено движение на предмети за потребление – за личността, и средства за производство – за производствения процес. Такова разпределение означава, че едва тогава благата от „всички извори на общественото богатство ще потекат като пълноводен поток"[311], като **кръв** в жив организъм. Кръв, оросяваща мозъка – човешкото общество, в което всеки човек като неврон ще работи на великия принцип "от всекиго според възможностите, на всекиго според потребностите"[312].

Твърде е вероятно производственият процес да протича като **адиабатен** процес, т.е. при постоянна ентропия, без отделяне на топлина. В сравнение с "изотермичния" производствен процес на социализма, той ще бъде с много по-висок к.п.д., с много по-голяма ефективност. И Енгелс се оказва прав, когато смята, че от цялата политическа икономия ще остане само понятието ефективност!

Защо обаче за построяване на икономическите закони на социализма се изхожда от икономическите закони на по-далечния във времето класически капитализъм, а не от тези на съвременния капитализъм? И защо точно според Маркс?

Защото, първо, те са закони на развитото стоково производство.

Защото, второ, съвременният държавно-монополистически капитализъм е само следствие, резултат именно на този, свободния капитализъм, негова амбивалентна модификация, морално деградираща видоизмененост, а не някаква изцяло нова организация на обществото, насадена изведнъж и свише. Съвременният капитализъм не може да бъде основа за търсене на закони за социализма, тъй като той е само производна на класическия. Съвременният корпоративен капитализъм е изключително процъфтяване на монополното право и монополния капитализъм с внушителното съдействие на държавата, които обаче – монополизма и държавата – са двата най-отровни скорпиона в градината на социализма и които се развиват само върху основата на класическия капитализъм на частната собственост и свободния пазар. Ето защо, премахвайки предпоставките за класическия капитализъм, се премахват предпоставките и на съвременния капитализъм, на капитализма

---

[311] Маркс, *Критика на Готската програма*, 1:175
[312] Пак там

като цяло, на всеки капитализъм изобщо! Така че, отхвърляйки изцяло днешния капитализъм като социална организация и предложение за социализъм, трябва да се върнем към първоизточника му, към първообраза му, към причините му, към генезиса му. А там най-доброто му обяснение е направено от Маркс!

Тъй като социализмът е преходен период между две коренно различни, противоположни във всяко отношение икономически системи, то той съдържа в себе си характерните черти на всяка от тях – и на капитализма, и на комунизма. Социализмът, от гледна точка на стоковите отношения, на стойностните закони, е частен, при това – граничен случай, и по-висока фаза на капитализма, но като икономическа формация на обществена собственост върху средствата за производство, като общество на социално равенство и справедливост – нисша фаза на комунизма! Нисша за комунизма – поради стоковите си отношения, висша за капитализма – поради хуманизма си.

Комунизмът е съвсем различен, съвсем непознат начин на производство и начин на живот спрямо днешния. Наистина, от стъпалото на нашия век е трудно да се види това, трудно е да се повярва, защото всичко изглежда фантастика, утопия или халюцинация. Още повече след сегашния крах на социализма като експеримент.

Но така ще бъде!

Нима спътникът, лазерът, компютърът, атомът, смартфонът като средства за производство и комуникация не са фантастика, утопия, блян дори за такива велики умове като Маркс и Енгелс, отдалечени от нас само на 150 години?! Светът така се изменя, че днешната реалност е илюзия, фантастика за вчерашното утре. "Раят" не се намира отвъд пространството, а отвъд времето! Защото

„Човешкият живот

ще бъде един безконечен възход

– нагоре! нагоре!

З е м я т а щ е б ъ д е р а й –

ще бъде!"[313]

---

[313] Гео Милев, *Септември*, (поема), 26

VIVAT SCIENTIA![314]

---

[314] Да живее науката! (лат.)

ЛИТЕРАТУРА

Енгелс, Фридрих.

----------- *Анти-Дюринг*, т. 8 от *Избрани произведения* на К. Маркс и Ф. Енгелс, Второ допълнено издание в 10 тома. София: Партиздат, 1985

---------- *Развитието на социализма от утопия в наука*, т.1 от *Избрани произведения* на К. Маркс и Ф. Енгелс, Второ допълнено издание в 10 тома. София: Партиздат, 1985.

Кейнс, Джон Мейнард.*Обща теория на заетостта, лихвата и парите*,София: Христо Ботев, 1993.

Ленин, Владимир Илич. *Върху така наречения въпрос за пазарите*, т. 1 от *Събрани съчинения*, Второ допълнено издание в 55 тома, София: Партиздат, 1979-1982.

Маркс, Карл. *Капиталът*, т. I, II и III, София: Партиздат, 1988, 1989 и 1990.

————. *Гражданската война във Франция*, т. 3 от *Избрани произведения* на К. Маркс и Ф. Енгелс, Второ допълнено издание в 10 тома. София: Партиздат, 1984.

————. *Класовите борби във Франция, 1848-1850*, т. 3 от *Избрани произведения* на К. Маркс и Ф. Енгелс, Второ допълнено издание в 10 тома. София: Партиздат, 1984.

————. *Критика на Готската програма*. т. 1 от *Избрани произведения* на К. Маркс и Ф. Енгелс, Второ допълнено издание в 10 тома. София: Партиздат, 1984.

————. *Обръщение при Учредителния конгрес на Международната работническа асоциация*, т.1 от *Избрани произведения* на К. Маркс и Ф. Енгелс, Второ допълнено издание в 10 тома. София: Партиздат,, 1984.

————. *Манифест на Комунистическата партия*, т.1 от *Избрани произведения* на К. Маркс и Ф. Енгелс, Второ допълнено издание в 10 тома. София: Партиздат, 1984.

————. *Наемен труд и капитал*, т.7 от *Избрани произведения* на К. Маркс и Ф. Енгелс, Второ допълнено издание в 10 тома. София: Партиздат, 1985.

————. *Работна заплата, цена и печалба*. т.7 от *Избрани произведения* на К. Маркс и Ф. Енгелс, Второ допълнено издание в 10 тома. София: Партиздат, 1985.

Милев, Гео. *Септември* (поема), София: Септември, 1983.

Платон. *Държавата,* Второ издание. София: Наука и изкуство, 1981.

Попър, Карл. *Отвореното общество и неговите врагове*, в 2 тома, София: Отворено общество & Златорог, 1995.

Стоянов, Велчо и Адамов, Величко. *Теория на финансите*, Варна: Галактика, 1991.

Трендафилов, Тончо, и др., *Политическа икономия* (Кратък курс), София: Партиздат, 1977.

Фридман, Милтън. *Немирството на парите*: *Епизоди от монетарната история*, София: Дамян Яков, 1994.

Манифест

на

Новото време

Съвременната епоха

Съвременната епоха е *криза на духа*[315]. Така я нарече косвено най-видният идеолог на съвременното „индустриално общество”, на съвременния капитализъм – Збигнев Бжежински. „Пророкът” Бжежински бил предсказал падането на „комунистическата” система. Това за интелигентен политолог не представляваше някаква особена трудност. Въпросът бе да се види какво ще има след това. А именно тази слепота за „след това” доведе и до *кризата на духа*. „След това”, след „комунизма”, не се вижда нищо. Според великите стратези на империализма.

Днес, в началото на нов век и ново хилядолетие, когато т.нар. „комунистическа система” рухна и четвърт век по-късно вече се забравя, когато се откриха светли простори пред свободното развитие на капиталистическата икономическа система, изведнъж се оказа, че тези господа прокурори на света нямат идеологически, разбирай – философски, противник. Огорчението, че липсва (а според тях – и че ще липсва), идеологически противник, предизвиква необходимостта от разнищване на недъзите на собствената си капиталистическа система, която някои нейни апологети даже и не наричат вече капиталистическа, а класифицират с различни евфемизми на измислени от тях нови стадии на развитие на съвременното загиващо общество. Обаче никой не подсказва изход. И тъй като по-дълбоко от повърхността на нещата не е възможно (а е и опасно) да се проникне от тези стратези, неизбежно и закономерно е да се стигне до *криза на духа*.

Истина е – няма го днес онзи водещ дух, **spiritus rector**, който ръководи всяка човешка дейност, който е присъщ на свободната човешка личност. Свободният дух в свободен полет остана да витае в славното историческо време. Съвременното консуматорско общество набляга все повече на консумацията, отколкото на духа. Това, в което неправомерно бе обвиняван Маркс от прокурорите на капиталистическата система – вулгарният (и войнстващ) материализъм, е в същност образът на точно тази система.

---

[315] Збигнев Бжежински, *Голямата шахматна дъска*, 241

Днес живеем в един променен от нови индустриални технологии свят, свят преобразен спрямо последните 150 години, когато комунизмът като учение беше започнал мощно да завладява умовете и сърцата на милиони хора. Затова днес мастити апологети на капитализма искат да ни убедят, че идеята за комунизма е мъртва, че комунизмът е неприспособим и архаичен за нашето, новото време и че капитализмът, макар и видоизменен, е вечната и най-добрата система. Нищо подобно, господа! Тази заблуда си е за ваша сметка!

Какво в същност се промени за 150 години? Светът! Но не и Капитала!

Днес, във второто десетилетие на XXI век, живеем в епохата на информационни технологии и електроника, на атомна енергия и космически полети. Вече е почти минало опушеният в сажди работник от онези „работилници, фабрики димни, дето мъка душата терзай"[316]. Вече само на стари плакати ще видим пролетарий с „мишци железни" изправен „край черни стени"[317]. Все повече отмира тежкият, изнурителен труд, превръщайки се в по-привлекателен и по-лек. Но това не е заслуга на Капитала. Това се дължи на техническия прогрес, на науката, на образованието, на непрекъснатата борба на работниците за по-добър живот. Трудът става по-лек, но остава **наемен**! Физическият труд отстъпва все повече на интелектуалния, но и в двата случая той е наемен! Какво значение има за Капитала, ако натрупването му става не с много пот, както някога, а с много нерви, както е сега?! За 150 години само това се промени: формата, видимата форма на ограбване на труда – с по-малко пот, с повече нерви; умствен труд вместо физически; интензивен труд вместо екстензивен; сложен труд вместо прост. Но същността на ограбването – всмукването на принадена стойност, присвояването на принаден труд – си остава, както и преди 150 години. Работната сила на работника е стока, която той е принуден да продава, както преди 150 години. Отношението капитал-труд си остава същото, както преди 150 години. Трудът е наемен, а не свободен! Трудът е наемен – когато и където го има! Безработицата в съвременните развити капиталистически страни е приела застрашителни размери и

---

[316] Христо Смирненски, *Избрани произведения* (*Пролетта на робите*), 44

[317] Пак там (*Въглекопач*), 55

заплашва да стигне след 30 години и до 100% от работоспособното население! Експлоатацията вече не е експлоатация на черните мазоли, а на белите ръкавици. Но е една и съща в своето съдържание в ранното индустриално и в така нареченото „постиндустриално" общество. Експлоатацията може вече да не е само груба, а и фина, не варварска, а цивилизована, но тя съществува!

Днес нашата слабост (и превъзходство) в сравнение с хората от XIX век, по думите на Гонкур, е, че „те са били в навечерието на всички надежди, а ние – в деня след тяхното крушение"[318]!

В съвременната, най-дълбока криза в развитието на марксизма, ние сме свидетели на залеза, на погребването на една идея – идеята за комунизма. Един призрак броди из Европа! Още като призрак! Днес продължава широко да се приема, че комунизмът е само една красива измислица, измислица от XIX век. Днес продължава широко да се приема, че онова съвършено общество без насилие и несправедливост, онзи свят без стокови отношения, свят без пари и без войни, е само една утопия. А това не е така. Комунизмът не е утопия! Комунизмът ще бъде реалност. Но стъпалото към него се нарича социализъм.

Защо обаче от идеал на бедните социализмът се превърна в гилотина на бакалите? Защо от „светло бъдеще" се превърна в мрачно минало?

Защото марксическата, т.е. научната, истина за него беше превърната в доходоносна демагогия чрез канонизирането му в държавна религия. Но всяка демагогия някога рухва. Дори да е била религия!

Социализмът се срути с грохот защото в същност той никога не е съществувал! Неговата фалшива същност като термитен стълб, прояден отвътре, чакаше да се стрие на прах и от най-слабия допир отвън. Социализмът вече от много отдавна беше престанал да бъде наука и беше превърнат обратно в утопия. Затова той никога не е съществувал и на практика. Но ако утопията досега беше наречена социализъм, това не дава основание социализмът да бъде наречен утопия!

---

[318] Едмон и Жюл дьо Гонкур, *Дневник*, 296

ТОДОР БОМБОВ

Съвременната епоха – от Великата Октомврийска Социалистическа Революция до днес – е епоха на бурни политически събития, непознати по мащабите и размаха си в цялата история на човечеството. Това е епоха на най-силното до сега задълбочаване на общата криза на капитализма и навлизането ѝ в нейния последен етап, проявяващ се в изострени до крайност класови, расови, верски и международни конфликти. Епоха, в която държавномонополистическият капитализъм в т.нар. „социалистическа" система достигна и до своята крайна и възможно последна форма с най-висока степен на монополизиране на собствеността – абсолютното, пълното сливане на държавата с монополистическия капитал с невиждана допреди концентрация и централизация на капитала, довели до фузия на промишления, банковия и търговския капитал в един-единствен център, ръководен от незначителна на брой, но мощна финансова олигархия. Епоха, в която след разпада на тази политическа система, империалистическата неолибералната доктрина доведе до последното преразпределение на световните пазари и сфери на влияние. Това се случи, когато мултинационалният капитал, в прегазването на всякакви национални бариери, унищожи националните държави в Европа, впримчвайки ги в безформено васално образувание и в същото време създаде еднополюсен свят, въпреки опитите на кръговете около Путин в последното десетилетие да възстанови предишното влияние и политически паритет на Русия. Епоха, в която монополната структура на световния империализъм от началото на XX век прерастна в края му и в началото на XXI век в олигополната структура на мега-империализъм, т.е. империализъм, повдигнат многократно в степен! Мега-империализмът в две от своите характерни проявления – милитаризма и паразитизма, вече в мега размери – задушава днес и последните опити за свободно развитие на човечеството. Но с това той само създава условията и предпоставките за една предстояща нова Велика Социалистическа Революция, за радикална промяна на съвременното капиталистическо общество, за революционно превръщане на капитализма в социализъм!

В тази епоха нито войните намаляха, нито оръжията. Напротив, милитаризмът избуя с нова смъртна сила като че ли 50 милиона жертви на Втората световна война не бяха достатъчни. В същност именно държавно-монополистическият капитал даде икономическата база на фашизма, който подпали тази чудовищна война. В наше време държавно-монополистическият капитал е този, който винаги създава и развива нови стратегии за водене на локални войни пред световни, за богат Север и Запад пред беден Юг и Изток, за триумф на насилието, утвърждаван с Корпус на мира! Този съвременен нео-колониализъм трябва да осигури нови пазари и марионетни режими в бедните ъгли на Земята, където да се осъществява спокоен и безпрепятствен износ на капитали; и на ядрени отпадъци също.

След разпадането на „комунистическата" империя СССР през 1991г., остана само една велика сила – световната империя САЩ, другата Империя на злото, като световен жандарм и въдворител на ред. Дори епитафията на „комунизма" тогава беше такава – Нов Световен Ред! Новият световен ред означаваше краят на идеологическия двуполюсен свят, разделен между „комунизъм" и „демокрация". Но за широката публика беше огромна заблуда, че това бяха две различни социални системи. Напротив, това беше една капиталистическа система в две форми. Тогава защо беше удобна тази заблуда и за двете страни на идеологическата фронтова линия? Ами за лесен контрол върху масите – и от двете страни на линията. За лесна манипулация на общественото съзнание и от двете страни на барикадата това беше най-удобната формула – комунизмът! Едните нападаха „комунизма", другите го защитаваха. И така масите биваха подчинявани – всеки от своите господари, оформяйки своята част от света по свой образ и подобие. Междувременно формулата се изтърка от употреба и трябваше да се смени. Просто от 1980-те години насетне цивилизацията беше нападната от хищните вещи на века, обществото и от двете страни на линията започна да не се интересува изобщо и от духа на комунизма! Или, както Паскал вярно отбелязва, „естествено е за духа да вярва, а за волята – да обича; затова ако нямат реални обекти, те неизбежно се насочват към измамни"[319]. Какви са резултатите от днешния Нов Световен Ред – да говорим за високи идеали днес? Точно обратното – само за низки страсти! Идеали? Празни думи!

***

---

[319] Блез Паскал, *Мисли*, 79

ТОДОР БОМБОВ

Социализмът
История,Теория,Практика

Преди да бъде обезглавен краля в Лондон никой не е вярвал, че това може да стане. Преди да бъде обезглавен „комунизма" в Европа никой не е вярвал, че това може да стане. Но стана. И в двата случая. На зрителите историята винаги поднася изненади. Кралят в Лондон и „комунизмът" в Европа бяха безславно свалени. Без да може кралят да стигне до Европа, нито пък „комунизмът" – до Лондон! Общото в случая е не в краля и Европа, а в комунизма и Лондон. Нарича се Карл Маркс.

От края на ХХ век живеем в такова време, когато отново потоп словесна кал, вълни мръсна пяна заливат името и паметта на този гениален учен и блестящ философ. Маркс – един от Седемте мъдреци на всички времена, не заслужава такава участ!

В 1830 година на парижките барикади с много кръв работническата класа за пръв път се появи на политическата сцена като самостоятелна сила. През следващите десетилетия на века мъките ѝ не намериха край, нито стремежът ѝ за свобода – покой. Половин век по-късно, в 1886 г., американският работник извоюва, отново с кръв, правото на всеки работник да държи главата си гордо и ръста си изправен. От мрачните и тежки делници той отвоюва един ден в годината за свой собствен светъл празник – Първи май. Вече втори век този Великден на работническата класа се празнува с развети знамена. Такава вековна традиция могат да оставят само най-светлите дати в историята на човечеството. Но като че ли този празник, заедно с намаления работен ден, си остават най-значимите успехи досега в дългата ѝ вековна борба с Капитала.

За описание на съществуващата система се появиха Маркс и Енгелс. Те дадоха научното обяснение на съществуващия икономически строй и начертаха траекторията на бъдещето – социализма. Маркс и Енгелс първи посочиха, както отбелязва Ленин по-късно, че работническата класа с нейните искания е необходим продукт на съвременната икономическа система; че точно тя е двигателната сила на бъдещата нова икономическа система – социализма; че социализъм и свободен труд са тъждествени понятия и са възможни единствено на основата на обществена собственост върху средствата за производство.

Продължението не закъсня. Появи се Ленин със своята болшевишка партия с решимостта да превърне социализма в реалност. Великата Октомврийска Социалистическа Революция дойде в името на радикална, коренна промяна в статуса на работническата класа, за социализъм, но така и не успя да осъществи замисъла си. Напротив, знамената и идеите ѝ бяха използвани за потисничество именно на работническата класа и за противоборство между две империалистически системи. Тя даде началото на една деспотична политическа система, но не в полза, а в ущърб на работническата класа и наемния труд, известна в наши дни като тоталитаризъм. Тоталитаризмът – това не бе социализъм. Социализмът е с човешко лице! И с никакво друго!

Действително, през 1968 година в Чехословакия Дубчек поиска „Социализъм с човешко лице"! И стана симпатичен в Пражката пролет. Тогава той, както и всички останали, може би мислеше, че **това** е социализма. Заблудата бе обхванала не само неговата личност там и тогава, но продължава и до днес във всички умове и тук, и сега. Защо? Защото социализмът не може да има друго лице, освен човешко! Ако то не е такова, значи това не е социализъм! Та нали още Оскар Уайлд писа, че „авторитарният социализъм е неподходящ"[320], когато търсеше място за душата на човека при социализма. Още той отхвърли подобна „казармена система, или система на икономическа тирания"[321]. Още той отхвърли такава „власт, която подкупва и подтиква хората към приспособяване"[322], власт, която „поражда сред нас много груба, охранена варварщина"[323]. За съжаление Уайлд е един от малцината мислещи хора досега, които са разбрали, че „истинското съвършенство на човека се крие не в това, което има, а в това, което е"[324]. Без да го обвиняваме в комунизъм той успя да разбере, че „човек мисли, че

---

[320] Оскар Уайлд, *Душата на човека при социализма*, 3:236
[321] Пак там
[322] Пак там, 243
[323] Пак там
[324] Пак там, 237

главното нещо е да има, а не знае, че главното е да бъде"[325]! Той пръв написа социализъм с главна буква, само защото душата на човека при Социализма трябваше да намери покой и Индивидуализъм.

Социализмът – това беше лъжата на века, лъжата на XX век. Една лъжа, повтаряна сто пъти, се приема за истина! Тази Гьобелсова аксиома получи абсолютното си потвърждение за социализма. Нещо повече – сто пъти по сто на ден в продължение на 45 години за Източна Европа, а за СССР – 75 години, се прие за истина от милиони хора, които още не могат да се отърсят от тази лъжа – за тях миналото бе социализъм.

Днешната историческа ситуация след 1990г. не е реставрация на капитализма. Защото социализмът никога не е съществувал! Опасността от фалшив социализъм беше предвидена още от класиците на това учение. И въпреки всичко социализмът ни споходи в XX век точно такъв – фалшив. Което само по себе си е доказателство, че не е социализъм. Така нареченият „реален социализъм" бе една виртуална реалност, чиято измамна същност лъсна бързо и лесно – веднага със свалянето му като държавна религия, повече неизгодна за жреците на тази система. Социализмът не бе социализъм. Той бе обикновен капитализъм. Държавен. Монополистически. Държавно-монополистически. „Световната социалистическа система" в същност си беше държавно-монополистически капитализъм – повече държавен и повече монополистически от всеки друг по всяко време. „Световната социалистическа система" беше държавно-монополистически капитализъм в своята висша форма с пълна, абсолютна, затова – последна, степен на обобществяване на средствата за производство, на връхна степен на монополизиране на собствеността от един-единствен собственик – държавата. Такава последна степен на обобществяване, такава връхна степен на монополизиране на средствата за производство означава свръх централизация на капитала в ръцете на един-единствен господар – държавата-капиталист. Преди много време Маркс писа, че „в даден отрасъл централизацията би достигнала своя краен предел, когато всички вложени в този отрасъл капитали се слеят в един-единствен капитал. В дадено общество тази граница би могла да бъде

---

[325] Уайлд, *Душата на човека при социализма*, 3:237

достигната едва когато целият обществен капитал бъде обединен в ръцете било на един отделен капиталист, било на едно-единствено дружество от капиталисти."[326]

Такова обобществяване на средствата за производство при запазени стари производствени отношения на капитала създаде онзи абсолютен монопол, който циментира целия икономически и обществен живот и огради с „железни завеси" тази система. Старите производствени отношения в този мним социализъм означаваха отново, по същия начин, превръщането на парите в капитал, т.е. че отново работната сила е стока, каквато винаги е била при капитализма до този момент. Това беше непознат прецедент в историята на капитализма, създаден в Съветския съюз и копиран от сателитите му – свръх концентрация и свръх централизация на капитала, позволяващи на една финансова олигархия да има неограничена власт по подобие на феодалния абсолютизъм.

Социализмът претърпя фиаско като експеримент поради две основни причини.

Първо, поради дълбоката заблуда, че са разкрити икономическите закони на социализма, докато в действителност всички икономически процеси се подчиняваха на капиталистически закони. Марксовата политическа икономия беше подменена с ограничената и отдавна отречена от самия Маркс буржоазна политическа икономия с нейното тесногръдо „заплащане на труда". След като беше вече категорично и пределно ясно обяснено от Маркс, че не труда, а работната сила е стоката, която работникът продава срещу заплащане, не трябваше да се слиза обратно отново до равнището на тази – домарксовата – политическа икономия, а трябваше да бъде изяснено кога и как в стоковия свят стоката работна сила престава да бъде стока, а оттук и кога и как се спира превръщането на парите в капитал.

Заедно с това, закостенялото мислене издигна нерушимата догма, че държавната собственост е обществена. Държавната собственост не е обществена! Откакто съществува в обществото държава, държавната собственост никога не е била обществена! Как държавната собственост става обществена – ето това е въпросът! Това трябваше да се изясни.

---

[326] Маркс, *Капиталът*, 1:692

Второ, поради умишленото непризнаване и неприлагане на принципите на марксизма за държавата. Това особено брутално покушение беше извършено върху основните принципи на социализма за държавата – онези пет ръководни начала, които са задължителни като мерки за разбиване на старата и изграждане на новата, социалистическата, държава. Беше изключително лесно върху капиталистическата основа на общественото производство да бъдат извратени, да бъдат опорочени принципите на научния социализъм, т.е.онези принципи на ортодоксалния марксизъм, които изграждат социализма като политическа система, всички онези постулати на марксизма за държавата, които след смъртта на Ленин до ден днешен бяха грубо стъпкани и забравени. Това са пет основни принципа, насочени срещу кариеризма, беззаконията, разхищенията и корупцията в държавата, срещу феодалната неприкосновеност на привилегиите и произвола на самодържавието – срещу всичко онова, което беше проникнало като проказа така дълбоко в печалната ни действителност. Тези пет принципа изпълват със съдържание социалистическата държава като класова, а не „народна държава”, каквато бе обявена във всички страни на „световния социализъм”. „Народната държава”, подложена на унищожителна критика от Маркс, Енгелс и Ленин, е една идеална държава, утопична и невъзможна в класовото общество, в което искаме или не – живеем, една безсмислица в научното обясняване на същността на държавата, но изключително удобна илюзия на всяка управляваща плутокрация за лесно манипулиране на обществото, изразяващо се в „сплотеността на народа”, „единството на нацията” и др.под., за формиране на класов мир и класово сътрудничество.

През цялото време на съществуване на бившия „социализъм”, но и досега още, световно икономическо мнение и общо разпространена заблуда е, че социализма – това е държавна намеса в икономиката. Оттук следва, че „повече социализъм” – повече държавна намеса! Нищо подобно. Социализмът е пазарно стопанство, но без частна собственост! Социализмът е пазарна икономика – без държавно регулиране! Социализмът е по-пазарна от всяка друга, дори и от най-пазарната капиталистическа икономика! Социализмът – това е свободният пазар, анализиран от Маркс, изчистен от всяка държавна намеса и регулиране. Нещо, което го няма и в най-развития и „свободен” пазар на капитализма днес. Една от целите на социализма е освобождаване на икономиката именно от всяка опека и регулиране от страна на държавата, не само ограничаване, но и пълно отстраняване на етатизма в икономиката. Социализмът не е частна, той не е и държавна собственост. Социализмът е нещо съвсем различно – антипод и на частната, и на държавната собственост. Социализмът е обществена собственост и то само върху средствата за производство, а не върху нещо друго – върху жените, жилищата или дъвките, например!

Цел на социализма, истинската цел, както вярно я е доловил великият британец, е „да се преустрои обществото на такава основа, че **бедността да бъде невъзможна**"[327]! Действително, за разлика от християнството, което е учение само за подпомагане на бедността, марксовият социализъм е учение за премахване на бедността. Нещо повече – марксизмът е единствената **научна** идеология, която защитава бедните. Друг въпрос е, че както християнството и тя бе издигната в ранг на държавна религия за защита на богатите!

Трупането на богатство е тежест, тегоба, на която човек трябва непрекъснато да робува. Ето защо, пак по думите на гения от Албиона, в интерес на богатите (а не само на бедните!) е премахването на частната собственост и освобождаването им от непосилните задължения чрез установяване на социализъм. Именно социализмът въплъщава реално идеята за гражданското общество, което се пропагандира така настойчиво в наши дни, защото единствено при него – социализма – водещата политика в обществото е отмиране на държавата, т.е. развитие на гражданското общество и перманентно стопяване на държавната принуда и бюрокрация. Само при него, както Уайлд прозря, „като естествен резултат Държавата ще се откаже от идеята да управлява"[328]!!! Само при социализма е осъществим *общественият договор* на Русо.

Преди много години Ленин писа, че в своите трудове Маркс и Енгелс първи разясниха, че социализма не е измислица на мечтатели, а крайна цел и необходим резултат от развитието на

---

[327] Уайлд, *Душата на човека при социализма*, 3:232 (удебеленият шрифт е мой – Т.Б.)
[328] Пак там, 242

производителните сили в съвременното общество. Социализмът не е измислица. Социализмът не е утопия. Социализмът е наука, при това е точна наука. Наука, чиято основна задача е да обясни как става промяната на обществото от едно негово състояние – на животинска враждебност, към друго – на извисяване на човешкия дух!

Възможен ли е наистина социализмът в съвременния високотехнологичен свят?

Не само че е възможен, не само че е напълно осъществима реалност, но повече от всичко друго, социализмът е крайно необходим именно в днешния високо развит, но вече загиващ и агонизиращ капиталистически свят. За да се осъществи на практика социализмът обаче, трябва да се извърши радикален преврат, радикална промяна в икономическото и политическо статукво на настоящата капиталистическа система. А този радикален преврат в целия начин на производство предполага провеждането, поне в най-развитите страни, на следните фундаментални мерки:

1. Разрушаване и премахване на монополите и изобщо съвременния корпоративен капитализъм чрез установяване на обществена собственост върху средствата за производство, която е напълно осъществима реалност дори и при развитото стоково производство, колкото и чудно да изглежда някому това! Възможен е такъв икономически механизъм на общественото възпроизводство, който прекратява действието на капиталистическите икономически закони така, че работната сила престава да бъде стока, а процесът на нарастване на стойността спира създаването на общественото отношение капитал.

2. Отхвърляне изцяло на съвременния капиталистически модел на криминална икономика с нейните две основни проявления – акционерния капитал и офшорните зони. Акционерният капитал е фиктивен капитал, капитал на спекулата и точно той поражда престъпните сделки от всякакъв род. Акционерният капитал – акции, облигации, ценни книжа (корпоративни и държавни) – именно е коренът на злото в съвременния свят. Акционерният капитал е недействителен, несъществуващ реално капитал, който с печатането си на скъпа хартия надминава хилядократно по стойност действителния капитал в материалното възпроизводство и бива напомпван ежегодно като колосален балон, като по този

начин става източник на всички съвременни местни и световни финансови и дългови кризи. Фондовите борси, най-вече Уолстрийт, са онези циреи и тумори в икономиката, които трябва да бъдат отстранени, за да се върне тя в изходно положение на нормално функционираща световна икономика. Това значи освобождаване на обществото също и от пагубното срастване на държавата с акционерния капитал в процеса на премахване на самия акционерен капитал като вътрешно присъщ на капиталистическия начин на производство. Това значи отхвърляне на съвременното икономическо робство на народите чрез непрекъснатото емитиране на държавни дългове от съвременните мултинационални инквизитори и наемни убийци – банките, чиято захранваща пъпна връв за целта е именно акционерния капитал. В тази връзка са създадени офшорните зони и центрове и точно с тази цел – разбойническият грабеж от всяка точка на света да бъде скрит на сигурно място! Те са депа на организираната престъпност – там целият световен мръсен и престъпен бизнес остава недосегаем. Те са острови на съкровищата, където биват заравяни богатствата и строго охранявани от техните банди след пиратските набези и грабежи върху поредната крупна банка или унищожена държава.

3. Отхвърляне на съвременната капиталистическа система на експлоатация с нейните частна и държавна корпоративна собственост, система, основана върху наемен труд и пораждаща безработица в застрашителни размери. Отхвърляне на съвременната грабителска данъчна система, която е обслужваща подсистема на експлоатиращата система на държавните дългове, осигуряваща свръхпечалбите на една световна финансова олигархия и замяната на тази данъчна система с нова – справедлива и ефективна, недопускаща двойно и тройно данъчно облагане както на физически, така и на юридически лица, каквото е то сега.

4. Отхвърляне на всички форми на паразитизъм. Съвременната капиталистическа държава си купува класовото спокойствие от бедните чрез убиване на класовите противоречия, използвайки измислената от нея доктрина за т.нар. „социална държава", т.е. използвайки високия ръст на безработица, тя развъжда специално паразити, на които им плаща, за да не се бунтуват срещу нея! В Западна Европа след Втората световна война вече трето поколение

расте и се възпроизвежда само върху социални помощи! „Социалната държава" е политика на класов мир и класово сътрудничество. Трудът е право, когато има изявена свободна воля за него, но трудът е задължение, когато има презрителен отказ от него! Точно това са имали предвид някога Маркс и Енгелс в техния Комунистически Манифест, пишейки за „еднаква задължителност на труда за всички"[329], т.е. че в едно ново общество бившите богаташи трябва да се простят със своето презрително безделие и паразитиране върху труда на огромната маса издържащи ги бедняци също така, както и създадените от тях паразити сред самите тези бедняци.

5. Свобода на труда, социално равенство и социална справедливост в конкретните им икономически и политически измерения. Социалното равенство и социалната справедливост са постижими единствено в обществено-икономическата формация социализъм и нейната по-висша форма – комунизъм.

6. Въвеждане на пряка демокрация във всички сфери на обществения и политически живот. Това означава въвеждане на нова избирателна система, отхвърляне на т.нар. „свободна" и приемане на мандатната изборна система, при която всеки избран отговаря пряко пред своите избиратели *по всяко време*! Това означава още въвеждането ѝ във всички сфери на обществения живот, а не само в представителните държавни структури, т.е. в икономиката, в образованието, в здравеопазването, в съдебната система. Това в същност е и най-демократичната система изобщо възможна в съвременното общество със сложни взаимоврьзки и отношения.

7. Работниците имат Отечество! Днешното смесване на нации и култури става по един насилствен и недопустим начин под благовидния предлог за уж свободно движение на капитали, стоки, услуги и хора, от една страна, и под формата на бежанци вследствие на разпалването на местни войни, от друга, каквито бяха тези от Северна Африка и Близкия Изток. В същност става дума за широко мащабен световен перфектно организиран престъпен трафик на хора с краен ефект подмяна на коренното население на всяка една държава с безкраен приток на имигранти. Един от резултатите на тази гнусна търговия с хора е именно

---

[329] Маркс и Енгелс, *Манифест на Комунистическата партия*, 1:59

сваляне съпротивата на коренното население във всяка една национална държава срещу произвола на националния и мултинационалния капитал и постигането на класов мир с други средства. Така, например в Европейския съюз, за кратко време се създаде една нова Вавилонска кула, на която скоро предстои да бъде съборена! Изходът от тази безизходица е установяване на Нов световен ред от равноправни народи с взаимно уважение между тях. Маркс и Енгелс никога не са си представяли интернационализма по различен начин. „Искрено интернационално сътрудничество между европейските нации е възможно само ако всяка от тези нации е напълно автономна в собствения си дом."[330] Изходът от тази безизходица е световен социализъм, който ще сложи край на милитаризма и всички войни по света! В съвременния световен ред на произвол на тръстове и банки, наречен *глобализъм*, народите са принудени да търпят техните мъчения, но това робство няма да продължи още дълго. „Нито един народ не би се съгласил да търпи дълго време едно ръководено от тръстовете производство с тяхната неприкрита експлоатация на цялото общество от малка банда лица, които живеят от рязане на купони."[331] Днес е крайно време за всички народи да се освободят от тази глобална олигархия на корпорациите чрез един Нов световен ред – световен Социализъм!

Крайната цел на марксизма е създаване на безкласово общество в световен мащаб, общество, наричано комунизъм – свръх развита космическа цивилизация от свободни хора. Това означава качествено нов скок в организацията на цялата земна цивилизация – без държави, без пари и без всичкото зло на Земята. Едва тогава върху нея ще се установи Царството Небесно, Царството на Вечния мир (и любов), където хората ще бъдат самите богове!

---

[330] Маркс и Енгелс, *Манифест на Комунистическата партия*, 1:32
[331] Енгелс, *Развитието на социализма от утопия в наука*, 1:142

ЛИТЕРАТУРА

Бжежински, Збигнев. *Голямата шахматна дъска:* София: Обсидиан, 1998.

Гонкур, Едмон и Жул. *Дневник,* София: Народна култура,1982.

Маркс и Енгелс, *Манифест на Комунистическата партия,* т.1 от Избрани съчинения в 10 тома, София: Партиздат, 1984-1985.

Маркс, *Капиталът,* т.I, Седмо издание, 1988

Енгелс, *Развитие на социализма от утопия в наука,* т.1 от Избрани съчинения в 10 тома, София: Партиздат, 1984-1985.

Смирненски, Христо, *Избрани произведения,* София: Български писател, 1970.

Паскал, Блез. *Мисли,* София: Наука и изкуство, 1987.

Уайлд, Оскар. *Душата на човека при социализма*: Избрани произведения, в 3 тома, София: Народна култура, 1984.